物流工程专业系列精品教材

智慧仓储规划与管理

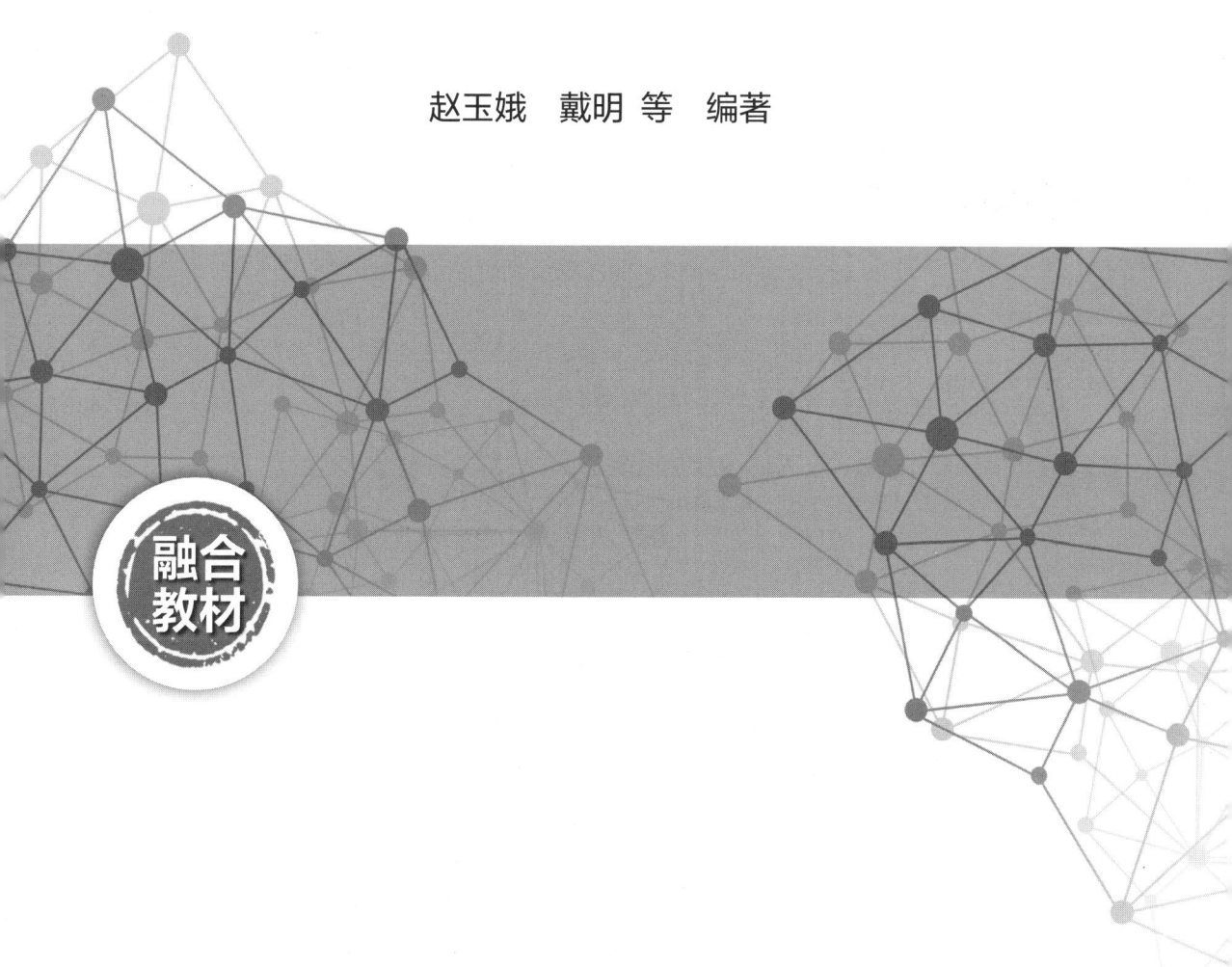

赵玉娥　戴明　等　编著

融合教材

中国水利水电出版社
www.waterpub.com.cn
·北京·

内 容 提 要

本书主要围绕智慧仓储行业的规划和管理工作展开，主要包括智慧仓储规划与管理概述、智慧仓储规划设计、智慧仓储硬件建设、智慧仓储软件建设、智慧仓储作业流程、智慧仓储运营管理、智慧仓储库存管理与控制、智慧仓储绩效评价、智慧仓储中仓库安全管理等。

本书适合物流管理、供应链管理、物流工程等相关专业的本科和高职学生，也适合在物流企业、制造企业、电商企业等相关行业的从业人员借鉴参考。

图书在版编目（CIP）数据

智慧仓储规划与管理 / 赵玉娥等编著. -- 北京：中国水利水电出版社, 2024. 12. -- (物流工程专业系列精品教材). -- ISBN 978-7-5226-2946-9

Ⅰ. F253-39

中国国家版本馆CIP数据核字第2024HM1570号

书　　名	物流工程专业系列精品教材 **智慧仓储规划与管理** ZHIHUI CANGCHU GUIHUA YU GUANLI
作　　者	赵玉娥　戴明　等 编著
出版发行	中国水利水电出版社 （北京市海淀区玉渊潭南路1号D座　100038） 网址：www.waterpub.com.cn E-mail：sales@mwr.gov.cn 电话：（010）68545888（营销中心）
经　　售	北京科水图书销售有限公司 电话：（010）68545874、63202643 全国各地新华书店和相关出版物销售网点
排　　版	中国水利水电出版社微机排版中心
印　　刷	天津嘉恒印务有限公司
规　　格	184mm×260mm　16开本　17.75印张　432千字
版　　次	2024年12月第1版　2024年12月第1次印刷
印　　数	0001—1000册
定　　价	70.00元

凡购买我社图书，如有缺页、倒页、脱页的，本社营销中心负责调换

版权所有·侵权必究

本书编委会

顾　　问：吕桂新（山东规格智能科技有限公司）

　　　　　孙　强（山东理工大学）

　　　　　王　钢（山东华宇工学院）

　　　　　胡一波（西安外事学院）

主　　编：赵玉娥　戴　明

副 主 编：王　姗　石美娟

常务编委：于海玲　王启凤　王枞枞　孙佳雨

编　　委：孙　梅　张　晴　李赛楠　耿丽美　逯文玺

　　　　　王　昊　王婧贤　王　笑　王晓静　王文乐

　　　　　刘玉迪　赵伯俊　杜馨梦　张芳榕　徐银行

　　　　　葛　颂　陈仪茹

前　言

随着物流业快速发展，行业内人才短板的尴尬局面日益彰显，尽管从事物流的人才越来越多，但是大多数只适合传统物流行业，普遍无法满足现代物流的需求，一定程度上阻碍了物流业的健康发展。如何培养出有别于传统物流人才的现代物流人才，正是当下各大开设物流专业的高校及物流企业的当务之急。本书主要侧重于物流规划咨询人才和物流研究人才的培养需求，助力培养有扎实的理论基础和渊博的知识，具有物流科技创新能力，并且知识面较宽的复合型仓储规划和管理人才。

本书围绕智慧仓储行业的规划和管理工作展开，主要包括智慧仓储规划与管理概述、智慧仓储规划设计、智慧仓储硬件建设、智慧仓储软件建设、智慧仓储作业流程、智慧仓储运营管理、智慧仓储库存管理与控制、智慧仓储绩效评价、智慧仓储中仓库安全管理等。

本书在编写过程中，注重理论与实践相结合，既介绍了智慧仓储规划与管理的理论框架，又提供了丰富的案例分析和主题项目任务。希望通过这种方式，使读者在理论学习的同时提高实际操作能力，更好地应对智慧仓储领域的挑战和机遇。值得一提的是，本书特别注重思政元素的融入。通过深入挖掘智慧仓储规划与管理领域的思政资源，将其巧妙地融入教材内容中，旨在培养学生的工匠精神、创新精神和职业道德。通过学习，学生不仅能够掌握智慧仓储规划与管理的专业知识和技能，还能够树立正确的价值观和职业观，为未来的职业发展奠定坚实的基础。

此外，本书还体现了物流管理与工程类专业新文科建设的最新研究成果和最佳实践经验。本书紧密关注智慧仓储领域的最新动态和发展趋势，充分引入行业实例和最新技术，将最新的理论成果和实践经验融入教材中，使教材内容更加贴近实际、更具前瞻性。教材编写过程重点突出利用现代物流产业学院的资源条件，展现智慧仓储规划前沿特色，整合前沿资源，引领学生跟随智慧仓储行业发展的脚步。

本书的适用对象广泛，既可作为高校物流管理、物流工程、工业工程、电子商务等相关专业的教材，也可作为从事智慧仓储工作的职业人员的参考书籍。希望通过这本书，能够为广大读者提供一本全面、实用、前沿的智慧仓储规划与管理指南，助力他们在智慧仓储领域取得更好的成绩。

本书由山东华宇工学院赵玉娥和戴明担任主编，对全书进行审核并统稿。王启凤主要负责第1章，赵玉娥主要负责第2章和第5章，石美娟主要负责第3章和第4章，于海玲主要负责第6章，王姗主要负责第7章，孙佳雨主要负责第8章，王枞枞主要负责第9章，孙梅等参与了部分编写和校对工作。在此对所有为本书编写付出辛勤努力的专家和学者表示感谢，特别是本书的专家顾问——吕桂新、孙强、王钢、胡一波，他们的智慧和贡献使得这本书更加完善和丰富。同时，本书也是山东省教育科学"十四五"规划一般自筹课题《基于翻转课堂下 TBL 的课堂教学模式改革研究与实践》(2021ZC055)、《基于科教融汇与产教融合的协同育人机制研究》(2023ZC510) 阶段成果、2022 年山东省本科教改项目《新文科背景下"管工融合"的物流工程专业建研究与实践》(M2022307) 阶段成果和 2024 年山东华宇工学院立项教材建设项目成果。

我们深知教材的编写是一项系统工程，需要不断地完善和优化。因此，我们诚挚地希望广大读者在使用过程中提出宝贵的意见和建议，以便我们不断改进和完善本书。

作者

2024 年 7 月

目　　录

前言

第1章　智慧仓储规划与管理概述 ……………………………………………… 1
　1.1　智慧仓储认知 ……………………………………………………………… 3
　1.2　智慧仓储规划概述 ………………………………………………………… 10
　1.3　智慧仓储管理概述 ………………………………………………………… 16
　1.4　主题任务：智慧仓储行业调研 …………………………………………… 21
　复习思考题 ……………………………………………………………………… 22

第2章　智慧仓储规划设计 …………………………………………………… 23
　2.1　智慧仓储选址 ……………………………………………………………… 25
　2.2　智慧仓储规划布局 ………………………………………………………… 38
　2.3　智慧仓储设计 ……………………………………………………………… 44
　2.4　主题任务：智慧仓规划设计 ……………………………………………… 50
　复习思考题 ……………………………………………………………………… 52

第3章　智慧仓储硬件建设 …………………………………………………… 53
　3.1　自动存取设施设备 ………………………………………………………… 55
　3.2　智能拣选设施设备 ………………………………………………………… 72
　3.3　智能搬运设施设备 ………………………………………………………… 87
　3.4　智能分拣设施设备 ………………………………………………………… 94
　3.5　主题任务：自动化立体仓库的设备选型 ………………………………… 102
　复习思考题 ……………………………………………………………………… 104

第4章　智慧仓储软件建设 …………………………………………………… 105
　4.1　订单管理系统 ……………………………………………………………… 106
　4.2　仓储管理系统 ……………………………………………………………… 109
　4.3　仓储控制系统 ……………………………………………………………… 112
　4.4　主题任务：自动化立体库 WMS 的优化 ………………………………… 116
　复习思考题 ……………………………………………………………………… 117

第5章　智慧仓储作业流程 …………………………………………………… 118
　5.1　智慧仓储入库作业流程 …………………………………………………… 120
　5.2　智慧仓储在库作业流程 …………………………………………………… 124

5.3 智慧仓储出库作业流程 ……………………………………………………………… 131
5.4 主题任务：智慧仓储作业实验 ……………………………………………………… 135
复习思考题 …………………………………………………………………………… 159

第6章 智慧仓储运营管理 ……………………………………………………………… 160
6.1 智慧仓储需求分析 …………………………………………………………………… 161
6.2 智慧仓储订单分析 …………………………………………………………………… 165
6.3 智慧仓储存储策略 …………………………………………………………………… 168
6.4 智慧仓储拣选策略 …………………………………………………………………… 173
6.5 智慧仓储补货策略 …………………………………………………………………… 177
6.6 主题任务：智慧仓储运营管理的调研 ……………………………………………… 180
复习思考题 …………………………………………………………………………… 182

第7章 智慧仓储库存管理与控制 ……………………………………………………… 183
7.1 智慧仓储库存管理与控制概述 ……………………………………………………… 184
7.2 智慧仓储库存管理 …………………………………………………………………… 188
7.3 智慧仓储库存控制 …………………………………………………………………… 197
7.4 面向供应链的库存控制思想 ………………………………………………………… 212
7.5 主题任务：采用ABC分类法对商品进行分类 ……………………………………… 220
复习思考题 …………………………………………………………………………… 221

第8章 智慧仓储绩效评价 ……………………………………………………………… 222
8.1 智慧仓储绩效管理概述 ……………………………………………………………… 223
8.2 智慧仓储绩效管理的内容 …………………………………………………………… 225
8.3 智慧仓储绩效管理的评价与方法 …………………………………………………… 228
8.4 智慧仓储绩效管理的策略 …………………………………………………………… 239
8.5 主题任务：智慧仓储绩效评价指标的构建 ………………………………………… 240
复习思考题 …………………………………………………………………………… 241

第9章 智慧仓储中仓库安全管理 ……………………………………………………… 242
9.1 仓库安全管理概念 …………………………………………………………………… 243
9.2 传统仓库安全管理的内容 …………………………………………………………… 247
9.3 智慧仓库体系构成相关的安全管理 ………………………………………………… 252
9.4 人工智能技术支撑下的安全管理 …………………………………………………… 260
9.5 主题任务：智慧仓安全管理情况调研与案例分析 ………………………………… 272
复习思考题 …………………………………………………………………………… 274

参考文献 ………………………………………………………………………………… 275

第1章 智慧仓储规划与管理概述

学习目标与要求

1. 知识目标
(1) 能够阐释智慧仓储的基本概念及特点。
(2) 能够描述智慧仓储的发展趋势、特点并与传统仓储进行对比。
(3) 能够阐述智慧仓储规划的目标及具体内容。
(4) 能够了解智慧仓储管理的概念、原则及新模式。
2. 能力目标
(1) 具备物流系统组织、协调与管理的能力。
(2) 具备仓储活动管理的能力。
3. 素质目标
(1) 具有自主学习意识,并关注智慧仓储领域的前沿技术发展。
(2) 具备社会责任感、良好的职业道德和职业素养。

导入案例

发力智慧物流,仓储先行

智慧物流已经越来越接近我们的现实生活。阿里和京东等企业之所以在智慧物流方面动作频频,究其根本,是在抢夺资本的注意力。智慧物流是未来发展的趋势,它融合了目前几乎所有的热点技术,不仅是吸引资本聚集和催生市值上涨的最好工具,也是物流业最佳的竞争手段之一。

显然,物流产业正处于新技术、新业态、新模式的转型升级之际,而技术新红利也正在重塑中国物流价值链和物流产业新格局。

智慧物流的最大优势就是提高了效率、降低了成本。据京东方面介绍,目前京东的存储效率是传统横梁货架存储效率的5倍以上。京东昆山分拣中心的分拣能力可以达到9000件/h,供包环节的效率提升了4倍,在同等场地规模和分拣货量的前提下,每个场地可节省人力180人。无人机则能够将传统人工配送的时间缩短数倍甚至数十倍，物流成本也随之降低。

菜鸟网络也表示，过去的传统仓库，消费者下单之后，拣货员需要跑步到货架前，将货物拣出。由于一个订单往往有几件、几十件货物，拣货员需要在仓库内多次跑动，通常每小时只能拣货100多件。现在，拣货员与机器人搭配后，每小时的拣货量比以前提升了3倍多。

业内人士表示，当前物流产业正面临从互联网向物联网转型的新拐点，工业4.0已自然而然地融入物流仓储自动化领域。近几年，物流仓储自动化、智慧仓库等现代化科技的出现，将原本独立运作的自动化模块通过信息技术紧密联系起来，从而带来了物流业整体质的飞跃。

智能仓、搬运机器人，其实并不是新鲜事物了，目前国内物流企业都有，但此前智能仓内的搬运机器人大多只有十几台、二十台。而看似高大上的机械臂，在汽车生产领域也已经应用多年。从硬件的角度看，它们并没有什么特别，真正的难点是让这些搬运机器人知道自己要去哪里，让机械臂知道自己要把手伸到哪里。

"以搬运机器人为例，几十台和上百台机器人在一起的难度是大不一样的。"站在技术的角度，胡浩源表示，更多机器人意味着要将任务合理分配给对应的机器人，100台机器人意味着计算难度呈指数级上升，"如果给出的指令不合理，机器人之间就会出现碰撞、拥堵，有时候它们还会'懵'，因为不知道到底该执行哪个指令了，机器人就会死锁。"这些问题，最终靠菜鸟的人工智能算法来解决。

在货物自动包装平台，由于阿里巴巴电商积累了海量的商品数据、订单数据，菜鸟知道每一个仓库发货时，用户喜欢同时购买什么东西，一个订单里面的商品外包装长宽高各是什么，就可以从数据角度，反推最优的快递箱大小、形状，节省包装成本，提高包装效率，让机器比最有经验的打包员干得还快、还好。

实际上，让哪个机器人先走，从货物的排放、货架的分布、机器人的轨迹、机械臂的落点，全都是算法。从物流效率上看，智慧物流在重复作业、承重作业、非精确搬运作业和高速识别作业上比人工更具有优势。但是在处理复杂作业、柔性可变作业等方面，机器还不能替代人工。

值得一提的是，围绕物流业的"降本增效"，政府近期出台了一系列举措，鼓励发展智慧物流，这对物流业的发展产生了巨大的推动作用。

政策利好带来了资本。物流业的竞争优势在于规模化、网络化和标准化，而这"三化"均需要资本的推动。传统物流因为其投入大、利润低且见效慢，很长时间都被资本所忽视。近年来，国家审时度势，将物流业作为衔接生产和消费的拉动性产业给予持续支持，让资本越来越介入到物流业的产品创新与体系整合中，而智慧物流正是这一过程中产生的一大红利。

资料来源：中国储运

案例讨论：

智慧仓储应运而生，促进企业降本增效。结合案例讨论什么是智慧仓储，智慧仓储发展的必要性以及发展过程中存在哪些问题？

1.1 智慧仓储认知

学习目标：

通过学习，使学生能够阐释仓储的含义，区分静态仓储和动态仓储，明确仓储的功能；阐述智慧仓储的含义，明确智慧仓储的特点及发展趋势；了解传统仓储和智慧仓储的优劣势；具备对比分析传统仓储和智慧仓储的能力；具备依据传统仓储相关知识剖析智慧仓储的能力；研讨现代物流技术与智慧仓储的强大意义；培养对物流专业知识的热爱。

任务驱动：

智慧物流仓储行业是供应链中不可或缺的一部分，并贯穿各个行业中的物流环节，如采购物流、生产物流、销售物流等。物流对于仓储都有着很高的需求，如亿达科创为国内某制造业头部企业量身打造 AI 智慧仓储解决方案，通过智慧仓储系统将数字孪生、AI 动态识别、动态监管等 AI 技术渗透到生产管理环节，推动传统制造业向"新"转型。请以小组为单位，找寻已采用智慧仓储的企业案例，指明其智慧仓储的具体特点，对比分析与传统仓储的不同之处。

知识解析：

1.1.1 仓储概述

1.1.1.1 仓储的概念内涵

1. 仓储的含义

国家标准《物流术语》（GB/T 18354—2021）中，仓储是利用仓库及相关设施设备进行物品的入库、储存、出库的活动。

在本书中认为"仓"即仓库，为存放、保管、储存物品的建筑物和场地的总称，可以是房屋建筑、洞穴、大型容器或特定的场地等，具有存放和保护物品的功能。

"储"即储存、储备，表示收存以备使用，具有收存、保管、交付使用的意思。

"仓储"是指利用特定场所对物资进行储存、保管以及相关活动的总称。

> **小贴士**
> （1）仓库：存放物料的建筑物和场地。
> （2）储存：保护、保管、储藏物品。
> （3）保管：对物品进行保存及对其数量、质量进行管理控制的活动（仓储的核心工作）。

2. 静态仓储与动态仓储

（1）静态仓储主要是以安全、低成本的方式进行长时间存放的仓储模式。静态仓储的商品同质性强且数量多，仓库易于管理，所以静态仓储基本上是以大数量、长时间的存放来盈利。

（2）动态仓储主要是以流通为目的的仓储模式。动态仓储注重出入库效率，包括从原材料生产到最终配送，将整个过程前置或缩短时间。动态仓储能够减少这个特定商品从需求产生到被消费间的时间，进而赚取利润。

1.1.1.2 仓储的功能

1. 基本功能

（1）储存功能。防止因缺货造成的生产停顿、为企业的市场营销创造良机，克服商品产销在时间上的间隔、商品产销量的不平衡等来保证商品流通的连续性。

（2）保管功能。生产出的产品在消费之前必须保持其使用价值，否则将会被遗弃。这项任务就需要由仓储来承担，即在仓储过程中对产品进行保护和管理，防止损坏而丧失价值。

（3）拼装功能。拼装是仓储的常用功能，主要指通过仓库接收来自一系列制造工厂的产品或原材料，将它们拼装成单一的一票装运的货物。拼装的特点是有可能实现最低的运输成本，并减少由多个供应商向同一客户供货带来的拥挤和不便。图1.1说明了仓库的拼装流程。

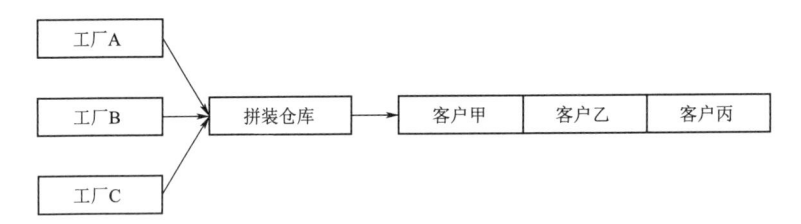

图1.1 仓库的拼装流程

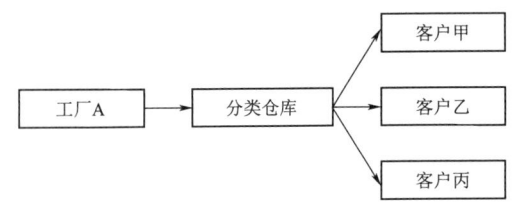

图1.2 仓库的分类流程

（4）分类功能。分类作业与拼装作业相反，分类作业接收来自制造商的客户组合订货，并把它们分类或分割成个别的订货，装运到个别的客户处去。图1.2说明了仓库的分类流程。

（5）交叉功能。仓库运用转运组合点（如交叉站点设施）实施分类和交叉作业。它与分类作业功能类似，但它接受多个制造商的订货。图1.3说明了仓库的转运交叉流程。

（6）加工和延期功能。仓库可以通过承担少量的生产加工和制造活动来延期或者延迟生产。具有包装能力或加标签能力的仓库可以把产品满足个性化需求的最后一道生产工序一直推迟到获悉该产品的需求时再进行加工。例如，罐头生产厂可以将罐头生产的最后一道工序——贴标签延迟或推迟到产品出库之前进行。这种加工/

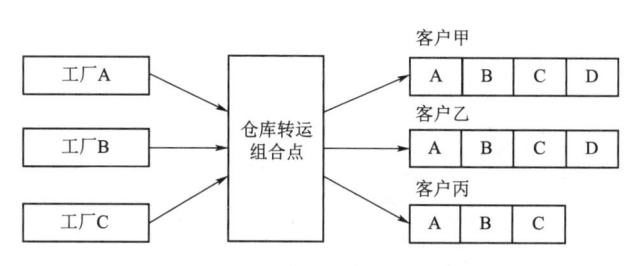

图 1.3　仓库的转运交叉流程

延期功能使仓储企业和制造商都得到利益。一方面，制造商可以为特定的客户提供定制化的产品，适应特定客户的需求，降低了盲目生产带来的风险；另一方面，仓储企业通过增加加工业务扩大了收益，并通过识别产品最后一道工序是否完成来推算库存货物的库存水平，达到控制库存和降低库存成本的目的。

2. 增值服务功能

（1）配送服务。在经济合理的区域范围内，根据客户要求，对物品进行拣选、加工、包装、分割、组配等作业，并按时送达指定地点的物流活动。

（2）流通加工服务。指物品从生产地到使用地的过程中，根据需要施加包装、分割、计量、分拣、标签贴附、商品检验等简单作业的活动。

1.1.2　仓储行业的发展阶段

仓储行业是指专门从事货物存储和管理的行业，是物流产业链的重要组成部分。随着社会经济的发展和物流需求的增加，仓储行业也不断发展演变，并经历了多个阶段。总的来说，仓储行业经历了机械化、自动化和智慧化3个阶段。

1. 机械化

物料可以通过各种各样的传送带、工业输送车、机械手、吊车、堆垛机和升降机来移动和搬运，用货架托盘和可移动货架存储物料，通过人工操作机械存取设备，用限位开关、螺旋机械制动和机械监视器等控制设备来运行。图1.5和图1.6为机械化物流设备。

图 1.4　仓储行业的发展阶段

图 1.5　叉车

图 1.6　传送带

2. 自动化

20世纪50年代末开始，相继研制和采用了自动导引小车（AGV）、自动货架、自动存取机器人等自动化设备（图1.7、图1.8）。

图1.7 巷道堆垛机　　　　图1.8 自动化叉车

到20世纪70年代，旋转式货架、移动式货架、巷道堆垛机和其他搬运设备都加入了自动控制行列，但只是各个设备的局部自动化并各自独立应用，被称为"自动化孤岛"。

到20世纪70年代末，自动化技术被越来越多地应用到生产和分配领域。集成化仓库技术作为计算机集成制造系统（Computer Integrated Manufacturing System，CIMS）中物资存储的中心受到人们的重视，在集成化系统里包括了人、设备和控制系统。

3. 智慧化

智慧化是在自动化仓储的基础上继续研究，实现与其他信息决策系统的集成，朝着智能和模糊控制的方向发展。人工智能推动了仓储技术的发展并产生了智慧仓储。

智慧仓储的应用，保证了货物仓库管理各个环节数据输入的速度和准确性。射频数据通信、条形码技术、扫描技术和数据采集越来越多地应用于仓库堆垛机、自动导引车和传送带等运输节点上，移动式机器人也作为柔性物流工具在柔性生产中、仓储和产品发送中日益发挥着重要作用。图1.9为智慧仓储管理系统。

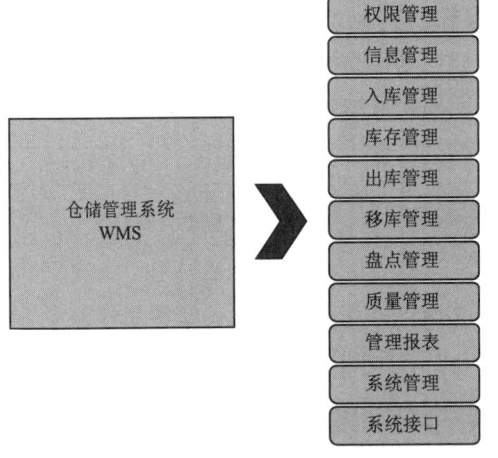

图1.9 智慧仓储管理系统（仓储管理系统WMS：权限管理、信息管理、入库管理、库存管理、出库管理、移库管理、盘点管理、质量管理、管理报表、系统管理、系统接口）

1.1.3 智慧仓储概述

1.1.3.1 智慧仓储的概念内涵

1. 智慧物流的含义

国家标准《物流术语》（GB/T 18354—2021）中，智慧物流指以物联网技术为基础，综合运用大数据、云计算、区块链及相关信息技术，通过全面感知、识别、跟踪物流作业状态，实现实时应对、智能优化决策的物流服务系统。

智慧物流首次于 2009 年由 IBM 提出，是指通过智能软硬件、物联网、大数据等智慧化技术手段，实现物流各环节精细化、动态化、可视化管理，提高物流系统智能化分析决策和自动化操作执行能力，提升物流运作效率的现代化物流。

2. 智慧仓储的含义

《智能仓储管理规范》（WB/T 1138—2023）中，智慧仓储指综合应用智能技术和智能设备，进行物品的入库、储存、出库等仓储作业，具有状态感知、实时分析、自主决策、精准控制和自动执行等特征的仓储活动。

在本书中，智慧仓储的概念为：智慧仓储是智慧物流的重要节点，是仓储数据接入互联网系统，通过对数据的提取、运算、分析、优化、统计，再通过物联网、自动化设备、仓储管理系统（WMS）、仓库控制系统（WCS），实现对仓储系统的智慧管理、计划与控制。

1.1.3.2 智慧仓储发展热点

（1）"互联网＋"的兴起，使智慧仓储成为仓储业发展的热点。

（2）物联网技术为智慧仓储系统的设计提供了一种架构。

（3）智能机器人的应用，能够提高仓储系统的自动化水平。

（4）智能算法能够有效处理仓储信息。

（5）智能控制技术使仓储设备具有了决策和执行的能力。

1.1.3.3 智慧仓储特点

智能仓储作为现代物流仓储的重要组成部分可以帮助企业提高生产效率，降低成本，提升服务质量，增强市场竞争力，具有管理信息化、运行自动化、决策智慧化 3 个特点。

（1）管理信息化。智慧仓储系统掌握货物信息、设备信息、环境信息和人员信息，另外通过物联网技术实现对仓库内部各项指标的实时监控，包括库存情况、货物流向、温湿度、安全状况等，确保数据的准确性和实时性。并且系统能够自动采集、分析和处理仓储物流数据，为企业管理者提供准确的数据支持，帮助他们做出科学决策。同时，系统还能进行智能预测和优化分析，提高仓储管理的精准度和效率。

（2）运行自动化。智慧仓储系统利用自动化设备和机器人（自动化立体仓库系统、自动分拣设备、分拣机器人，以及可穿戴设备的应用）实现货物的自动存储、拣选、搬运和分拣，大大提高了物流的效率和准确性。这种自动化操作不仅减少了人力成本，还避免了人为错误，提升了仓储作业的整体效率。并且通过智能算法优化仓库内货物的存储位置和拣货路线，实现货物的快速定位和高效流转。

（3）决策智慧化。智慧仓储系统在大数据、云计算、AI、深度学习、物联网、机器视觉等支撑下，可以根据实时需求和库存情况，智能地优化货物的存放位置，合理规划仓库空间，实现对仓储空间的最大化利用。同时，系统能够自动进行货物的取货和分拣，提高作业效率和准确性。

1.1.4 智慧仓储的发展现状与趋势

1. 仓储经营主体自主化

仓储业真正成为自主经营、自负盈亏的市场竞争的主体，才能彻底改变我国仓储业的不良状况，真正成为市场资源，促进仓储业的发展。

2. 功能专业化

社会化分工既是生产力发展的必然结果，又是促进生产力发展的动力。

3. 仓储信息化和信息网络化

(1) 仓储信息化管理包括通过计算机和相关信息输入输出设备。

(2) 对货物进行识别、理货、入库、存放、出库，进行操作管理，进行账目处理、结算处理。

(3) 提供实时的查询，进行货位管理、存量控制并制作各种单证和报表，甚至进行自动控制等。

4. 机械化和自动化

仓储机械化指在仓储过程中引入各种机械设备，以减少人工劳动，提高作业效率。这些设备包括叉车、堆垛机、输送带等。

仓储自动化是通过信息技术与机械设备相结合，采用自动控制系统，实现货物的自动存取、分类和管理。通常包括自动化存取系统（Automated Storage and Retrieval System，AS/RS）、无人叉车、自动分拣系统等。

5. 仓储标准化

仓储标准化是对产品、工作、工程和服务等活动制订统一的标准并贯彻和实施标准的整个过程。

仓储标准化内容很多，如全国性通用标准（仓库种类与基本条件标准、仓库技术经济指标以及考核办法标准、仓储业标准体系、仓储业服务规范、仓库档案管理标准、仓库单证标准、仓储安全管理标准等）、仓储技术通用标准（仓库建筑标准、货物出入库标准、储存货物保管标准、包装标准、货物装卸标准等）、仓库设备标准、仓库信息管理标准和仓库人员标准等。

6. 仓储管理科学化

仓储管理科学化体现在仓储的管理体制、治理结构、管理组织、管理方法及管理目标中。

1.1.5 智慧仓储与传统仓储的对比

1.1.5.1 传统仓储的优缺点

1. 传统仓储的优点

(1) 传统仓储依赖于人工操作，因此在处理特殊或复杂需求时，具有较高的灵活性。人工可以根据实际情况进行快速调整和优化。

(2) 传统仓储不需要复杂的自动化设备和智能系统，因此技术门槛相对较低，适合中小企业在初期阶段使用。

(3) 由于不需要大量的自动化设备和智能系统，传统仓储的维护成本相对较低，减少了企业的运营成本。

2. 传统仓储的缺点

(1) 货物数量增多以致人力无法处理，致使货物出入库发生遗漏，账目不符。

(2) 货物存放不按规定执行，而导致存放混乱，查找困难，效率不足。

(3) 业务数据不准确，数据变化却不能及时准确反映到管理层，导致决策失误。

(4) 人工录入工作烦琐，易出错漏，效率低，容易被误改，无法支持对大量货物的快速盘点。

(5) 主要采用条码标签管理货物，其存在明显缺点，不安全、易复制，长时间存储容易脱落，不防污防潮。只支持单个近距离扫描，扫描效率低。

(6) 扫描枪盘点效率低、盘点周期长，货物缺失或被盗不能及时发现。

1.1.5.2 智慧仓储的优缺点

1. 智慧仓储的优点

(1) 智慧仓储能够有效利用仓储信息，提高仓储任务分配和执行的效率，优化仓储作业的流程，节约人力和物力，为管理者提供辅助决策依据。

(2) 智慧仓储设备的应用使人与仓储设备之间的交互更加便捷，减少人为操作错误，提高工作人员的操作准确率。

(3) 智能优化算法和智能控制技术的使用在保证仓储作业效率的基础上，通过对仓储设备和人力、物力的合理调配，能够有效降低能耗，节约成本，合理保持和控制企业库存。

(4) 仓储信息的流通性能够加强，与供应链上游、下游的衔接能够更加畅通，对企业的发展大有裨益。

2. 智慧仓储的缺点

(1) 智慧仓储系统的建设和实施需要较大的投入成本，包括设备采购、系统集成、人员培训等方面的费用。这对一些中小型企业来说可能是一个较大的经济负担。

(2) 智慧仓储系统对技术的依赖性较高，一旦系统出现故障或网络问题，可能会影响仓储运作的正常进行。因此，企业需要加强对系统的监控和维护，降低技术故障对业务运作的影响。

(3) 智慧仓储系统的数据安全、系统稳定性等方面存在一定风险。一旦系统遭受黑客攻击或有数据泄露等问题，可能会对企业的正常运营和财产安全造成严重影响。

1.1.5.3 传统仓储与智慧仓储的区别

智慧仓储具有提升土地利用效率、降低人力成本、减少物料浪费、降低物料拣选错误率、提高仓储自动化水平及管理水平等诸多优点。利用高层货架储存物料可以最大限度地利用空间，大幅度地减少地面使用面积，降低土地使用成本，与传统仓库相比，智慧仓储减少用地面积 40% 以上，能够实现良好的经济效益。除此之外，WMS 等软件的引入也提高了整体管理的准确性，有效地保障了库存积压的问题。自动化立体仓库与传统普通仓库的对比见表 1.1。

表 1.1　　　　　　　　自动化立体仓库与传统普通仓库的对比

对比项目	自动化立体仓库	传统普通仓库
空间利用率	充分利用垂直空间,单位面积存储量远大于普通单层仓库,为单层仓库的 4～7 倍	占地面积大,空间利用率低
储存形态	动态存储:仓库内货物按需自动存取,仓库系统与其他生产环节系统紧密连接	静态储存:仓库仅作为货物的存储场所无法有效管理货物
准确率	采用先进信息技术,准确率高	信息化程度低,容易出错
管理水平	计算机智能化管理仓储与其他生产环节紧密相连,有效降低库存积压	计算机应用程度低,仓储与其他生产环节不相连,容易造成库存积压
可追溯性	采用条码技术与信息处理技术,准确跟踪货物流向	以手工登记为主,数据准确性和及时性难以保证
对环境要求	可适应黑暗、低温、有毒等特殊环境	受黑暗、低温、有毒等特殊环境影响大
效率与成本	高度机械化和自动化,出入库速度快、人工成本低	主要依靠人力,货物存取速度慢,人工成本高

1.2　智慧仓储规划概述

学习目标:

通过学习,使学生能够阐释智慧仓储规划的概念内涵及具体目标;阐述智慧仓储规划的具体内容并能进行详细剖析;了解智慧仓储规划的流程步骤;掌握智慧仓储规划所包含的内容;具备依据智慧仓储规划流程设计仓库的能力;培养规划设计的整体观、大局观;加强对智慧仓储乃至智慧物流的了解。

任务驱动:

智慧仓储规划是构建高效仓储体系的首要任务。通过三维建模、大数据分析等先进技术,云平台能够为企业提供量身定制的仓储布局方案。这些方案不仅考虑了货架布局、货物分类的存储策略,还涵盖了物流动线规划、设备选型与配置等多个方面,确保仓储系统从一开始就具备高效运作的潜力。智慧仓储规划设计在智慧仓储建设中发挥着巨大的作用。通过查看《原材料立体仓库案例》,了解仓库规划的运作情况,明确智慧仓储规划的相关要求。

1-1　原材料立体仓库案例

知识解析:

1.2.1　智慧仓储规划的目标

1.2.1.1　智慧仓储规划的概念内涵

仓储规划是物流规划中的一个重要模块。在决定作业效率的高低、能否实现便利性和数据准确性等方面起到了基础性的作用。智慧仓储规划是指在一定区域或库区内，对智慧仓储的平面布局、仓库内设施设备等各种要素利用先进的技术和系统进行科学规划和整体设计，以提高仓储效率和管理水平。

1.2.1.2　智慧仓储规划的目标

基于各个企业的情况，企业推进智慧仓储升级的手段各有不同。但究其本质，智慧仓储的规划目标有5个方面。

1. 高度智能化

智能化是智能时代下智能仓库最显著的特征。智能仓库不只是自动化，更不局限于存储、输送、分拣等作业环节，而是仓储全流程的智能化，包括应用大量的机器人、射频识别标签（Radio Frequency Identification，RFID）、制造执行系统（Manufacturing Execution System，MES）、仓储管理系统（Warehouse Management System，WMS）等智能化设备与软件，以及物联网、人工智能、云计算等技术。

2. 全数字化

新零售时代的一个突出特征就是海量的个性化需求，想要对这些需求进行快速响应，就需要实现完全的数字化管理，将仓储与物流、制造、销售等供应链环节结合，在智慧供应链的框架体系下，实现仓储网络全透明地实时控制。

3. 仓储信息化

无论是智能化还是数字化，其基础都是仓储信息化的实现，而这也离不开强大的信息系统的支持。

（1）互联互通。想要信息系统有效运作，就要将之与更多的设备、系统互联互通，以实现各环节信息的无缝对接，尤其是 WMS、MES 等，从而确保供应链的流畅运作。

（2）安全准确。在网络全透明和实时控制的仓储环节中，想要推动仓储信息化的发展，就要依托信息物理系统（CPS）、大数据等技术，解决数据的安全性和准确性问题。

4. 布局网络化

在仓储信息化与智能化的过程中，任何设备或系统都不再孤立地运行，而是通过物联网、互联网技术智能地连接在一起，在全方位、全局化的连接下，形成一个覆盖整个仓储环境的网络，并能够与外部网络无缝对接。

基于这样的网络化布局，仓储系统可以与整个供应链快速地进行信息交换，并实现自主决策，从而确保整个系统的高效率运转。

5. 仓储柔性化

在"大规模定制"的新零售时代，柔性化构成了制造企业的核心竞争力。只有依靠更强的柔性能力，企业才能应对高度个性化的需求，并缩短产品创新周期、加快生产制造节奏。

而企业想要将这一竞争力传导至市场终端，同样需要仓储环节的柔性能力作为支撑。仓储管理必须根据上下游的个性化需求进行灵活调整，扮演好"商品配送服务中心"的角色。

1.2.2 智慧仓储规划的步骤

智慧仓储规划的步骤是一个复杂而系统的过程，它涉及多个方面的考虑和决策，主要流程为需求分析、技术选型、布局规划、方案评估、实施与优化及安全保障。

1. 需求分析

（1）全面调研。需要对企业的仓储业务进行全面地调研和分析，包括仓储场地、存储品类、操作流程、人力资源等方面。这有助于深入了解企业的实际需求，为后续规划和设计提供基础。

（2）明确目标。在调研的基础上，明确智慧仓储系统的建设目标，包括提高仓储效率、降低运营成本、优化库存管理等。

2. 技术选型

（1）设备选型。根据需求分析的结果，选择适合的智能仓储设备，如自动化立体仓库、智能分拣系统、AGV 小车等。这些设备应满足企业的实际需求，并具备高效、稳定、可靠的性能。

（2）系统选型。需要选择适合的仓储管理系统（WMS）、企业资源计划系统（ERP）等信息系统，以确保数据的实时传输和处理，实现仓储作业的智能化管理。

3. 布局规划

（1）场地规划。根据仓储场地的实际情况和设备特性，进行科学合理的布局规划。这包括货架的摆放、通道的设计、设备的安装位置等，以确保货物的流畅存储和高效搬运。

（2）流程设计。设计仓储作业流程，包括货物的接收、存储、拣选、包装、发运等环节。通过优化作业流程，实现仓储作业的自动化和智能化。

4. 方案评估

对选定的技术方案和布局方案进行综合评估，包括技术可行性、经济合理性、操作便捷性等方面。通过评估，选择最优的方案实施。

5. 实施与优化

（1）设备采购与安装。根据选定的方案，进行设备的采购和安装工作。确保设备的质量和性能符合规划要求。

（2）系统开发与部署。进行仓储管理系统、WMS 系统、ERP 系统等软件系统的开发和部署工作。确保系统能够满足企业的业务需求，并能够顺利上线运行。

（3）人员培训。对相关操作人员进行培训，使他们能够熟练掌握智能仓储系统的操作技能，这有助于提高工作效率和质量。

（4）持续优化。在系统运行过程中，根据实际情况进行持续优化和调整。通过数据分析、用户反馈等方式，不断完善系统功能，提高仓储作业的效率和准确性。

6. 安全保障

在智慧仓储规划中，安全保障是不可忽视的一环。需要配备完善的安防设备和系统，如闭路电视监控系统、防火系统、安全门禁系统等，以保障仓库内物品的安全。

综上所述，智慧仓储规划的步骤相互关联、相互支持，共同构成了智慧仓储系统的完整规划过程。

1.2.3 智慧仓储规划的内容

1.2.3.1 智慧仓储规划的概念内涵

智慧仓储规划是在对各种仓储行为进行整体的规划，对仓储模式、仓储设施、储存空间、信息管理系统等进行决策及设计。通过合理的仓储规划可以有效地提高仓储的工作效率，减轻仓储工作人员的作业难度，更可直观地对仓储作业活动进行调控。

1.2.3.2 智慧仓储规划的内容

1. 总体规划

智慧仓储规划对合理利用仓库和发挥仓库在物流中的作用有着重要意义。仓库规划主要包括：仓库的合理布局、仓库的发展战略和规模，如仓库的扩建、改造等；仓库的机械化发展水平和技术改造方向，如仓库的机械化、自动化水平等，仓库的主要经济指标，如仓库主要设备利用率、劳动生产率、仓库吞吐存储能力、存储能力利用率、储运品质指标、储运成本的降低率等。因此，仓库规划是在仓库合理布局和正确选择库址的基础上，对库区的总体设计、仓库建设规模以及仓库存储保管技术水平的确定。

仓库规划的总体要求是在组建、规划仓库时，应本着方便、科学的原则，应符合表 1.2 的要求。

表 1.2　　　　　　　　　智慧仓储规划的要求

要　求	具　体　说　明
符合工艺要求	（1）在地理位置上仓库须满足产品加工工序的要求。 （2）相关仓区应尽可能地与加工现场相连，减少物品和产品的迂回搬运。 （3）各仓区最好有相应的规范作业程序说明
符合进出顺利的要求	（1）在规划仓库时，要考虑到物品的运输问题。 （2）要尽可能地将进出仓门与电梯相连，并规划出相应的运输通道，同时充分考虑运输路线等问题
安全	仓库是企业主要物资的集散地，在规划时要特别考虑以下两点安全因素： （1）仓库要有充足的光、气、水、电、风、消防器材等。 （2）需要防火通道、安全门、应急装置和一批经过培训合格的消防人员
分类存放	对所有物资进行分析、归纳分类，然后再进行分类存储。 （1）常用物资仓可分为原材料仓、半成品仓和成品仓。 （2）工具仓主要用于存放各种工具。 （3）办公用品主要用于为仓库的日常管理提供各种常用办公用品。 （4）特殊物品仓主要是针对有毒、易燃易爆等进行专门存放处理

2. 仓库选址

仓库选址是一个复杂而重要的决策过程，仓库位置确定时需要考虑多个因素以确保仓库的运营效率、成本效益和可持续发展。一些主要考虑的因素如下：

(1) 自然环境因素。

1) 气象条件：包括温度、风力、降水量、无霜期、冻土深度和年平均蒸发量等指标。仓库应避开风口，因为建在风口会加速商品的老化。同时，要考虑仓库所在地的气候是否适合存放特定类型的货物。

2) 地质条件：仓库地面以下不能有淤泥层、流沙层、松土层等不良地质条件，以免在受压地段造成沉陷、翻浆等严重后果。要求土壤承载力高，以确保仓库的稳定性和安全性。

3) 水文条件：需远离容易泛滥的流域与地下水上溢的区域。地下水水位不能过高，洪泛区、内涝区、古河道、干河滩等区域绝对禁止选择。

4) 地形条件：应选择地势较高、地形平坦之处，应具有适当的面积与外形。长方形或正方形地形较为理想，便于仓库的布局和货物的存储。

(2) 经营环境因素。

1) 物流产业政策：仓库所在地区的优惠物流产业政策对物流企业的经济效益会产生重要影响。

2) 物流费用：包括运输费用、仓储费用等。选址时应考虑如何降低这些费用，提高物流效率。

3) 服务水平：应保证客户在任何时候提出物流需求时，都能获得快速满意的服务。这要求仓库具备良好的客户服务能力和响应速度。

(3) 基础设施状况。

1) 交通条件：必须具备方便的交通运输条件，最好靠近交通枢纽进行布局，如紧邻港口、主干道枢纽、铁路编组站或机场，有两种以上运输方式相连接。这有助于降低运输成本和提高运输效率。

2) 公共设施状况：要求城市的道路、通信等公共设施齐备，且场区周围要有污水、固体废物处理能力。同时，要确保仓库有足够的供电、水、热、燃气等能源供应能力。

(4) 其他因素。

1) 国土资源利用：仓库一般占地面积较大，周围还需留有足够的发展空间。因此，地价的高低对布局规划有重要影响。

2) 环境保护要求：需要考虑保护自然环境与人文环境等因素，尽可能降低对城市生活的干扰。对于大型运转枢纽，应适当设置在远离市中心区的地方，以改善城市交通环境状况和维持城市生态建设。

3) 周边状况：仓库不宜设在易散发火种的工业设施（如木材加工、冶金企业）附近，也不宜选择在居民住宅区附近。这有助于减少安全隐患和降低对周边居民的影响。

4) 劳动力市场：要考虑当地的劳动力资源是否充分，劳动力成本是否过高等因素。充足的劳动力资源有助于降低人工成本和提高仓库的运营效率。

5) 客户分布：对于消费品来说，企业一般在购买力集中的地区设置配送设施，以实现企业的营销目标。在选址时应考虑客户分布情况和市场需求情况。

综上所述,仓库选址是一个综合考量的过程,需要全面考虑自然环境、经营环境、基础设施状况以及其他因素等多个方面。只有综合考虑这些因素,才能选出最适合企业需求的仓库位置。

要确定货仓的位置。货仓的位置因厂而异,它取决于各工厂实际需要。在确定货仓的位置时,应该考虑:物品验收、进仓、储存是否容易;物品发料、搬运、盘点是否容易;物品储存是否安全;有无扩充的弹性与潜能。

3. 仓库的总平面布置

现代仓库平面规划,就是根据现代仓库总体设计要求,科学地解决生产和生活两大区域的布局问题,在规定的范围内进行统筹规划、合理安排,最大限度地提高仓库的储存和作业能力,并降低各项仓储作业费用。

仓库的总体平面规划的原则:

(1) 符合城市用地整体规划的要求。

(2) 遵守本区域的总体规划布局。

(3) 合理组织场内交通,保证区内车辆运输快捷、安全、高效。

(4) 平面布置按功能合理分区。

(5) 主要仓库库型设计结构新颖美观,装卸快,符合工艺流程、运输安全的要求。

(6) 遵循国家有关对环境保护的规范规定和要求。

(7) 为使仓库高效地运转,仓储中心的车辆运行方向、装卸作业方向必须单一,运距最短,而且装卸环节最少,人车分离。

(8) 仓库的空间利用最大原则。

(9) 用系统化的思想,把整个仓库的各功能块视为系统的一个部分,把各个作业环节作为供应链的内容之一。

(10) 仓库建设高效率和低成本的原则,为储存规模的进一步扩大留有余地,为自动分拣系统的实现留有余地。

4. 仓库区域划分

仓库可以依据其功能将其分为三部分,如图 1.10 所示。

(1) 生产作业区是仓储作业的主要场所,是库区的主体部分,主要包括库房、露天货场、道路、装卸站台等。其中,库房各组成部分的构成比例通常为合格品存储区面积占总面积的 40%~50%;通道占总面积的 8%~12%;待检区及出入库收发作业区占总面积的 20%~30%;集结区占总面积的 10%~15%;待处理区和不合格品隔离区占总面积的 5%~10%。库区道路要通畅、简洁,要有足够的宽度。装卸站台是装卸货物的建筑平台,站台高度与车厢底面高度相等,便于叉车等作业,站台的宽度和长度要根据作业方式与作业量大小而定。

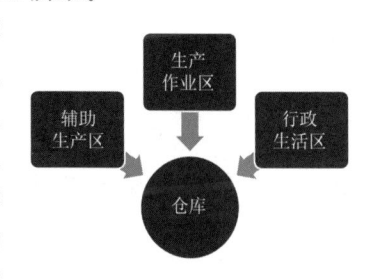

图 1.10 仓库区域划分

(2) 辅助生产区包括维修车间、车库、包装间、配电室等，虽然不直接参与仓储作业，但它是完成仓储作业所必需的，因此辅助生产区的布置应尽量减少占地面积，保证仓库安全。

(3) 行政生活区是仓库行政管理机构和生活区域，一般设置在仓库出入口附近，便于业务接洽和管理，并且行政生活区与生产作业区应隔开，且保持一定距离，以保证仓库的安全及行政办公生活的安静。行政生活区主要包括办公楼、食堂、宿舍、健身房等。

在规划各个区域时，必须注意使不同区域所占面积与仓库总面积保持合适的比例。其中，商品存储的规模决定了主要作业场所规模的大小，同时仓库主要作业的规模又决定了各种辅助设施和行政生活场所的大小。各区域的比例必须与仓库的基本职能相适应，保证货物接收、发运和存储保管场所尽可能占最大的比例，提高仓库的利用率。

1.3 智慧仓储管理概述

学习目标：

通过学习，使学生能够阐释智慧仓储管理的概念内涵及原则；了解智慧仓储管理的不同新模式；阐述智慧仓储管理的主要内容和相关方法；掌握智慧仓储管理的原则、内容和步骤；具备物流系统组织、协调与管理的能力；培养对智慧仓储行业乃至各行各业的创新思想；培养系统思想及整体全局意识，具备良好的团队精神、沟通能力。

任务驱动：

随着物联网、大数据和人工智能等技术的应用，智能化仓储管理成为新的趋势。通过智能设备与系统，实现货物信息的实时监控与自动化处理，大幅提高工作效率。在这一模式下，创业者可以借助智能化管理系统，减少人工成本，提高管理精度，从而获得市场竞争优势。请各组同学分工协作，调研当前企业所采取的智慧仓储管理模式，了解不同模式下的优缺点，并进行对比分析。

知识解析：

1.3.1 智慧仓储管理的原则

1. 智慧仓储管理的概念内涵

国家标准《物流术语》（GB/T 18354—2021）中，仓储管理是对仓储及相关作业进行的计划、组织、协调与控制。

智慧仓储管理是指通过应用先进的技术和系统，实现仓储和物流的智能化、自动化和信息化的一种管理模式。

2. 智慧仓储管理的原则

智慧仓储管理的原则主要包括效率原则、效益原则和服务原则。

效率原则强调以最小的劳动要素投入量获得最大的产品产出量，体现在仓容利用率、货物周转率、进出库时间、装卸车时间等指标上。实现高效率需要合理配置场所、空间、机械设备与人员，确保部门与部门、人员与人员、设备与设备、人员与设备之间的配合默契，以及有效管理过程的保证，包括现场的组织、督促，标准化、制度化操作管理，严格的质量责任制的约束。

效益原则关注企业经营的目的是追求利润最大化，仓储企业应围绕着获得最大经济效益的目的进行组织和经营，同时承担部分的社会责任，如环境保护、维护社会安定等义务，实现企业最佳经济效益的同时兼顾社会效益。

服务原则体现在仓储活动本身就是向社会提供仓储服务产品，因此仓储管理应具有服务意识，确保仓储服务能够满足社会不断增长的需要。

此外，智慧仓储管理还涉及"三定"原则，即定点、定容、定量，以及"五防"措施，包括防火、防盗、防潮、防虫、防鼠，以确保仓储管理的安全和效率。

1.3.2 仓储管理新模式

1.3.2.1 前置仓

顾名思义就是把仓库布置到消费者市场"前线"，它是指根据消费者市场分布进行选点、建立仓库，以小于5公里范围划圈，覆盖周围社区居民，再根据大数据分析和自身供应链资源，选择适合的商品由总仓配送至前置仓，进行小仓囤货。如图1.11所示，展示前置仓在整个供应链中的位置。

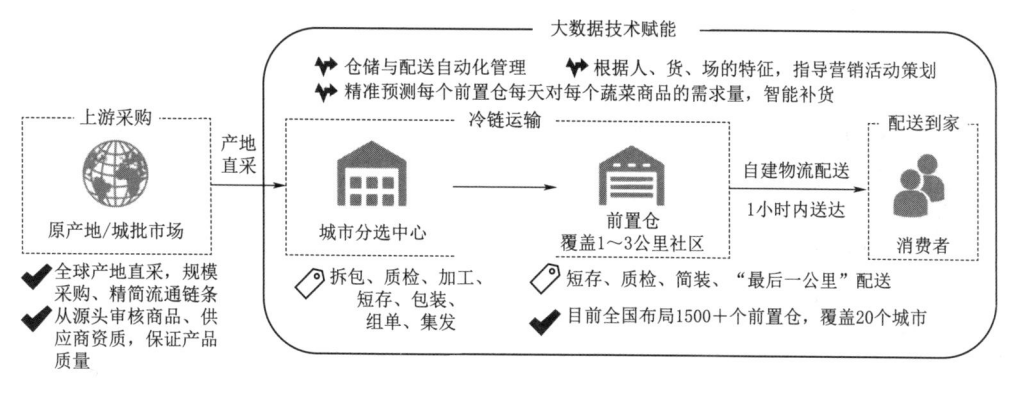

图 1.11 前置仓位置

1.3.2.2 中央仓

一头连接基地或批发市场，一头连接市场端，等于用自建的"中央仓"来部分替代"批发市场"的功能。中央仓可分类为中央配送中心（CDC）和区域配送中心（RDC）。

1.3.2.3 微仓

相对于普通仓库（占地面较大，承载功能齐全）面积相对较小，承载功能也相对单一的微小型仓库，如常见的丰巢、速递易等（图1.12、图1.13）。

图1.12 丰巢

图1.13 速递易

1.3.2.4 仓店一体
仓店一体是仓库和直接面向终端消费者的场地（如零售店、体验店等）合建在一起，消费者可直接在店内选购商品，在仓内即时提货。

1.3.2.5 前店后仓
前店后仓就是在前端开发销售平台实现销量提升，而在后台提供仓储、配送、进出口报关通关等供应链服务。

1.3.2.6 云仓

1. 概念

云仓储的概念正是基于"云"的思路，在全国各区域中心建立分仓，由公司总部建立一体化的信息系统，用信息系统将全国各分拣中心联网，分仓为云，信息系统为服务器，实现配送网络的快速反应，因此云仓是利用云计算以及现代管理方式，依托仓储设施进行货物流通的全新物流仓储体系产品。

图1.14 云仓分类
- 电商平台云仓：菜鸟云仓、京东云仓等
- 物流企业云仓：顺丰云仓、百世云仓等
- 第三方云仓：发网、中联网等

2. 分类

按照不同公司所进行的云仓来分类，主要包含3大类，如图1.14所示。

（1）电商平台云仓——菜鸟、京东等。

1）菜鸟云仓：菜鸟把自己定位为物流大数据平台，菜鸟网络未来或可能组建全球最大的物流云仓共享平台。菜鸟搭建的数据平台，以大数据为能源，以云计算为引擎，以仓储为节点，编织一张智慧物流仓储设施大网，覆盖全国乃至全球，开放共享给天猫和淘宝平台上各商家。

2）京东云仓：京东自建的物流系统已经开始对社会开放，京东物流依托自己庞大的物流网络设施系统和京东电商平台，从供应链中部向前后端延伸，为京东平台商家开放云仓共享服务，提升京东平台商家的物流体验。此外，利用京东云仓完善的管理系统，跨界共享给金融机构，推出"互联网+电商物流金融"的服务，利用信息系统全覆盖，实现仓配一体化，并有金融支持，能满足电商企业的多维度需求。

（2）物流企业云仓——百世云仓、顺丰云仓、EMS云仓等。

1）百世云仓是百世汇通建设的云仓。百世云仓从2015年开始迅速发展，供应链企业依托在全国30个中心城市建设的众多云仓，从商品的订单接收开始，到订单分拣、验货包装、发运出库，避免货物的重复操作，将商品与消费者之间距离缩到最短，最大化提升配送的效率。采用信息技术，全国100个分拨中心，10000余个站点延伸至乡镇各级服务网点，通过近1500条省际、省内班车，超过5万人的速递团队全流程管理，百世汇通就这样构建了一个快速安全的信息化物流供应链，已为国内外的上百家企业提供服务。而在这一过程中，传统物流产业升级也就实现了。2021年10月29日，虽然百世快运业务被极兔速运以68亿元的价格收购，百世云仓在云仓发展史上依然占据重要的地位。

2）顺丰云仓：顺丰利用覆盖全国主要城市的仓储网络，加上具有差异化的产品体系和市场推广，让顺丰仓配一体化服务锋芒毕露。顺丰围绕高质量的直营仓配网，以及优化供应链服务能力，重点面向手机（3C）、运动鞋服行业、食品冷链和家电客户开放共享。

3）国有快递企业EMS，将实施云仓战略，为电子商务企业和商家提供全景供应链协同服务，减少电商大型活动期间的"爆仓"风险。

（3）第三方云仓（3PL）。在电商快速发展的同时，电商的竞争也越来越激烈，在大型电商活动的背后将产生海量的快递邮件需要在短时间内进行配送，在这种情况下，部分快递企业常常会发生爆仓的现象，或者货物迟迟无法发出，货物漏发、错发、破损等现象发生频率也大幅增加，为后续工作的开展带来很大麻烦。因此，第三方物流服务商应运而生，其自动化、信息化和可视化的物流服务为上述问题提供了有效解决方案，虽然3PL在配送环节还相对较弱，但是目前通过与快递企业进行无缝对接，也能达到满意的效果。

1.3.2.7 无人仓

无人仓指的是货物从入库、上架、拣选、补货，到包装、检验、出库等物流作业流程全部实现无人化操作，是高度自动化、智能化的仓库，如图1.15所示。无人仓具有智能感知、实时分析、精准预测、自主决策、自动控制、自主学习等几大特点。

在物流领域，菜鸟的仓储自动化一直保持着行业领先优势。在江苏无锡，菜鸟通过柔性自动化技术搭建了亚洲规模最大的无人仓，超过1000台无人车可以快速组合、分拆作业，生产效率可提升一倍多。菜鸟保税仓和集运仓的数智化水平在

图1.15 无人仓

业内也是首屈一指。

根据规划,菜鸟物流科技部门将自研的仓储管理系统和全流程的自动化设备引入农业生产领域。粮食从生产线下线之后,将进入由菜鸟打造的无人粮仓。在这个粮仓当中,菜鸟部署了机械臂码垛系统、AGV 搬运系统、四向托盘穿梭车密集存储系统、AGV 货到人拣选系统等自动化设备,让粮食仓储真正实现无人化作业。

1.3.3 智慧仓储管理的内容和方法

1. 内容

智慧仓储管理是一项综合性的管理工作,其具体内容见表 1.3。

表 1.3 智慧仓储管理的内容

项 目	内 容
仓库系统的规划与设计	构建现代化仓储体系、仓储系统布局与规划、仓库布置
仓储设施设备的选择和配置	仓库的分类储存设备、装卸搬运设备、仓储辅助设备、自动化立体库等
储位管理与物料分类编码	仓库分区、储位管理、物料分类管理等
仓库作业	入库、保管及出库作业、拣选与补货、返品管理、仓库作业创新等
库存商品的保管与养护	商品保护管理、库存商品的数量变化、商品养护技术等
库存管理	ABC 库存分类管理法、关键因素分析法(Critical Value Analysis, CVA)等
库存控制技术	定量订货法、定期订货法、价格折扣下的订货策略等
仓库安全管理	仓库安全管理、特殊货物管理等
仓库管理信息技术	仓库管理信息系统、条形码技术、RFID 技术、POS 等
仓储绩效分析	仓储绩效评价概述、量化评价指标体系等

2. 方法

智慧仓储管理的主要方法包括三维场景建模、安防综合监控、人员/货物输送的实时定位和监控,以及仓储物流生产可视化监控。

(1) 三维场景建模。通过三维建模技术,对园区内的建筑、道路、绿化等进行仿真还原,实现园区整体情况的直观展示。这包括园区人员数量、租户情况、安防等整体态势的监控,降低管理复杂度。

(2) 安防综合监控。借助安防系统实现园区全天实时监控,结合大数据技术和天气系统,实时监测温度、湿度、二氧化碳、PM2.5 等环境数据,及时发现并处理环境异常问题。

(3) 人员/货物输送的实时定位和监控。利用 GPS 定位技术,实时展示园区内所有车辆和人员的定位情况,加强安全管理和风险防范。同时,通过统计可运载货物数量来安排货物输送排期计划,提高资源利用率。

(4) 仓储物流生产可视化监控。通过接入订单系统,统计、管理、追踪货物订单，实现仓储内景全流程展示，方便远程监管和全方位掌握物流园区的仓储、货物订单详情等详细情况。

这些方法共同构成了智慧仓储管理的核心，旨在提高物流管理的效率和准确性，降低运营成本，同时增强安全性和可控性。

1.4 主题任务：智慧仓储行业调研

智慧仓储行业是以信息交互为主线，使用条形码、射频识别、传感器、全球定位系统等先进的物联网技术，使物品运输、仓储、配送、包装、装卸等环节自动化运转并实现高效率管理。我国智能仓储行业快速发展，与大数据、云计算、边缘计算、物联网等新一代信息技术深度融合，整体信息化程度较高，前景良好。

智能仓储具有管理系统化、操作信息化、储运自动化、数据智慧化、网络协同化、决策智能化等突出特点，这决定了它是一个高科技、大制作、门槛高的领域，不是随便一个企业就能够从事智能仓储系统的设计，也不是所有企业都适合组建智能仓储系统。

数据显示，截至2023年5月9日，我国智能仓储行业企业的注册资本主要分布在100万元以内，相关企业数量为5545家，占比为25%；其次为100万～200万元的企业，相关企业数量为4721家。从整体来看，我国智能仓储行业企业注册资本超过500万元的企业占比约39%，超过1000万元的企业占比约21%，这表明智能仓储行业具有一定的资金壁垒。

2022年，交通运输部与科学技术部联合印发《交通领域科技创新中长期发展规划纲要（2021—2035年）》（交科技发〔2022〕11号），明确表明要推进仓储行业的智能化建设，为智能仓储领域发展提供进一步政策支持。总体而言，政策较少单一聚焦于智能仓储行业，一般依托智慧物流、现代物流进行宏观部署。政策颁布频次呈现增加趋势，对仓储行业的数字化水平要求也逐步提高。此外，政策不断推进智能仓储在制造业、农业、电商等领域中的应用，如利用智能仓储优化电子商务企业供应链管理，加强农产品仓储保鲜和冷链物流设施建设、推进农业与智能仓储行业深入融合等。

与发达国家相比，我国物流成本仍有较大下降空间，物流各环节效率亟待提升。为了实现新旧动能转化、促进经济高质量发展，根据国家发展改革委及交通运输部发布《国家物流枢纽布局和建设规划》（发改经贸〔2018〕1886号），要求推动物流效率进一步提升，将物流总费用占GDP比例下降至12%左右。而在物流领域，仓储环节则是物流全流程的关键节点，智能仓储应用成为仓储环节降本增效的关键。

目前智能仓储行业还在起步阶段，整体融合发展需要时间沉淀，伴随技术迭代、政策利好、企业需求释放，未来智能仓储可以应用于更多行业和场景。

随着土地使用成本以及人工成本的增加，智慧仓储费用也有明显的增加，降本增效是我国仓储行业未来发展的核心。未来发展智慧仓储，减少人工及土地的使用,降低物流费用是我国仓储行业发展的必经之路。

请结合上述材料,结合网络调研,完成一份针对我国智慧仓储的调研报告,要求包含行业现状、市场各类经营指标的情况、重点企业状况、区域市场发展情况等内容进行详细的阐述和深入的分析,着重对智慧仓储业务的发展进行详尽深入的分析,并根据智慧仓储行业的政策经济发展环境对智慧仓储行业潜在的风险和防范建议进行分析。

复 习 思 考 题

1. 智慧仓储的特点是什么?
2. 智慧仓储的发展趋势是什么?
3. 智慧仓储规划的步骤包含哪些?
4. 智慧仓储规划的内容以及过程中应遵循哪些原则?
5. 智慧仓储管理包含哪些新模式?

第 2 章　智慧仓储规划设计

学习目标与要求

1. 知识目标
(1) 能够描述智慧仓库规划的原则和要求。
(2) 能够灵活运用智慧仓库选址的方法解决仓库选址问题。
(3) 能够掌握智慧仓库整体布局和内部设置的相关技术。
2. 能力目标
(1) 具备智慧仓储系统规划与设计的基本能力。
(2) 具备智慧仓库平面布局、动线规划等基本设计的能力。
3. 素质目标
(1) 具备良好的团队精神、沟通技巧。
(2) 培养系统化思想及整体全局意识。

导入案例

智慧物流发展成共识　仓储智能化升级势在必行

智能自动化仓储作为智慧物流的重要一环，自然吸引广泛关注。今年"双十一"中，菜鸟、京东物流、苏宁物流的无人仓"黑科技"投入使用，更是赚足了大家的眼球。

仓储物流智能化升级势在必行

首先，我们先看一下什么是自动化智能仓储。

智能自动化仓储一般是由自动化立体智慧仓库、立体货架、有轨巷道堆垛机、高速分拣系统、出入库输送系统、物流机器人系统、信息识别系统、自动控制系统、计算机监控系统，计算机管理系统，以及其他辅助设备组成，并且还要借助当下最火热的物联网技术，如 RFID 通过先进的控制、总线、通信等手段，实现对各类设备的自动出入库作业。

不难看出，智能自动化仓储需要应用互联网、物联网、云计算、大数据、人工智能、RFID、GPS 等技术的支撑。同时，我国仓储业也正在向智能仓储与互联网平台发展，条形码、智能标签、无线射频识别等自动识别标识技术、可视化及货物跟踪系统、自动或快速分拣技术等已经在一些专业仓储企业大量应用。

其次，纵观仓储物流发展历程，自动化技术在仓储领域的发展主要有以下几个重要阶段：

第一阶段，主要靠人工实现的人工仓储。

第二阶段，以输送车、堆垛机、升降机等设备为主的机械化仓储。

第三阶段，在已有基础上进一步引入了AGV、自动货架、自动识别和自动分拣等先进设备系统。

第四阶段，更多是以集成系统为主。

第五阶段，则是智能自动化仓储，即应用了软件技术、互联网技术、自动分拣、RFID等技术对仓储进行控制。

目前，我国正处于仓储物流升级阶段，由机械化向自动化和智能化不断升级。其原因在于：一是电商、物流产业迅速发展，带动了智能仓储的需求。于是众多设备商积极向系统集成商转型，寻求优质客户和新的利润增长点；二是劳动力成本高涨、加之国家政策大力支持鼓励智能仓储发展，比如出台了《关于推进物流信息化工作的指导意见》《物流业发展中长期规划》《"互联网＋"高效物流实施意见》等政策文件；三是加上制造业等外包需求的释放和仓储业战略地位的加强。

产业链布局升级

那么，我们所知道的自动化智能仓储产业链是怎样的？有哪些常见设备？需要哪些核心技术呢？

从产业链来看，自动化智能物流装备分为上游、中游和下游三个部分。

首先，上游提供软硬件的物流设备制造和软件开发商。

物流硬件装备方面，包括由高架立体智慧仓库、高速分拣系统、输送带系统等组成的智能仓储基本骨架；由叉车、AGV、自动码垛机器人、穿梭车、拣选机器人、货到机器人、3D视觉识别等组成的各种自动化设备系统；以及由智能摄像头、人脸识别、车牌识别、车辆调度系统等。

当然，仓储的智能自动化不仅是设备的自动化，还有信息的自动化。通过信息自动化系统将物流、信息流用计算机和现代信息技术集成在一起的系统，如仓储管理系统（WMS）、仓储控制系统（WCS）等。

目前，菜鸟与京东物流都竞相建立了以大数据为基础的分布式仓配体系，背后的逻辑就是对大数据、信息的运营，反哺到仓储和配送活动中。

其次，中游的智能物流系统集成商。

它们实际上主要还是由物流装备生产商和物流软件开发商发展而来，从而根据行业的应用特点使用多种物流装备和物流软件，设计建造物流系统。

智能物流系统集成多年保持高增长。目前，国内市场上主要具备一定规模的物流系统集成服务商有20多家，在下游不同的应用领域拥有各自的优势。以机器人系统集成商为例，主要集中在长三角、珠三角地区。行业包括汽车、电子、家电、食品、物流等多个行业。

最后，智能自动化仓储装备的下游，这部分主要是应用智能物流系统的各个行业，如烟草、医药、汽车、电商、快递、冷链等行业。

智能仓储设备投资将迎来下一个高峰

高工产业研究院（GGII）预计，未来，智能仓储存在巨大市场需求，预计到2020年，智能仓储市场规模超954亿元。

关于智能自动化仓储的发展，天星资本研究所认为，看好物流系统集成商和新型智能物流装备供应商。物流系统集成商研发实力较强、产品附加值较高，对上游具有较强的议价能力，整体设计及系统集成能力是企业竞争力强弱的主要标志，因此，看好系统集成商的发展前景。另外，关注代表智能物流发展方向的新型智能物流装备供应商。

浙商证券也认为，纵观其发展历程，即使在全球经济萧条的大背景下，产业链依然保持较高的发展速度。未来，在经济回暖向好的物流产业发展进程中，智能仓储设备投资将会迎来下一个高峰。

案例讨论：

仓储智能化改造势在必行，请讨论这对物流专业就业选择有什么影响？

调研任务：

如何看待智慧仓储规划岗位？请通过网络或者访问调查的方式进行调研。

2.1 智慧仓储选址

学习目标：

通过学习，能够知悉仓库选址的意义，能够熟练掌握重心法及精确重心法的求解过程，熟知多重心选址方法求解的原理，能描述权重因素分析法基本原理，能区分不同选址方法的适用条件。能够归纳几种不同的仓库选址方法；初步具备灵活运用定量和定性的仓库选址方法进行规划选址的能力；提高降本增效的意识，培养科学、创新的思维能力。

任务驱动：

智慧仓储选址是关系到企业整体物流网络合理性的重要内容，智慧仓储选址的合理与否与企业整体的运营成本、运作效率有着重要的关系。建立物流网络系统时，仓储选址是首要的工作，因而这一层次的工作是仓储管理中较高一层次的工作内容，是一项决策性的工作。加上智慧仓库一般投资较大，从降本增效的角度，必须重视智慧仓的选址规划问题。请以小组为单位，运用所学知识进行配送中心的选址问题研究。

知识解析：

智慧仓库选址的基本方法分为以下两种情况：第一，在现有智慧仓库中确立一个智慧仓库。如果可以在现有智慧仓库中确立一个智慧仓库，那么用总距离最短、

2-1 智慧仓储选址项目案例

总运输周转量最小、总运输费用最小来计算比较简单。第二，确立一个新的智慧仓库地址。当完全新建一个智慧仓库时，可用权重因素分析法、重心法、多重心法、盈亏平衡分析法、微分法和运输模型法来进行评估选址。在本书中主要介绍重心法、多重心法和权重因素分析法3种方法。其中重心法主要解决的是单重心的选址问题，多重心法解决的是多中心的选址问题，权重因素分析法主要是对非经济因素的量化分析，使智慧仓的选址决策更加科学和合理。

2.1.1 重心法选址

2.1.1.1 重心法的基本原理

重心法（Centre-of-gravity Method）适用于单一仓库选址问题，选址因素包含运输距离、运输费率和货物运输量。重心法的基本思想为：利用费用函数求出到各需求点运输成本最小的仓库位置。重心法两点间距离计算办法示意图如图2.1所示。

直线线距为

$$d_{ij} = \sqrt{(x_i - x)^2 + (y_i - y)^2} \tag{2.1}$$

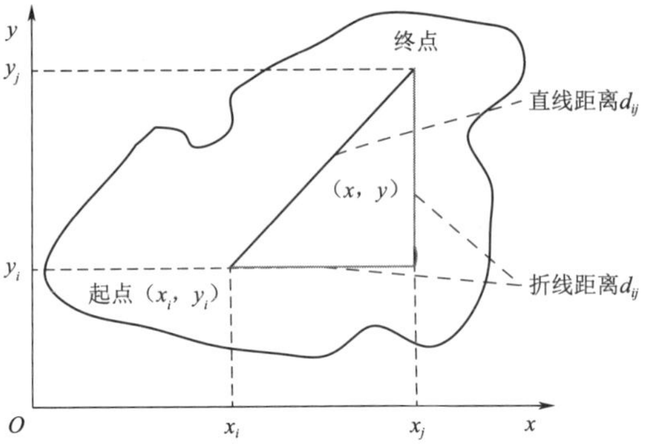

2.1.1.2 重心法的模型假设

（1）需求量集中于某一点，每点代表一定区域内诸多顾客的需求总量。

图2.1 重心法两点间距离计算办法示意图

（2）不同地点的物流设施建设费用和营运费用的差异忽略不计。

（3）运输费用跟运输距离成正比。

（4）运输路线为近似空间直线距离。

2.1.1.3 重心法的相关计算公式

（1）初始解的计算公式为

$$\begin{cases} x_\circ = \dfrac{\sum\limits_{j=1}^{n} c_j w_j x_j}{\sum\limits_{j=1}^{n} c_j w_j} \\ y_\circ = \dfrac{\sum\limits_{j=1}^{n} c_j w_j y_j}{\sum\limits_{j=1}^{n} c_j w_j} \end{cases} \tag{2.2}$$

式中 c_j——$p_\circ$ 到 x_j 点的运费率；

w_j——x_j 点的配送量；

x_j——j 点的横坐标；

y_j——j 点的纵坐标。

（2）运费计算公式为

$$T = \sum_{j=1}^{n} c_j w_j d_{ij} \tag{2.3}$$

2.1.1.4 重心法的迭代运算

迭代运算是精确重心法解决配送中心选址问题的核心，迭代运算的 4 个步骤计算量较大，特别是需求点较多时，迭代运算的计算过程更加复杂，为了解决迭代运算烦琐的问题，采用计算机 Excel 中的 Solver 的数据筛选功能可以代替人工计算。

（1）Solver 介绍。Solver 通常是指在数学、计算机科学或经济学等领域中，用于解决优化问题的工具或方法。优化问题涉及在多个可能的选择中找到最佳的一个，以满足某些特定的条件或目标。在 Excel 和其他电子表格软件中，Solver 允许用户使用不同的算法来解决线性规划、目标规划、整数规划等问题。通过调整物流配送中心的横、纵坐标的变量，来确定使运输成本最小化目标函数同时满足约束条件（例如配送中心的位置必须落在德州市范围内）。其他类型的 Solver 包括：线性规划求解器、非线性规划求解器、遗传算法求解器、蚁群算法求解器等。以 Excel 2019 为例，可以通过插入加载项，搜索 Solver 加载项的方式添加到工具栏中。

（2）非线性 GRG 法。值得注意的是，在 WPS Excel 等版本中的非线性内点法与非线性 GRG 法的运算原理和运算结果是不同的。非线性内点法（Nonlinear Interior Point Method）和非线性 GRG 法（Generalized Reduced Gradient Method）都是用于解决非线性规划问题的数值优化算法，它们在求解问题的方法和思想上是不同的。非线性内点法是一种通过在可行域内搜索最优解的方法，而非线性 GRG 法是一种通过不断调整变量的值来逼近最优解的方法，它通过不断迭代调整变量的值来求解非线性规划问题，该方法的优点是计算速度快、收敛性好，但其缺点是只能处理简单的非线性约束和目标函数。

（3）主要使用的函数公式。在求解过程中主要用到式（2.1），在 Excel 中应表达为"=SQRT(POWER(F5−D5,2)+(POWER(G5−E5,2)))*h1"。

（4）选址结果。经过数据收集、处理、Solver 运算，考虑智慧仓库需求量大小、运输量大小等因素，得到智慧仓储中心的位置。

2.1.2 多重心法选址

1. 多重心法的基本原理

对于前面所述的重心法，如果一个仓库数不能满足规划区域内全部服务对象的服务需求时，则需要设立多个仓库。多重心法通过分组后再运用精确重心法来确定多个仓库的位置与服务分派方案。

2. 多重心法的计算步骤

（1）初步分组。确定分组原则，将需求点按照一定原则分成若干个群组，使分群组数等于拟设立的仓库数量。每个群组由一个仓库负责,确立初步分配方案。这样,形成多个单一仓库选址问题。

(2) 选址计算。针对每个群组的单一仓库选址问题,运用精确重心法确定该群组新的仓库的位置。

(3) 调整分组。对每个需求点分别计算到所有仓库的运输费用,并将计算结果列表,将每个需求点调整到运输费用最低的那个仓库负责服务,这样就形成新的分配方案。

(4) 重复步骤(2)。

3. 多重心法的应用

【例 2.1】 某公司计划建立两个药品配送点向 10 个药品连锁店送货,各药品连锁店的地址坐标和药品每日需求量见表 2.1,运价均为 1,试确定这两个药品配送点的地址,使送货运输费用最低。

表 2.1　　　　　　　　某公司连锁店坐标和需求量统计表

连锁店号 j	1	2	3	4	5	6	7	8	9	10
X_j	70	95	80	20	40	10	40	75	10	90
Y_j	70	50	20	60	10	50	60	90	30	40
需求量/t	8	10	6	5	7	8	12	5	11	9

解:

(1) 将 10 家药品连锁店分成两组。初步分为 {1,2,3,4,5} 和 {6,7,8,9,10} 两组,每组由一个配送点负责送货。

(2) 按精确重心法进行迭代计算,求出两个配送点的地址坐标为:(P_1, Q_1)=(74.342, 46.147),(P_2, Q_2)=(40,60)。

(3) 计算各药品连锁店到这两个配送点的送货运输费用,计算结果见表 2.2。考察表 2.2,按运输费用最低的节点送货原则重新分组,调整后的分组情况为 {1,2,3,5,8,10} 和 {4,6,7,9}。

运输费用=单位运价×运距×需求量

表 2.2　　　　　　第一次迭代的选址分配方案及运输费用

连锁店号 j	X_j	Y_j	需求量/t	到 (P_1, Q_1) 的运输费用/元	到 (P_2, Q_2) 的运输费用/元
1	70	70	8	193.9598	252.9822
2	95	50	10	210.1425	559.017
3	80	20	6	160.513	339.4113
4	20	60	5	280.3997	100
5	40	10	7	349.0171	350
6	10	50	8	515.6581	252.9822
7	40	60	12	444.3693	0

续表

连锁店号 j	X_j	Y_j	需求量/t	到 (P_1,Q_1) 的运输费用/元	到 (P_2,Q_2) 的运输费用/元
8	75	90	5	219.2897	230.4886
9	10	30	11	729.7087	466.6905
10	90	40	9	151.3924	484.6648

（4）按第一次迭代后的分配方案进行重新选址，还是应用精确重心法进行迭代计算，求出两个配送点新的地址坐标为：$(P_1,Q_1)=(87.144,44.292)$，$(P_2,Q_2)=(17.676,49.679)$。

（5）再次计算各药品连锁店到这两个配送点的送货运输费用。计算结果如表 2.3 所示。考察表 2.3，重新调整后的分组情况为 {1,2,3,8,10} 和 {4,5,6,7,9}。

表 2.3　　　　　　　第二次迭代的选址分配方案及运输费用

连锁店号 j	X_j	Y_j	需求量/t	到 (P_1,Q_1) 的运输费用/元	到 (P_2,Q_2) 的运输费用/元
1	70	70	8	247.201	449.0519
2	95	50	10	97.10716	773.2467
3	80	20	6	151.9242	414.1793
4	20	60	5	344.7846	52.89707
5	40	10	7	408.0765	318.6949
6	10	50	8	618.8391	61.46167
7	40	60	12	596.3044	295.1327
8	75	90	5	236.4687	350.422
9	10	30	11	863.024	232.3538
10	90	40	9	46.39847	656.7191

（6）按第二次迭代后的分配方案进行重新选址，经过迭代计算后，求出两个配送点的地址坐标为：$(P_1,Q_1)=(90.063,47.843)$，$(P_2,Q_2)=(19.906,45.474)$。

（7）计算各药品连锁店到这两个配送点的送货运输费用，对计算结果进行分析，发现分组情况不变，仍为 {1,2,3,8,10} 和 {4,5,6,7,9}，因此，这一物流服务分配方案为最佳方案。

2.1.3　权重因素分析法选址

1. 权重因素分析法的原理

权重因素分析法解决的是多方案的决策问题，它将各方案所涉及的非经济因素先按照不同等级划分，按照重要程度设置不同的权重，并对各等级进行赋分，用以表示各方案的完善程度，最后根据最终的评分确定哪个方案最优。

2. 权重因素分析法的步骤

权重因素分析法是将各个非经济因素进行系统的比较，较为彻底地考虑了各个因素对方案的影响。选址中要考虑的因素很多，但是相比而言，总是有一些因素比另一些因素重要，决策者要判断各种因素孰轻孰重，从而使评估更接近现实。这种方法有6个步骤。

(1) 列出所有相关因素。
(2) 赋予每个因素以权重来反映它在决策中的相对重要性。
(3) 给每个因素的打分取值设定一个范围（1~10 或 1~100）。
(4) 用第（3）步设定的取值范围就各个因素给每个备选地址打分。
(5) 将每个因素的得分与其权重相乘，计算出每个备选地址的得分。
(6) 考虑以上计算结果，以总分最高为最优。

3. 权重因素分析法的关键和适用情况

权重因素分析法的关键是确定好比较的非经济因素，准确地确定各因素的权数，对各个方案的各个因素进行客观的打分。该方法通常在分析的因素是非经济因素时适用。

4. 权重因素分析法的数学模型

权重因素分析法解决的是多目标的决策选择即最优方案的问题，假设存在有 $f_1(x)$、$f_2(x)$、$f_3(x)$、…、$f_n(x)$ 共 n 个决策目标，然后对 $f_i(x)$ 分别给予权重系数 λ_i（$i=1,2,3,\cdots,n$），构建完成了新函数，即

$$\text{Max} F(x) = \sum_{i=1}^{n} \lambda_i f_i(x) \tag{2.4}$$

5. 利用权重因素分析法进行德州市农产品配送中心的选址分析

(1) 评价因素的确定。综合考虑经济因素成本，按照总成本最小的原则，得出 4 个备选城市，即德州市和京津冀周边的 S 市、J 市、W 市，拟建一所农产品配送中心。通过分析，利用权重因素分析法分析自然环境、交通状况、周边消费水平、人力资源状况、政府法律法规、环境保护政策 6 个非经济因素，进行配送中心的最终选址决策分析。为了更清晰地表述经济因素和非经济因素的内容，设计了如表 2.4 所示的评价因素。

表 2.4　　　　　　　　　　评 价 因 素 表

经 济 因 素	非 经 济 因 素
土地成本、运输费用、燃料费、农产品供应价格、劳动力价格	自然环境、交通状况、周边消费水平、人力资源状况、政府法律法规、环境保护政策

(2) 确定加权值。按照上述 6 个非经济因素的相对重要程度确定相应的权数：自然环境权重为 2，交通状况权重为 7，周边消费水平权重为 10，人力资源状况权重为 6，政府法律法规权重为 9，环境保护政策权重为 8。

(3) 评价因素评价等级确定。评级过程设置 A、E、I、O、U 五个级别，各级别赋分情况如下：A=4 分，E=3 分，I=2 分，O=1 分，U=0 分。对每个备选方案进行审查，并按每个因素由优到劣排出各个备选方案的排队等级数，结果见表 2。

(4) 评价结果。最佳方案的确定：得分高的方案为备选方案。

方案一得分：$Q_{德州市}=2×4+7×3+10×4+6×3+9×4+8×4=155$。
方案二得分：$Q_{S市}=2×2+7×3+10×2+6×2+9×2+8×3=99$。
方案三得分：$Q_{J市}=2×2+7×0+10×2+6×2+9×4+8×4=104$。

表 2.5 非经济因素权重分析表

非经济因素	权重	德州市 等级	得分	周边 S 市 等级	得分	周边 J 市 等级	得分	周边 W 市 等级	得分
自然环境	2	A=4	8	I=2	4	I=2	4	E=3	6
交通状况	7	E=3	21	E=3	21	U=0	0	A=4	28
周边消费水平	10	A=4	40	I=2	20	I=2	20	E=3	30
人力资源状况	6	E=3	18	I=2	12	I=2	12	E=3	18
政府法律法规	9	A=4	36	I=2	18	A=4	36	E=3	27
环境保护政策	8	A=4	32	E=3	24	A=4	32	O=1	8
合计			155		99		104		117

方案四得分：$Q_{W市}=2×3+7×4+10×3+6×3+9×3+8×1=117$。

综上所述，根据权重因素评分法，得分高的为最优方案，因此应选择方案一，即在德州市建立配送中心。

2.1.4 应用示例——基于重心法和权重因素评分法的 JT 公司智慧仓库地址优化

1. 相关数据的收集

通过调查了解到 JT 公司华东地区门店的相关信息，得到了客户需求量和各个门店的地理位置，位置数据由百度坐标拾取器得到，共计 22 家，具体信息见表 2.6。

表 2.6 各门店的相关信息

序号	地 址	地理位置	需求量/t
1	山东省临沂市罗庄区 206 国道与金七路交汇处	(35.025469,118.259157)	925
2	山东省青岛市胶州市马蹄泉路 35 号	(36.283709,120.043562)	862
3	山东省济南市历城区临港南路万纬物流园	(36.792383,117.220485)	1018
4	上海市青浦区新金路 88 号	(31.203561,121.116947)	1758
5	上海市崇明区新中路与唐家湾路交叉口北 100 米	(31.578965,121.521384)	1981
6	上海市浦东新区康桥东路 1295 东门	(31.159375,121.635491)	1242
7	江苏省无锡市新吴区新友南路 1 号	(31.528033,120.435361)	1321
8	江苏省连云港市东海县解放路与行政路交叉口南 120 米	(34.449155,118.716378)	2006
9	江苏省南通市如皋市东陈镇育贤路与 024 乡道交叉口北 100 米	(32.407014,120.642855)	1788
10	江苏省南京市高淳区东街与双走路交叉口南 20 米	(31.389891,118.996085)	2142

续表

序号	地 址	地理位置	需求量/t
11	浙江省绍兴市诸暨市民丰路53-31	(29.754054,120.178011)	2097
12	浙江省杭州市钱塘区纬二路399号深国际物流港A2仓	(30.308598,120.593326)	1722
13	浙江省金华市金东区希望路366号	(29.205249,119.837191)	989
14	浙江省金华市义乌市荷花街与国贸大道辅路交叉口南260米	(29.260166,120.007886)	1826
15	安徽省淮北市相山区仪凤路5号	(33.989781,116.758599)	2145
16	安徽省阜阳市界首市城西西城开发区金志新能源科技有限公司	(33.284454,115.344815)	2313
17	安徽省蚌埠市淮上区果园路与金牛路交叉口西南260米	(32.955966,117.323324)	2832
18	江西省景德镇市浮梁县枫林路与红叶路交叉口西300米	(29.358451,117.174905)	2158
19	江西省南昌市新建区石埠镇乾龙物流电商产业园1—3栋	(28.614547,115.693171)	1566
20	福建省泉州市晋江市物流园路	(24.795377,118.450843)	2340
21	福建省厦门市集美区灌口镇浦林东路33号	(24.57543,118.009307)	1407
22	福建省福州市闽侯县商贸大道22号普洛斯福州南通物流园A5座	(25.93869,119.281555)	2239

2. 基于加权因素评分法的选址筛选

下面采用权重因素分析法对这22个门店进行初步筛选。选择总分排名前十的结果作为重心法的计算数据。

（1）步骤一：确定影响因素，给定权重（表2.7）。

表2.7 影响因素和权重

非经济因素	权重	非经济因素	权重
场址位置	8	公共设施条件	6
库房面积	7	劳动力	5
交通条件	7	客户资源分布情况	10
地质条件	4	合计	47

（2）步骤二：按等级评分（表2.8）。

表2.8 等 级 评 分

等级	符号	含义	评价分值
优	A	近于完美	5
良	B	特别好	4
中	C	达到主要效果	3
尚可	D	效果一般	2
差	E	效果欠佳	1

(3) 步骤三：计算各方案得分。由于22个门店数量较多，在一个表格内呈现表格数据容易不清晰，于是把他们进行分组分别计算。

1) 第一组：序号1～6。得分见表2.9。

表2.9   序号1～6得分

非经济因素	权重	序号1		序号2		序号3		序号4		序号5		序号6	
		等级	得分	等级	得分	等级	得分	等级	得分	等级	得分	等级	得分
场址位置	8	B=4	32	A=5	40	C=3	24	B=4	32	D=2	16	A=5	40
库房面积	7	C=3	21	C=3	21	A=5	35	A=5	35	E=1	7	B=4	28
交通条件	7	A=5	35	D=2	14	A=5	35	C=3	21	A=5	35	B=4	28
地质条件	4	D=2	8	B=4	16	C=3	12	A=5	20	D=2	8	C=3	12
公共设施条件	6	B=4	24	E=1	6	D=2	12	C=3	18	B=4	24	B=4	24
劳动力	5	E=1	5	C=3	15	E=1	5	D=2	10	A=5	25	D=2	10
客户资源分布情况	10	A=5	50	B=4	40	A=5	50	B=4	40	C=3	30	C=3	30
合计	47		175		152		173		176		145		172

2) 第二组：序号7～12。得分见表2.10。

表2.10   序号7～12得分

非经济因素	权重	序号7		序号8		序号9		序号10		序号11		序号12	
		等级	得分	等级	得分	等级	得分	等级	得分	等级	得分	等级	得分
场址位置	8	D=2	16	A=5	40	C=3	24	B=4	32	B=4	32	A=5	40
库房面积	7	C=3	21	B=4	28	B=4	28	A=5	35	E=1	7	C=3	21
交通条件	7	B=4	28	C=3	21	C=3	21	C=3	21	C=3	21	B=4	28
地质条件	4	A=5	20	B=4	16	C=3	12	A=5	20	D=2	8	C=3	12
公共设施条件	6	C=3	18	C=3	18	E=1	6	E=1	6	C=3	18	B=4	24
劳动力	5	E=1	5	C=3	15	D=2	10	D=2	10	A=5	25	C=3	15
客户资源分布情况	10	D=2	20	B=4	40	C=3	30	C=3	30	C=3	30	B=4	40
合计	47		128		178		131		154		141		180

3) 第三组：序号13～18。得分见表2.11。

表2.11   序号13～18得分

非经济因素	权重	序号13		序号14		序号15		序号16		序号17		序号18	
		等级	得分	等级	得分	等级	得分	等级	得分	等级	得分	等级	得分
场址位置	8	B=4	32	C=3	24	C=3	24	B=4	32	A=5	40	D=2	16
库房面积	7	B=4	28	C=3	21	B=4	28	D=2	14	B=4	28	C=3	21
交通条件	7	A=5	35	D=2	14	C=3	21	B=4	28	A=5	35	B=4	28
地质条件	4	A=5	20	A=5	20	C=3	12	B=4	16	C=3	8	A=5	20
公共设施条件	6	B=4	24	C=3	18	D=2	12	E=1	6	B=4	24	A=5	30

续表

非经济因素	权重	序号13 等级	序号13 得分	序号14 等级	序号14 得分	序号15 等级	序号15 得分	序号16 等级	序号16 得分	序号17 等级	序号17 得分	序号18 等级	序号18 得分
劳动力	5	D=2	10	B=4	20	C=3	15	D=2	10	E=1	5	D=2	10
客户资源分布情况	10	B=4	40	C=3	30	B=4	40	C=3	30	C=3	30	D=2	20
合计	47		189		147		152		136		170		155

4) 第四组：序号19~22。得分见表2.12。

表2.12 序号19~22得分

非经济因素	权重	序号19 等级	序号19 得分	序号20 等级	序号20 得分	序号21 等级	序号21 得分	序号22 等级	序号22 得分
场址位置	8	B=4	32	A=5	40	C=3	24	B=4	32
库房面积	7	A=5	35	C=3	21	D=2	14	B=4	28
交通条件	7	C=3	14	A=5	35	B=4	28	C=3	21
地质条件	4	D=2	8	B=4	16	C=3	12	C=3	12
公共设施条件	6	B=4	24	E=1	6	D=2	12	E=1	6
劳动力	5	B=4	20	C=3	15	E=1	5	C=3	15
客户资源分布情况	10	B=4	40	A=5	50	A=5	50	C=3	30
合计	47		173		183		145		144

(4) 步骤四：得出最佳方案。排名前十的结果见表2.13。

表2.13 排名前十得分结果

排名	序号	总分	排名	序号	总分
1	13	189	6	1	175
2	20	183	7	19	173
3	12	180	7	3	173
4	8	178	9	6	172
5	4	176	10	17	170

经过权重因素分析法筛选后，得到的门店信息见表2.14，排名不分先后。

表2.14 筛选后的门店信息

序号	地　　址	地理位置
1	山东省临沂市罗庄区206国道与金七路交汇处	(35.025469,118.259157)
2	山东省济南市历城区临港南路万纬物流园	(36.792383,117.220485)
3	上海市青浦区新金路88号	(31.203561,121.116947)
4	上海市浦东新区康桥东路1295东门	(31.159725,121.635591)
5	江苏省连云港市东海县解放路与行政路交叉口南120米	(34.449155,118.716378)

续表

序号	地　　址	地 理 位 置
6	浙江省杭州市钱塘区纬二路399号深国际物流港A2仓	(30.308598,120.593326)
7	浙江省金华市金东区希望路366号	(29.205249,119.837191)
8	安徽省蚌埠市淮上区果园路与金牛路交叉口西南260米	(32.955966,117.323324)
9	江西省南昌市新建区石埠镇乾龙物流电商产业园1-3栋	(28.614547,115.693171)
10	福建省泉州市晋江市物流园路	(24.795377,118.450843)

3. 基于重心法的选址优化

本书的数据是对各智慧仓库一年需求量的收集，单位为t；坐标是通过百度坐标拾取器查找的经度（X坐标）和纬度（Y坐标）；运费率的单位为元/(t·km)。本模型在构建时，将各个备选址的智慧仓库当作同一平面范围内的需求点，将需求量转化成数量，最后通过重心法求解整个平面范围内的两个智慧仓库作为JT公司华东地区智慧仓库的进港和出港。

目标函数表示为

$$Z = \sum_{i=1}^{n} D_i W_i H_i \tag{2.5}$$

距离公式为

$$H_i = \sqrt{(x_i - X)^2 + (y_i - Y)^2} \tag{2.6}$$

将式（2.6）代入到式（2.5）中，得到的最终目标函数整理为

$$Z = \sum_{i=1}^{n} D_i W_i \sqrt{(x_i - X)^2 + (y_i - Y)^2} \tag{2.7}$$

式中　X——重心的X坐标；

　　　Y——重心的Y坐标；

　　　x_i——第i个需求点的x坐标（$i=1,2,\cdots,n$）；

　　　y_i——第i个需求点的y坐标（$i=1,2,\cdots,n$）；

　　　D_i——不同地方的运费率（$i=1,2,\cdots,n$），由于本书中涉及的对象都是JT公司所以运费率一致，即用D表示；

　　　W_i——智慧仓库运到第i个地点的货物量（$i=1,2,\cdots,n$）；

　　　H_i——智慧仓库到第i个点的直线距离（$i=1,2,\cdots,n$）；

　　　Z——总的运输费用。

根据计算，最终目的是求得使目标函数Z最小的坐标，便是智慧仓库的最优目标。重心法在Excel中的计算步骤如下：

第一步：初步分组。确定分组原则，将需求点按照一定原则分成若干个群组，使分群组数等于拟设立的仓库数量。在Excel表中列出智慧仓库序号，需求

量,智慧仓库点的横纵坐标、运费率、仓库一坐标和仓库二坐标、距离和运输成本。根据调研结果写出各个智慧仓库的需求量和运费率,通过坐标拾取器,标出各个智慧仓库点的横纵坐标,基础信息填写完毕之后,本书结合实际情况一共分为两个组,每个群组由一个仓库负责,确立初步分配方案。这样形成多个单一仓库选址问题。

第二步:选址计算。针对每个群组的单一仓库选址问题,运用精确重心法确定该群组新的仓库位置。距离结果是通过 Excel 表中的 SQRT 和 POWER 函数得到的,运输成本是需求量乘以运费率乘以运输距离。根据第一组的运输成本求得总运费 1 根据第二组的运输成本求得总运费 2 然后两组分别规划求解选择总运费最小,求得仓库一和仓库二的坐标。第一次迭代计算结果见表 2.15。

表 2.15　　　　　　　　　　第一次迭代计算结果

	序号	需求量/t	坐标		运费率/[元/(t·km)]	仓库坐标		距离/km	运输成本/元
分组①	1	925	35.02546	118.2591	0.65	34.4501	118.7176	0.73570	442.342440
	2	1018	36.79238	117.2204	0.65			2.77991	1839.46452
	3	1758	31.20356	121.1169	0.65			4.03691	4612.97990
	4	1242	31.15972	121.6355	0.65			4.39781	3550.35276
	5	2006	34.44915	118.7163	0.65			0.00161	2.09944097
									10447.2391
分组②	6	1722	30.30859	120.5933	0.65	29.6414	118.5994	2.10257	2353.40104
	7	989	29.20524	119.8371	0.65			1.31230	843.613413
	8	2832	32.95596	117.3233	0.65			3.55172	6538.01246
	9	1566	28.61454	115.6931	0.65			3.08237	3137.54712
	10	2340	24.79537	118.4508	0.65			4.84831	7374.27619
									20246.8502

第三步:调整分组。根据求得的仓库一和仓库二的坐标和备选智慧仓库的坐标,分别算出备选方案到仓库一和仓库二的距离,再根据求得的距离和需求量分别算出备选方案到仓库一和仓库二的运费。由表 2.16 可知,序号 1 到仓库一的运费更小,所以序号 1 由仓库一负责。同理,序号 2 到仓库一的运费更小,所以序号 2 由仓库一负责;序号 3 到仓库二的运费更小,所以序号 3 由仓库二负责;序号 4 到仓库二的运费更小,所以序号 4 由仓库二负责;序号 5 到仓库一的运费更小,所以序号 5 由仓库一负责;序号 6 到仓库二的运费更小,所以序号 6 由仓库二负责;序号 7 到仓库二的运费更小,所以序号 7 由仓库二负责;序号 8 到仓库一的运费更小,所以序号 8 由仓库一负责;序号 9 到仓库二的运费更小,所以序号 9 由仓库二负责;序号 10 到仓库二的运费更小,所以序号 10 由仓库二负责。综上所述,分组情况为第一组为序号 1、2、5、8,第二组为序号 3、4、6、7、9、10。其中加粗数据表示到该仓库运费最小。

表 2.16　　　　　　　　　　第一次迭代的距离和运费

序号	坐标		到仓库一距离/km	到仓库二距离/km	到仓库一运费/元	到仓库二运费/元
1	35.02546	118.2591	0.735704682	5.394803627	**680.5268312**	4990.193355
2	36.79238	117.2204	2.779907092	7.28272998	**2829.945419**	7413.81912
3	31.20356	121.1169	4.036912491	2.962794309	7096.89216	**5208.592395**
4	31.15972	121.6355	4.397810928	3.39458375	5462.081172	**4216.073017**
5	34.44915	118.7163	0.001610124	4.809170996	**3.229909183**	9647.197019
6	30.30859	120.5933	4.546466273	2.10256503	7829.014922	**3620.616982**
7	29.20524	119.8371	5.363006309	1.312302113	5304.01324	**1297.86679**
8	32.95596	117.3233	2.043655262	3.551723413	**5787.631702**	10058.48071
9	28.61454	115.6931	6.572774206	3.082372649	10292.96441	**4826.995569**
10	24.79537	118.4508	9.658415689	4.84830782	22600.69271	**11345.0403**

第四步：重复第二个步骤。经过第三步调整分组后，得到了新的分组，具体数据详见表 2.17。然后分别计算两组的距离和运输成本。距离通过 Excel 表中 SQRT 和 POWER 函数求得的，运输成本是需求量乘以运费率乘以距离。根据第一组算出来的运输成本，利用 SUM 求和函数得到第一组的总运费，通过规划求解，选择总目标值组一总运费最小，得到仓库一的坐标；同理，根据第二组算出来的运输成本，利用 SUM 求和函数得到第二组的总运费，再次规划求解，选择总目标值组二总运费最小，得到仓库二的坐标。

表 2.17　　　　　　　　　　第二次迭代计算结果

分组	序号	需求量/t	坐标		运费率/[元/(t·km)]	仓库坐标		距离/km	运输成本/元
分组①	1	925	35.02546	118.2591	0.65	34.3305	118.2436	0.69513	417.9486
	2	1018	36.79238	117.2204	0.65			2.66604	1764.121
	5	2006	34.44915	118.7163	0.65			0.48736	635.4732
	8	2832	32.95596	117.3233	0.65			1.65418	3045.015
									5862.558
分组②	3	1758	31.20356	121.1169	0.65	30.3087	120.5931	1.03689	1184.854
	4	1242	31.15972	121.6355	0.65			1.34567	1086.361
	6	1722	30.30859	120.5933	0.65			0.00023	0.255485
	7	989	29.20524	119.8371	0.65			1.33759	859.8728
	9	1566	28.61454	115.6931	0.65			5.18461	5277.414
	10	2340	24.79537	118.4508	0.65			5.91492	8996.591
									17405.35

根据求得的仓库一和仓库二的坐标和备选智慧仓库的坐标，利用 SQRT 和 POWER 函数分别算出备选方案到仓库一和仓库二的距离，算出距离后，根据求得

的距离和需求量分别算出备选方案到仓库一和仓库二的运费。由表 2.18 可知,序号 1 到仓库一的运费更小,所以序号 1 由仓库一负责。同理,序号 2 到仓库一的运费更小,所以序号 2 由仓库一负责;序号 3 到仓库二的运费更小,所以序号 3 由仓库二负责;序号 4 到仓库二的运费更小,所以序号 4 由仓库二负责;序号 5 到仓库一的运费更小,所以序号 5 由仓库一负责;序号 6 到仓库二的运费更小,所以序号 6 由仓库二负责;序号 7 到仓库二的运费更小,所以序号 7 由仓库二负责;序号 8 到仓库一的运费更小,所以序号 8 由仓库一负责;序号 9 到仓库二的运费更小,所以序号 9 由仓库二负责;序号 10 到仓库二的运费更小,所以序号 10 由仓库二负责。综上所述,分组情况为第一组为序号 1、2、5、8,第二组为序号 3、4、6、7、9、10,分组不变,已达到最优。

表 2.18　　　　　　　　　　第二次迭代的距离和运费

序号	坐标		到仓库一距离/km	到仓库二距离/km	到仓库一运费/元	到仓库二运费/元
1	35.02546	118.2591	0.69513283	5.262640107	**642.9978679**	4867.942099
2	36.79238	117.2204	2.666044143	7.308434281	**2714.032938**	7439.986098
5	34.44915	118.7163	0.48736343	4.545954734	**977.6510398**	9119.185196
8	32.95596	117.3233	1.654180251	4.207086587	**4684.63847**	11914.46921
3	31.20356	121.1169	4.246599422	1.036889994	7465.521784	**1822.852609**
4	31.15972	121.6355	4.643148869	1.345671877	5766.790895	**1671.324471**
6	30.30859	120.5933	4.657987778	0.000228254	8021.054953	**0.393053809**
7	29.20524	119.8371	5.367264882	1.337594846	5308.224969	**1322.881303**
9	28.61454	115.6931	6.259173186	5.184609735	9801.865209	**8119.098845**
10	24.79537	118.4508	9.53738098	5.914918172	22317.47149	**13840.90852**

4. 选址的结果

通过计算可知,进行两次迭代,最佳的智慧仓库坐标为 (34.33048319,118.2436355) 和 (30.30868462,120.593052)。在调整中由表 2.18 可知,其中到智慧仓库一运费最小的为序号 1,对应的智慧仓库位置是山东省临沂市罗庄区 206 国道与金七路交汇处;到智慧仓库二运费最小的为序号 6,对应的智慧仓库位置是浙江省杭州市钱塘区纬二路 399 号深国际物流港 A2 仓。结合以上数据的计算结果和调整所以 JT 公司在华东地区进港智慧仓库位置为山东省临沂市罗庄区 206 国道与金七路交汇处,出港智慧仓库位置为浙江省杭州市钱塘区纬二路 399 号深国际物流港 A2 仓。

2.2　智慧仓储规划布局

学习目标:

(1) 知识目标。能够归纳智慧仓储规划的原则及注意事项,运用仓储规划步骤

2.2 智慧仓储规划布局

相关理论知识。

（2）能力目标。具备进行仓库、仓位储位的规划和编码能力，较强的资料收集整理和分析能力。

（3）素质目标。培养学生的团队协作精神，树立严谨认真的工作态度，具有良好的社会责任感和物流职业素养。

任务驱动：

智慧仓储的内部布局是仓储内部资源配置与优化组合的行为，合理的智慧仓储内部布局与结构设计不但可以节约资源，而且可以为较好地实现智慧仓储功能提供支撑。智慧仓储内部布局与结构设计不但要从建筑学的角度去思考，还要从智慧仓储作业与功能的角度去优化。通过本项目的实施，应使同学们对智慧仓储内部布局与结构设计的原则要求有较好的了解，并能够从智慧仓储管理的角度去优化仓储内部布局与结构。

2-5 智慧仓储中心案例

知识解析：

2.2.1 智慧仓储规划的原则及注意事项

智慧仓储规划是指利用先进的技术和系统来提高仓储效率和管理水平。在进行智慧仓储规划时，需要遵循以下原则和注意事项。

1. 自动化

采用自动化设备和系统，如自动化货架、智能搬运车等，提高仓储效率和减少人力成本。图2.2为某电商智慧仓库平面布局图，图2.3为传统普通仓库的布局图，二者有较大的区别。智慧仓库的布局规划应体现出智慧仓储设备的位置区域。进行智慧仓储规划时应注意与普通仓库布局的区别。

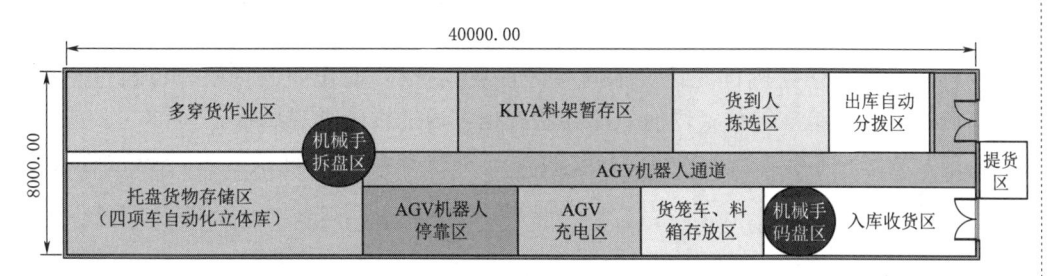

图2.2 某电商智慧仓库平面布局图（单位：mm）

2. 数据化

利用物联网技术和大数据分析，实时监控仓库存储情况、货物流动情况等数据，提供智慧仓运营的决策支持。如图2.4所示，智慧仓储活动中的实时动态在智慧物流看板中实时显示，便于智慧仓运营人员及时处理各种突发状况。

（1）智慧仓储全流程任务跟进。接到订单后，系统自动对每一个订单任务进行作业步骤拆解与进度跟踪，通过饼状图直观展现目前的订单出入库完成情况。

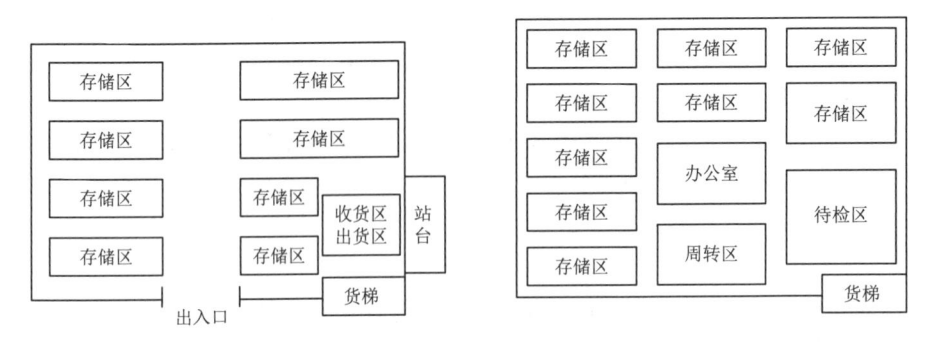

图 2.3　两种普通仓库布局

图 2.4　智慧物流看板

（2）配送监控系统。系统可完成对承运商的管理、运单分配、在途监控、运单签收回传等的监控。

（3）进出库任务执行统计。不同库区正在执行存/取作业的货格，可通过正视图与俯视图进行精准定位；同时，库存状态也可通过饼图直观展示。

（4）WMS任务动态。WMS下发的每一条任务，以及每条任务的执行进度，均可滚动播放。

3. 灵活性

设计灵活的智慧仓储布局和流程，以适应不同规模和需求的库存管理。

4. 安全性

确保、智慧仓库设备和环境的安全，采取有效的措施防止货物丢失或损坏。

5. 人机协同

充分利用人员和智能设备的优势，建立有效的人机协同工作机制，提高仓储运作效率。

总的来说，智慧仓储规划需要综合考虑技术、人员、流程等因素，注重提高效率、降低成本、提升安全性和可持续性。同时，随着技术的不断发展，仓储管理也需要不断更新和创新以适应市场需求的变化。

2.2.2 智慧仓储规划的步骤

1. 智慧仓储规划的一般项目周期

智慧仓储规划要遵循整体设计、工艺先行、土建工艺密切配合的原则。智慧仓储规划的一般项目周期一般分为四个阶段：立项与设计、采购与招标、生产与安装、验收。每个阶段的具体步骤如图2.5所示。

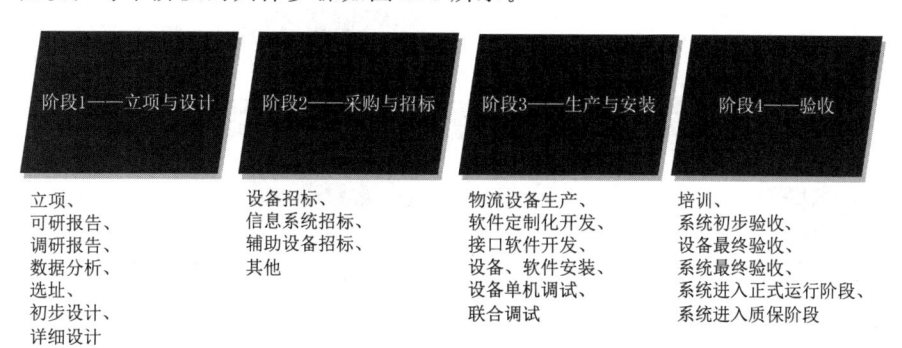

阶段1——立项与设计	阶段2——采购与招标	阶段3——生产与安装	阶段4——验收
立项、 可研报告、 调研报告、 数据分析、 选址、 初步设计、 详细设计	设备招标、 信息系统招标、 辅助设备招标、 其他	物流设备生产、 软件定制化开发、 接口软件开发、 设备、软件安装、 设备单机调试、 联合调试	培训、 系统初步验收、 设备最终验收、 系统最终验收、 系统进入正式运行阶段、 系统进入质保阶段

图2.5 智慧仓储规划的一般项目周期示意图

2. 智慧仓储规划的项目建设的流程步骤

图2.6展示了一个系统化的工作流程，主要涉及建设项目的各个阶段和重要步骤。其流程如下：

（1）收资调研。首先进行资料和数据的调研及收集，并规划物流网络。

（2）总体规划。建设规模和场址选择。确定总平面布局和可行性分析。

（3）工艺设计。其包括进货整理、仓储、分拣、发货暂存和出货的安排，平面布局设计。

（4）工程设计。其包括建筑结构设计、电气设计、暖通空调设计和消防设计，绿色物流要素设计。

整个流程可以看作是从前期准备到具体设计，再到后期实施的一个完整框架，旨在确保项目按照优化方案顺利进行。

2.2.3 仓库、仓位规划

1. 仓库的平面规划

现代仓库平面规划，就是根据现代仓库总体设计要求，科学地解决生产和生活两大区域的布局问题，在规定的范围内进行统筹规划、合理安排，最大限度地提高仓库的储存和作业能力，并降低各项仓储作业费用。现代仓库一般分为生产作业区、辅助作业区、行政生活区。

2. 仓库货区布局

仓库货区布局是指对仓库内的存货区、入库检验区、理货区、配送备货区、通道以及辅助作业区在规定范围内进行全面合理的安排。目的是在库存物的处置成本

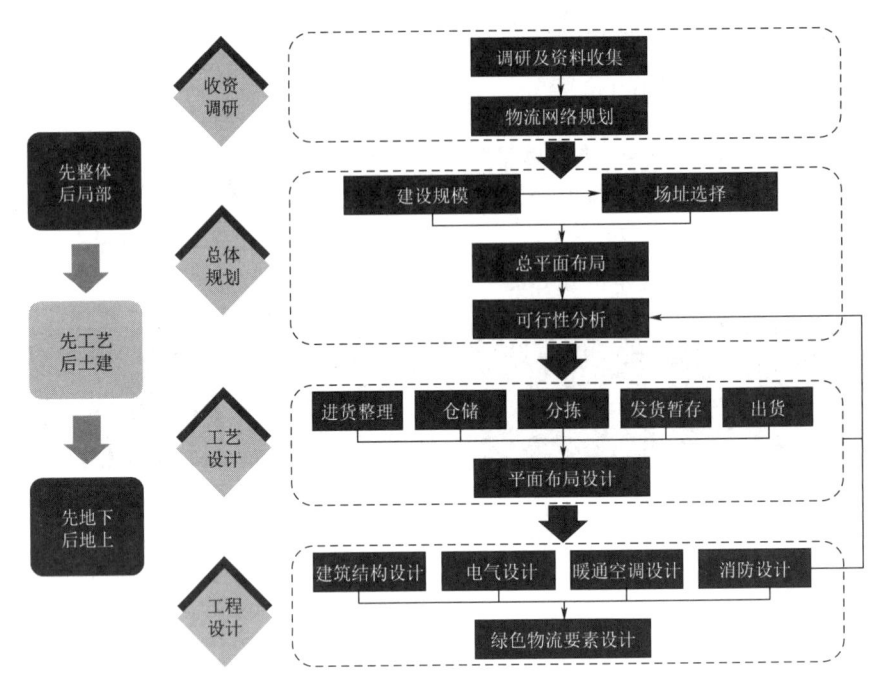

图 2.6　智慧仓储规划的项目建设的流程步骤

和仓库空间之间寻找最优平衡。

（1）影响仓库布局的因素。

1）仓库的专业化程度。其主要与库存物品的种类有关。库存物品的种类越多，仓库的专业化程度越低，布局的难度就越大。

2）仓库的功能和规模。仓库的规模越大，功能越多，则需要的设施设备通常就越多，增加了仓库总体布置的难度，还要注重设施设备之间的配套衔接。

（2）货区布置形式。仓库货区布局的目的是提高仓库平面和空间利用率、物品保管质量，方便进出库作业从而降低仓储处置成本。HY智慧仓中心空间布局图参考图2.2。HY智慧仓储中心空间布局图如图2.7所示。

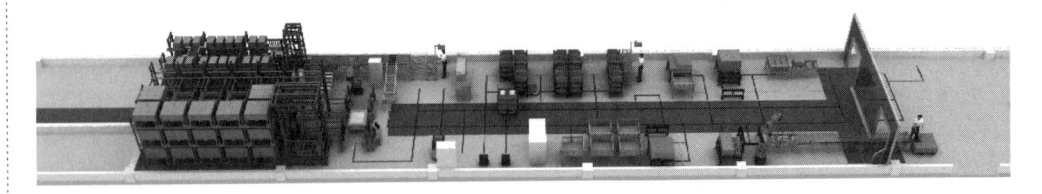

图 2.7　HY 智慧仓储中心空间布局图

1）平面布置。平面布置主要依据库存各类物品在仓库中的作业成本，按成本高低分为A类、B类、C类，A类物品作业量大的应该占据作业最有利的货位。主要的布置方式有垂直式，包括横列式布局、纵列式布局、纵横式布局；倾斜式，包括货垛倾斜式布局、通道倾斜式布局。

2）空间布置。空间布置是指库存物品在仓库立体空间上的布局，目的是充分有效地利用仓库空间。主要的形式包括就地堆码、上货架存放、架上平台和空中悬挂。优点为：①便于充分利用仓库空间，扩大存储能力；②有利于保证物品本身的其包装的完整性；③便于做到先进先出；④防潮、防尘、防损、防盗等作用。

2.2.4 货位规划及编码

2.2.4.1 货位规划

货位规划的目的一方面是提高仓库平面和空间利用率；另一方面是提高物品保管质量，方便进出库作业，从而降低物品的仓储处置成本。

1. 货位规划基本要求

（1）根据物品特性分区、分类储存，将特性相近的物品集中存放。

（2）将单位体积大、单位质量大的物品存放在货架底层，并且靠近出库区和通道。

（3）将周转率高的物品存放在进出库装卸搬运最便捷的位置。

（4）将同一供应商或同一客户的物品集中存放，以便于进行分拣配货作业。

2. 货位规划的形式

保管面积是库房使用面积的主体，它是货垛、货架所占面积的总和。货垛、货架的排列形式决定了库内平面布置的形式（图2.8），仓库货位规划一般有横列式、纵列式和混合式3种类型。

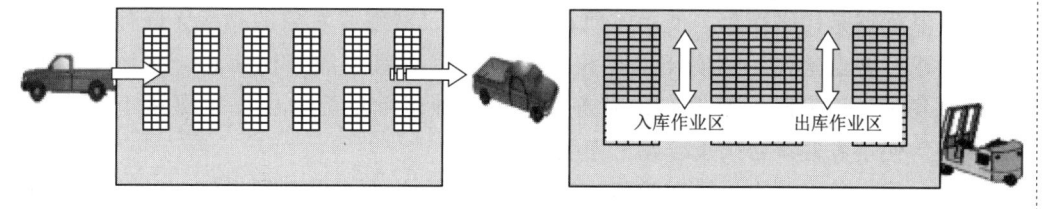

（a）横列式布局　　　　　　　　（b）纵列式布局

图2.8　货位规划形式

横列式布局的主要优点：主通道长且宽，副通道短，整齐美观，便于存取查点，如果用于库房布局，还有利于通风和采光。

纵列式布局的主要优点：可以根据库存物品在库时间的不同和进出频繁程度来安排货位：在库时间短、进出频繁的物品放置在主通道两侧；在库时间长、进出不频繁的物品放置在内侧。

露天货场的货位规划，一般都与物品的主要作业通道的垂直方向排列货垛。库房、货场布置，要注意留出合适的墙距和垛距。

2.2.4.2 货位编码方法

1. 智慧仓储编码步骤

智慧仓储货位编码方法是根据仓库的布局和存储需求设计的一种货位编码体系，旨在提高仓储效率和准确性。通常包括以下几个步骤：

（1）划分区域：将仓库划分为不同的区域，例如按照货物类型、品类、尺寸等进行划分。

（2）制定编码规则：确定货位编码的规则，可以采用数字、字母或组合的方式，确保每个货位都有唯一的标识符。

（3）确定编码结构：设定编码的结构，包括区域、排、列、层等信息，以便快速定位货物。

（4）分配编码：按照设计的规则为每个货位分配唯一的编码，可以通过电脑系统或标签进行记录和管理。

（5）建立记录系统：建立完善的记录系统，记录每个货位的编码信息、存储货物的情况，方便管理和查找。

通过合理的货位编码方法，可以提高仓储管理效率，减少错误和遗漏，帮助仓库实现更加智能化的运作。

2. 智慧仓货位编码方法

货位编码的种类很多，常见的有无含义代码和有含义代码。无含义代码通常可以采用顺序码和无序码来编排；有含义代码则通常是在对商品进行分类的基础上，采用序列顺序码、数值化字母顺序码、层次码、特征组合码及复合码等编排。不同的代码，其编码方法不完全一样，在配送中心商品编码中，常见的方法如下：

（1）顺序码。顺序码又称流水编码法，即将阿拉伯数字或英文字母按顺序往下编码。其优点是代码简单，使用方便，易于延伸，对编码对象的顺序无任何特殊规定和要求。缺点是代码本身不会给出任何有关编码对象的其他信息。在物流管理中，顺序码常用于账号及发票编号等。在少品种多批量配送中心也可用于商品编码，但为使用方便，必须配合编号索引。

（2）层次码。层次码是以编码对象的从属层次关系为排列顺序组成的代码。编码时将代码分成若干层次，并与分类对象的分类层级相对应，代码自左至右表示的层级由高到低，代码的左端为最高位层级代码，右端为最低位层级代码，每个层级的代码可采用顺序或系列顺序码。

（3）实际意义编码。实际意义编码是根据商品的名称、重量、尺寸以及分区、储位、保存期限或其他特性的实际情况来考虑编号。这种方法的特点在于通过编号即能很快了解商品的内容及相关信息。

（4）暗示编码。用数字与文字的组合编号，编号暗示货物的内容和有关信息。这种方法的优点是容易记忆，也容易保持内部信息的保密性。

2.3 智慧仓储设计

学习目标：

（1）知识目标。能够阐述区域功能规划区域组成，U形、I形、L形和S形布局的优点、缺点。

(2) 能力目标。通过本章学习，能够根据已知条件对配送中心功能布局进行合理规划。

(3) 素质目标。培养学生团队协作精神，系统性思维，精益求精的工匠精神。

任务驱动：

AK 皮鞋是山东省德州市的知名皮鞋生产制造企业，为提高仓储效率，现拟建一座现代化仓储中心，总投资 400 余万元，场地约 $800m^2$，要求进行配送中心区域功能区划。按照分组，构思小组案例中的配送中心仓库应该如何布局，如何组织与实施。要求完成平面布局图，并以文字说明。

知识解析：

2.3.1 功能区划设计

1. 仓库功能区划的含义和必要性

仓库功能区划就是如何确定仓库的平面分为哪些功能区域，这些功能区域的相对位置以及各个区域的面积的大小等。也就是说，仓库功能区如何布局。仓库功能区划是非常必要性的，中医上讲，百脉畅通才能身康体健，百脉不通则百病生。进行仓库功能区划，设计出入口和物流动线，相当于打通仓库"经脉"保证仓库作业效率和安全。

2. 仓库功能区域组成

图 2.9 展示了配送中心内的不同区域及其功能。主要分为以下几部分：

(1) 收货理货区。位于配送中心的入口，用于接收货物，并进行整理和分类。

(2) 存储区。专门用于存放和管理库存商品。

(3) 流通加工区。进行货物的流通和加工操作，以满足后续配送需求。

(4) 拣选理货区。根据订单需求挑选和整理货物的区域，配合配送中心的不同特性。

(5) 发货待运区。主要用于发货前的整理和准备，确保货物按时送出。

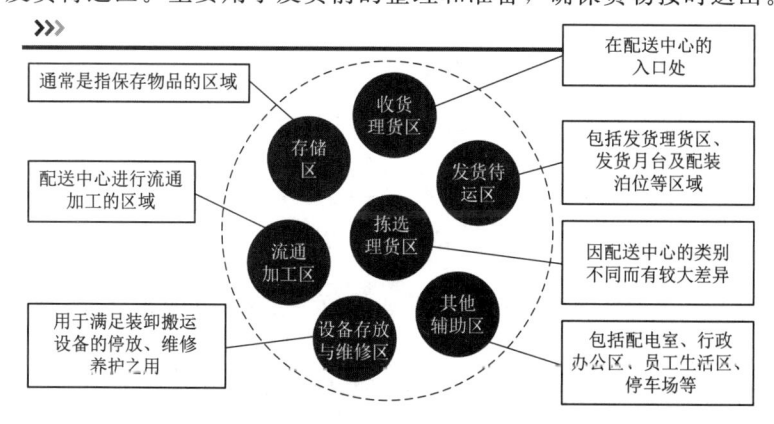

图 2.9 仓库功能区域组成示意图

（6）设备存放与维修区。其用来存放和维护运输设备，以确保其正常运行。

（7）其他辅助区。其包括电器室、行政办公室、员工生活区和停车场等。

这些区域的设计和配置旨在提高配送中心的运营效率，确保物流流程的顺畅和有效管理。

2.3.2 动线设计

1. U形动线

如图2.10所示，U形动线布局设计的入库月台和出库月台在同侧，货物在库内的流动轨迹呈U形。适合进出库频率较低的情况，如部分冷库有的多采用U形动线布局设计。

U形动线适合进行越库作业，处理一些"即来即走"或是只会在配送中心停留很短时间的货物，是仓库设计首选。U形动线设计的优点为：①直入直出，各运作动线平行性进行；②可降低操作人员和物流搬运车相撞的可能性。缺点为：①降低效率；②增加了人员投入及运作成本。

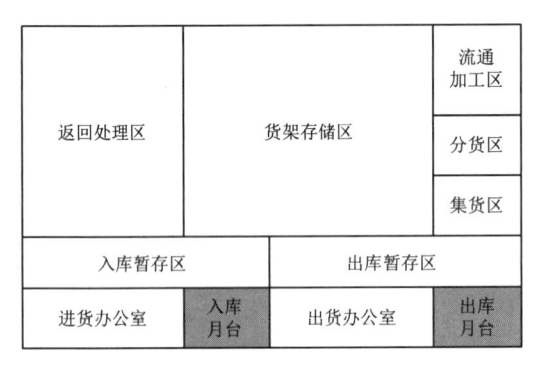

图2.10 U形动线设计示意图

2. I形动线

如图2.11所示，I形动线通常采用单向流动原则，避免交叉和阻碍，确保人员和物资能顺畅流动。进口和出口在"I"线的两端。

图2.11 I形动线设计示意图

I形动线特点是直入直出，各运作动线平行性进行；可降低操作人员和物流搬运车相撞的可能性；降低效率，增加人员投入及运作成本。I形动线的优点为：①直入直出，各运作动线平行性进行；②可降低操作人员和物流搬运车相撞的可能性。缺点为：①降低效率；②增加了人员投入及运作成本。

3. L形动线

如图2.12所示，在L形动线设计中，空间通常被分成两个主要的区域，形成一个L形路径。

L形动线适合进行越库作业，同时处理"慢流"和"快流"货物。优点为：①拥有两个独立月台、较少碰撞交叉点；②适合处理快速流转的货物。缺点为：除了L形流向范围内的货物外，其他功能区的货物的出入效率会相对降低。

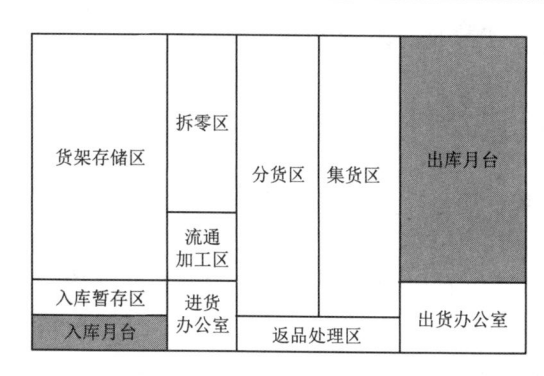

图2.12 L形动线设计示意图

4. S形动线

如图2.13所示，与L形动线不同，S形动线呈现出一个曲线的、流畅的形状，允许人们在空间中以一种更富有变化和灵活性的方式移动。S形动线适合需要多步骤处理的货品（如农产品），可以满足多种流通加工等，但行走路径长，增加了装卸搬运的距离。S形动线的优点为：①S形动线可以满足多种流通加工等；②处理工序的需要，且在宽度不足的仓库中作业。缺点为：行走路径长，增加了装卸搬运的距离。

2.3.3 绘制智慧仓储规划设计图的工具

绘制智慧仓储规划设计图的工具有许多种，适用于不同层次的需求和技术能力。以下是一些常用的工具和软件。

（1）AutoCAD。AutoCAD是一款专业的计算机辅助设计（CAD）软件，广泛用于建筑、工程和仓储设计；功能强大，适合用来创建精确的仓库设计图。

图2.13 S形动线设计示意图

（2）SketchUp。SketchUp适合快速建模和3D设计的工具，用户友好，适合初学者；可以用于绘制仓库的3D模型，帮助可视化构思。

（3）Visio。Visio是由Microsoft提供的图表和流程图绘制软件，适合于创建较为简单的仓库布局图和流程图。

本书中考虑毕业论文撰写和方案设计过程中绘图工具使用频率的情况，主要对Visio绘图工具展开介绍。

1. Visio软件介绍

Microsoft Visio 2013是一个图表绘制软件，有助于创建、说明和组织复杂设想、过程和系统的业务的技术图表。使用具有专业外观的Microsoft Visio 2013图表，可以更好地理解、记录和分析信息、数据、系统和过程。Visio 虽然是 Microsoft Office 软件的一个部分。但通常以单独形式出售，并不捆绑于 Microsoft Office 套装中。Microsoft Visio 2013 是第十三个版本。

2. Visio 2013 主要使用功能

Visio 是图形制作和设计软件，提供涉及各行业的多种现代常用的图形模板和示意图形。主要可以实现以下功能：

(1) 地图和平面布置图。办公室、展馆布置示意图、仓库布置图、立体交通图、地铁及方向图等。

(2) 网络图。网络拓扑图、机架图、网站图。

(3) 软件。UML 图、流程图及数据库模型等。

(4) 商务和管理。组织结构图、时间表、甘特图、鱼骨图、灵感触发图等。

(5) 电子、机械、建筑等工程图。

3. Visio 2013 的基本操作

(1) 形状：创建工具栏/自己绘图。主要的操作有：页面简介及调整办法、形状格式的设置、旋转、添加文字、连接形状、用自定义形状制定 logo、构思—画图—调整格式。

(2) 元素来源：系统自带、物流图集、其他图纸积累。

(3) 形状的调整和复制。

1) 正圆的画法：椭圆＋按住"Shift"拖动鼠标。

2) 形状格式的调整：Styles 颜色、透明度、旋转（离得越远，可调整角度越多），图形的删除：选中该图形，按"Delete"键即可。Visio 中图形复制操作示意图如图 2.14 所示。

图 2.14 Visio 中图形复制操作示意图

3) 形状的复制：按住"Ctrl"，往下拉形状；叠加：可调整上下位置；对齐：选中对齐的对象- Align。

(4) 组合图像：选中全部对象—右键—组合。

1) 在形状上输入，单击某个形状然后双击就可在图形内键入文本。

2) 在形状外面输入，修改字体、字号、颜色等；移动字体（文本块 text block）。

(5) 连接形状。

1) 连接线/连接符（形状—更多形状—其他 Visio 方案 Visio Extras-连接符 connectors）。

2) 连接线随形状位置变化而改变、连接线变箭头。Visio 中图形间的连接线设置操作示意如图 2.15 所示。

3) 在连接线之间插入形状，直接拖入进去，自动连接。

4) 向连接线添加文本。只需选择所要添加文本的连接线，然后双击，Mi-

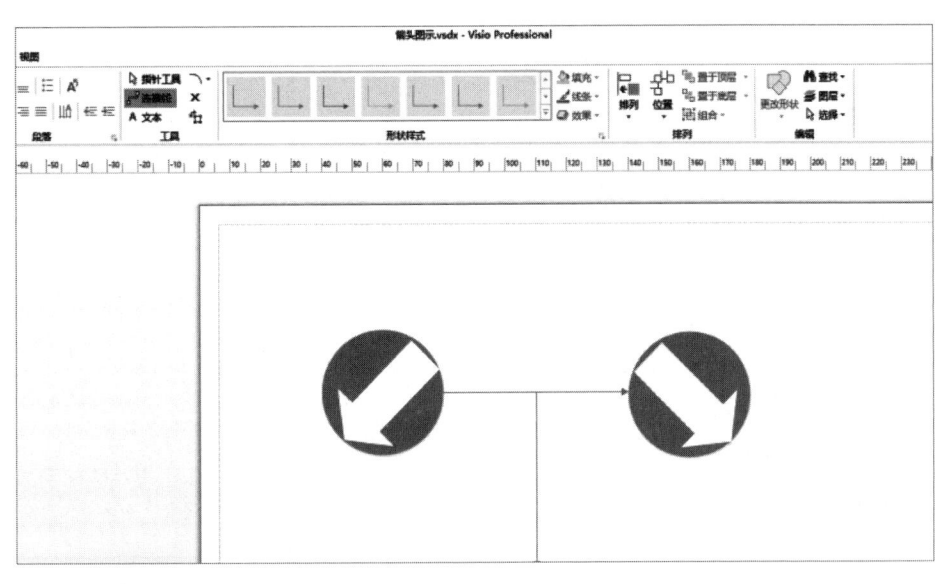

图 2.15　Visio 中图形间的连接线设置操作示意图

crosoft Office Visio 便会自动放大，可以看到键入的文本内容。

5）连接符。不开放式转化为开放式，选中—右键—开放箭头端。

6）修改连线的格式。

a. 有时连接两个图形的连接线为 L 形线，但是根据需要是需要直线或曲线连接，这时只需选中连线，右击选择"直线连接线"或"曲线连接线"即可。

b. 在连接线上也可以添加注释，只需选择连接线，然后右击选择"添加注释"即可。如下图所示。

c. 更多修改格式内容可以通过右击"设置图形格式"选项来实现。

（6）将自定义的形状变为模具。更多形状——新建模具 new stencils，添加到"我的形状"，还可以编辑。将自定义的形状变为模板并出现在列表中文件→另存为→浏览→选定位置→命名→保存类型（Visio 模板）—保存图表共享。运用 Visio 完成平面布局图如图 2.16 所示。

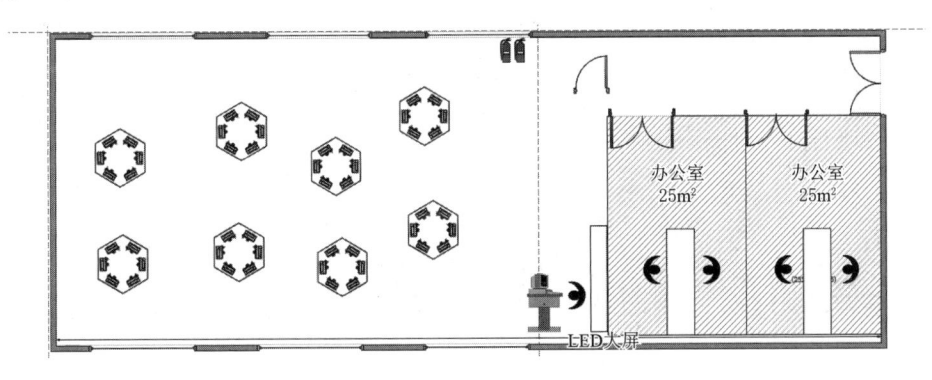

图 2.16　运用 Visio 完成平面布局图

2.4 主题任务：智慧仓规划设计

根据本章所学内容，以小组为单位，完成一份规划设计方案。首先应进行市场调研，分析该单位建设智慧仓的必要性及可行性。其次，根据实际业务量及储存需求完成规划设计图，可参考图 2.17～图 2.19 的案例。

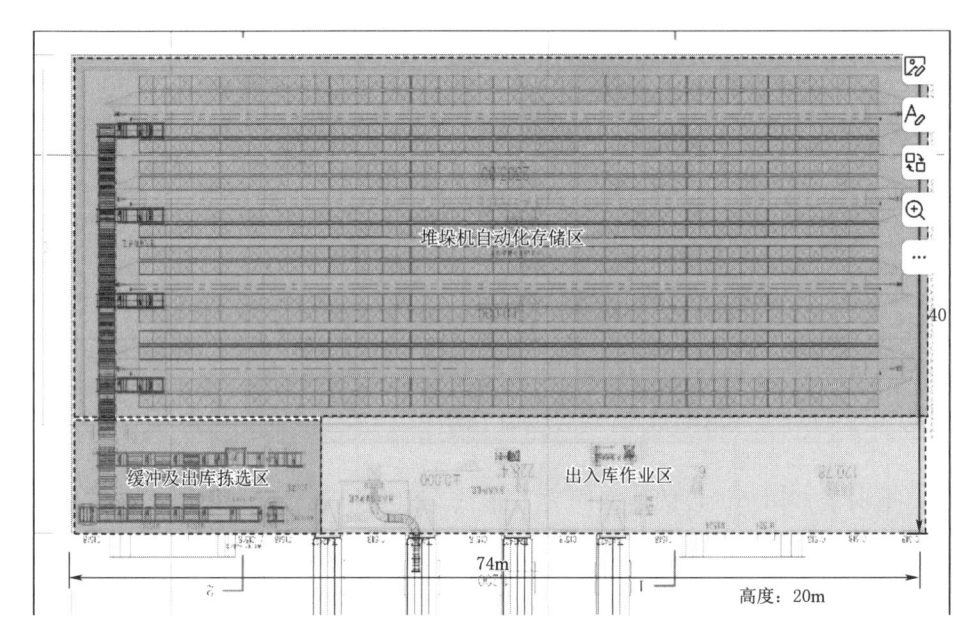

图 2.17　Visio 完成规划布局图案例 1

图 2.18　Visio 完成规划布局图案例 2

2.4 主题任务：智慧仓规划设计

图 2.19 Visio 完成作业流程图案例 3

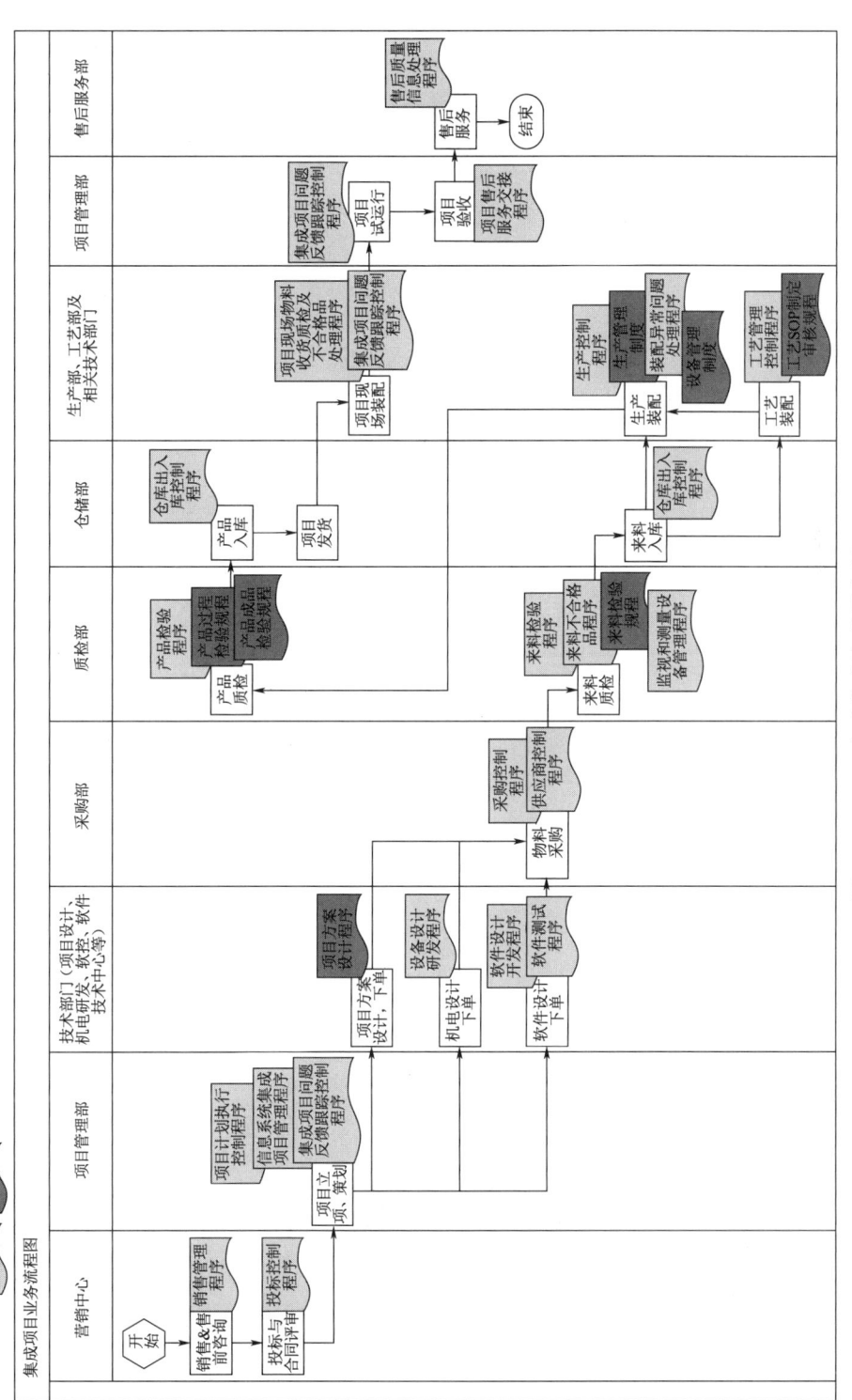

复习思考题

1. 重心法的假设条件有哪些?
2. 智慧仓储规划的一般项目周期有哪些?
3. 智慧仓储规划应注意哪些原则及注意事项?
4. 仓储规划布局物流动线的类型有哪些?各自的优点、缺点适应情况是什么?
5. Visio制图工具有哪些功能?列举出三项。

第3章 智慧仓储硬件建设

学习目标与要求

1. 知识目标

（1）了解智慧仓储硬件系统的种类。

（2）理解和掌握自动存取系统、智能拣选系统、智能搬运系统、智能分拣系统的组成及特点。

（3）掌握智慧仓储硬件系统的配套设备选型，能就企业实际仓库进行简单的硬件系统优化配置。

2. 能力目标

（1）具备智慧仓储物流系统分析、设计、规划、管理和控制的基本能力。

（2）培养学生自主学习和解决问题的能力。

（3）具备分析解决智慧物流仓储实际问题的初步能力。

3. 素质目标

（1）培养学生创新思维、工程素养以及团队合作意识。

（2）培养学生卓越的问题解决能力及系统管理能力。

（3）培养系统思想及整体全局意识。

导入案例

智能仓储在制药企业中的应用

从目前制药行业制造水平升级的发展趋势来看，升级物流能力成为制药企业的必然选择。本例对北京起重运输机械设计研究院有限公司为制药企业提供的物流方案进行分析，为制药型企业的物流存储模式开拓了思路。

北京起重运输机械设计研究院有限公司新的政策对药品研制生产、经营使用全过程中药品的安全性、有效性、质量进行全程控制。不仅对于制药企业加强了生产环节的质量控制，而且对于药品物流存储流通也提出了更高的要求。

从目前制药行业制造水平升级的发展趋势来看，如何利用自动化、信息化技术满足生产运营的及时性、高效、高质量、安全、节能环保、合规等要求，是制药企业普遍面临的挑战。而在应对这一挑战的过程中，升级物流能力成为制药企业的必然选择。

企业通过自动化立库实现原辅料收货入库存储、成品入库、出库、拣选的自动化、无人作业化，大大降低了劳动强度，提高了工作效率，减少了人为因素造成的质量问题。最大限度地实现了自动化、信息化技术满足生产运营的及时性、高效、高质量、安全等要求。立库内总共规划三层，12个巷道，总货位数为22776个托盘位。一层主要功能是成品整盘入库、成品整盘出库、原材料入库、自动分拣系统、机械手拆垛系统。二层箱式输送系统、机械码垛系统、密集缓存系统。三层托盘输送系统、机械手拆垛系统、原料配货、拼盘系统，与老库及生产车间的跨区域对接。

实施以来按企业的要求进度逐步实施，最终实现了双方的预期目标，缓解了企业的生产、库存及物流压力，为制药型企业的物流存储模式开拓了思路。

案例讨论：

智慧仓储系统建设是在仓储标准化、信息化建设基础上开展的管理提升，是仓储管理发展的必经之路，是物联网发展的内在要求。请讨论你所了解的智慧仓储系统所包含的硬件设备？

知识解析：

智慧仓储系统在选择硬件系统仓储设备时，应注意以下事项：

（1）仓储设备的型号应与仓库的日吞吐量、出入库作业频率相适应。仓储设备的型号和数量应与仓库的日吞吐量相对应。仓库的日吞吐量与仓储设备的额定起重量、水平运行速度、起升和下降速度及设备的数量有关。应根据具体的情况进行选择。同时，仓储设备的型号应与仓库的出入库作业频率相适应。

如对于综合性仓库，其日吞吐量不大，但是其收发作业频繁，作业量和作业时间很不均衡，应考虑选用起重载荷相对较小、工作繁忙程度较高的设备，如分拣机器人等。对于专业性仓库，其日吞吐量大，但是收发作业并不频繁，作业量和作业时间均衡，应考虑选用起重载荷相对较大、工作繁忙程度较小的设备，如巷道堆垛起重机等。

（2）计量和搬运作业同时完成。有些仓库需要大量的计量作业，如果搬运作业和计量作业不同时进行，势必增加装卸搬运次数，降低生产效率。因此，为了提高作业效率，可使搬运和计量作业同时完成。如在输送机上安装计量感应装置，在输送的过程中，同时完成计量工作。

（3）选用智能化、自动化程度高的设备。要提高仓库的作业效率，应从物品和设备两个方面着手。物品方面，要选择合适的货架和托盘（或物料箱）。单元化容器的运用大大提高了出入库作业的效率，选择合适的货架同样使出入库作业的效率提高。设备方面，应提高设备的智能化、自动化程度，以提高仓储作业的效率。

(4) 注意仓储设备的经济性。选择仓储设备时，企业应该根据仓库作业的特点，运用系统的思想，在坚持技术先进、经济合理、操作方便的原则下，根据自身的条件和特点，对设备进行经济性评估，选择经济合理的设备。

3.1 自动存取设施设备

学习目标：

通过学习，能够掌握自动存取系统的基本定义与分类，了解自动存取系统的主要设备及设备选型，熟悉高层货架、穿梭车、提升机及输送机的运作原理，理解自动存取系统的工作流程，包括从接收存取指令到完成存取操作的全过程；深入理解自动存取系统的性能参数，如存取速度、存储容量、精确度、可靠性等，以及这些参数如何影响系统的整体效能，学习并识别系统设计中采用的先进技术，如自动化控制技术、物联网技术、人工智能算法等，并理解它们在提升系统效率与智能化水平方面的作用，掌握系统调试与维护的基本方法，包括故障诊断、性能优化等。

任务驱动：

自动存取系统在各个行业应用十分广泛，学会分析不同行业领域中自动存取系统的应用案例，理解其在提高生产效率、降低成本、优化资源配置等方面的作用，培养创新思维，鼓励学生思考如何在现有基础上进行技术创新与系统优化。通过科尼 ASRS 纸卷自动存取系统案例，学会提炼出系统设计的最佳实践与经验教训，为未来的系统设计与优化提供参考。

3-1 科尼 ASRS 纸卷自动存取系统案例

知识解析：

自动存取系统（Automatic Storage and Retrieval System，AS/RS），一般是指密集型智能仓储系统，简称智仓，以自动化立体仓库为核心，一般采用高层货架来存储单元货物，用相同的物品搬运设备进行货物入库和出库作业的仓库系统。它利用立体仓库设备可实现仓库高层合理化、存取自动化、操作简便化。

自动存取系统是综合利用计算机、云计算、互联网和物联网等先进技术，将高位立体货架、巷道堆垛起重机、升降设备、自动出入库输送装备、自动分拣系统装备、室内搬运车、机器人等设备进行系统集成，形成具有一定感知能力、自行推理判断能力、自动操作能力的智慧系统。典型的自动存取系统包括自动化立体仓库系统和穿梭车式密集型仓储系统。自动化立体仓库系统效果图如图 3.1 所示。

自动存取系统的优点包括以下 5 点。

(1) 密集存储。采用高密度货架存储货物，穿梭车密集型仓储系统取消了叉车或堆垛起重机作业通道，大大提高了空间利用率。

(2) 快速存取。可实现多维度、多层、多小车同步运作，大大缩短了作业时间。同时，穿梭车具有高度的灵活性，可实现"货到人"的拣货，提高工作效率。

图 3.1 自动化立体仓库系统效果图

对比发现，基于堆垛起重机的 Mini-load 自动化系统，每个巷道配置 1 台堆垛起重机，作业效率一般为 80～150 箱/h（进+出）；而穿梭车货架系统，每个巷道每层配置 1 台穿梭车，单车效率为 60～120 箱/h，受提升机能力影响，每个巷道效率可达 600～1000 箱/h（进+出）。

（3）系统柔性。可根据订单任务量大小，灵活增减小车数量，适应性强，特别适用于订单波动性较大的仓储环境。同时，当穿梭车发生故障时，可快速更换故障小车，保证仓库运行不受影响。

（4）实现物品先进先出。传统仓库由于空间限制，将货物码放堆砌，常常是先进后出，导致货物积压浪费。自动存取系统能够自动绑定每一批货物的入库时间，自动实现货物先进先出。

（5）节省人力资源成本。立体仓库内，各类自动化设备代替了大量的人工作业，大大降低人力资源成本。

自动存取系统的劣势体现在投资建设成本高、周期长；设备维修费用较高；存储货物有严格要求；管理维护要求较高。

3.1.1　自动存取系统的主要设备及设备选型

自动存取系统包括自动化立体仓库和穿梭车密集型仓储系统，是由密集高层立体货架、堆垛起重机或提升机+穿梭车、出入库输送系统、中央调度系统（自动化控制系统、计算机仓库管理系统）及其周边设备组成，可对货物实现快速存取的自动化、智能化仓储系统。

下面以穿梭车式密集智慧仓储的存储系统为例，介绍主要设备的特点、参数及设备的选型问题。

3.1.1.1　高层立体货架

仓库的存储方式自平面存储向高层化立体存储发展以来，货架即成为立体仓库的主体。由满足不同功能要求的各种不同形式的货架所组成的多种多样的自动化、机械化仓库，已成为仓储系统甚至整个物流系统或生产工艺流程中的重要环节。

高层立体货架是智慧仓储中自动存取系统的重要组成部分，主要功能为存放物资，按照形式的不同分为钢制结构货架和钢筋混凝土结构货架。在企业仓库中，多使用钢货架。

高层货架一般都在10m以上,从设备折旧和工作效率的角度考虑,一般情况下立体仓库货架的最佳高度为15~21m。

高层立体货架按承载能力大致分为重量型货架、中量型货架及轻量型货架3种形式。轻量型货架每个单元层能够承载重量为100~150kg,货架主要适合中小单元、零部件等轻型货物的存储。中量型货架每个单元层能够承载重量为200~500kg,适用于中小型仓库存放货物。轻量型与中量型货架结构简单,由立柱、横梁、层板组装而成。重量型货架承载重量为800kg以上,结构强度和刚度较大,不易发生变形或破坏,多应用于大型或超大型仓库中。

高层立体货架按照货格配套使用的容器单元来划分,有托盘式立体仓库货架和料箱式高层立体货架两种。托盘式立体仓库货架系统一般配套选择巷道堆垛起重机、托盘、AGV小车、输送机来进行货物的存取作业。料箱式高层立体货架系统则一般选择穿梭车、提升机、工作站、物品箱、自动输送系统配套使用,完成货物存货和取货作业。不同货架系统在进行规划设计时,货架的尺寸规格都是不同的。具体的尺寸规格选择都是根据仓库的大小与高度,以及所需存储的货物尺寸与重量来决定的。

在智慧仓储中,较常用的是托盘式立体仓库货架和料箱式高层立体货架。其中,料箱式高层立体货架可用于多品种货物的存储,应用较广。

一般情况下,每个料箱的最大承载能力为50kg,配套穿梭车、提升机一起使用,效率高,噪声小,货架之间不用设置通道,减少空间浪费。以应用较广的T-50型料箱式立体仓库货架为例,用户可根据货物吞吐量选择货位数。T-50型料箱式立体仓库货架已经标准化了,一旦选型确定,可达到节约投资、建库快、交货期短的效果。T-50型料箱式立体仓库货架模式如图3.2所示。

图3.2 T-50型料箱式立体仓库货架模式

1. 货架相关尺寸参数

高层立体货架各技术参数见表3.1~表3.4。

货架载重(包括料箱重量)一般情况下都是最大50kg,货架长度为

表3.1 料箱尺寸

长/mm	300~500
宽/mm	450~675
高/mm	50~360

$$L = (料箱宽度 + 75\text{mm}) \times 列数(货架) + 26\text{mm} \tag{3.1}$$

表3.2　　　　　　　　　　　立体仓库主要参数

货　　态	长/mm	300～500
	宽/mm	450～675
	高/mm	50～360
载货		30kg/50kg（含料箱自重）
行走速度/(m/min)		4～200
升降速度/(m/min)		4～100
货叉速度/(m/min)		4～40
电源		电源 AC 三相、200V（50Hz）/220V（60Hz）、10kVA

表3.3　　　　　　　　　　　货　架　高　度　　　　　　　　　　　单位：mm

料箱高度	10层	12层	14层	16层	18层	20层	22层	24层
50～100	2375	2775	3125	3475	3825	4175	4525	4875
50～120	2605	2995	3385	3775	4165	4555	4945	5385
50～140	2785	3215	3645	4075	4505	4935	5415	5845
50～160	2965	3435	3905	4375	4845	5365	5835	
50～180	3145	3655	4165	4675	5235	5745		
50～200	3325	3875	4425	4975	5575			
50～220	3505	4095	4685	5325	5745			
50～240	3685	4315	4945	5625				
50～260	3865	4535	5255	5925				
50～280	4045	4755	5515					
50～300	4225	4975	5775					
50～320	4425	5265						
50～340	4625	5505						
50～360	4825	5745						

表3.4　　　　　　　　　　　货　架　宽　度　　　　　　　　　　　单位：mm

料箱长度	货架宽度	料箱长度	货架宽度
450～475	1850	450～600	2100
450～500	1900	450～625	2150
450～525	1950	450～650	2200
450～550	2000	450～675	2250
450～575	2050		

货架的最大长度与一台堆垛起重机在一条通道中所服务的货位数有关，需要考虑堆垛起重机的纵向和横向服务能力的均衡。设 L 为货架长度，H 为货架高度，v_x 为堆垛起重机沿长度方向的移动速度，v_y 为堆垛起重机沿高度方向的移动速度，

则存在：$H/L \approx v_x/v_y$。一般来说，为保持均衡，使堆垛起重机的载货台垂直和水平移动平稳，推荐采用货架高度 H 和长度 L 的比值为：$H/L=1/6 \sim 1/4$。

2. 货格

货格主要用于存放货物托盘或货箱，是货架的基本组成单元。货格尺寸由托盘或货箱的尺寸决定，如图 3.3 所示。

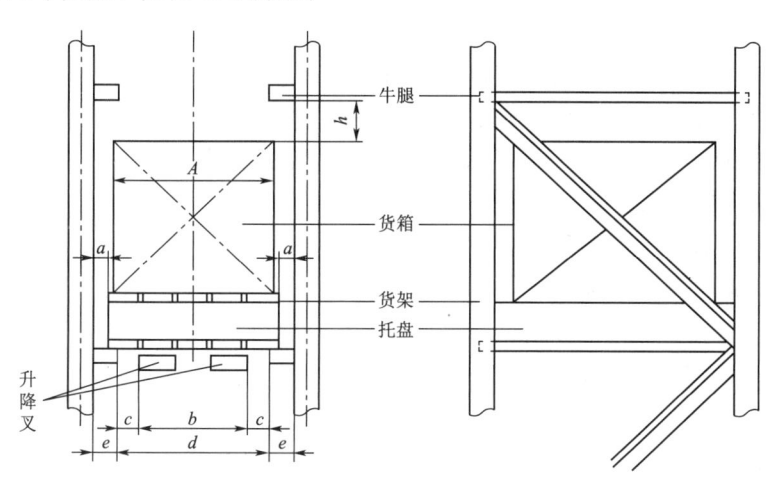

图 3.3　货格尺寸示意图

图 3.3 中，A 为货箱宽度，货物单元与货格单元存在以下关系：

托盘立柱间距 $a=25 \sim 60$ mm（大货箱取大值）；升降叉宽度 $b=0.7A$；升降叉与牛腿间距 $c=0.075A \sim 0.1A$（大货箱取大值）；牛腿间距 $d=0.85A \sim 0.9A$；牛腿宽度 $e=60 \sim 125$ mm（大货箱取大值）；牛腿货箱高度差 h 应大于升降叉厚度＋升降叉浮动行程＋各种误差，一般取值为 $70 \sim 150$ mm（大货箱取大值）。

若每个货格存放 2 个货物单元，则货物单元间距一般取值 $25 \sim 60$ mm（大货箱取大值）。

据此，可以计算每个货格单元的长、宽、高，结合货架层、排、列数量，可进一步计算货架长、宽、高。

在进行智慧仓储规划设计时，可以根据实际情况在参数范围内选择，参考表 3.1～表 3.4 中的主要参数来确定货架的选型问题。

若给出多种不同型号的货架，可依据商品或货架的物理属性及投入成本等相关要素进行综合选择。例如：A 型号的货架，可以承载 X 件商品，单个货架成本为 y_1，满足仓库存储量需投入 n 个货架，投入成本为 c_1；B 型号的货架，可承载 Q 件商品，单个货架成本为 y_2，满足仓库存储量需投入 m 个货架，投入成本为 c_2。若 $c_1 > c_2$，则可选取 B 型号的货架为仓库使用的货架；反之，可选取 A 型号的货架为仓库使用的货架。

3. 货架选择的注意事项

（1）电子系统配套，若资金投入充足，可以考虑一些技术含量相对较高的货架设备。

(2) 根据货架承装物品的品类和承装物品的容器来确定。
(3) 按照存储量要求、进出库频率要求和管理系统要求来选择。
(4) 仓库平面图，单元（包装）货物的规格、特性、重量。
(5) 单元托盘或物品箱的规格、堆高机载重量。
(6) 存取方式和存取设备。

4. 货架选择考虑因素

(1) 库房结构：有效高度、柱间距、地面条件。
(2) 库房管理：货位存货方式和密度、货物进出库方式、货架成本。
(3) 货物特点：性质、库存量、单元装载、包装形式。
(4) 装卸搬运设备：型号规格、作业特征。

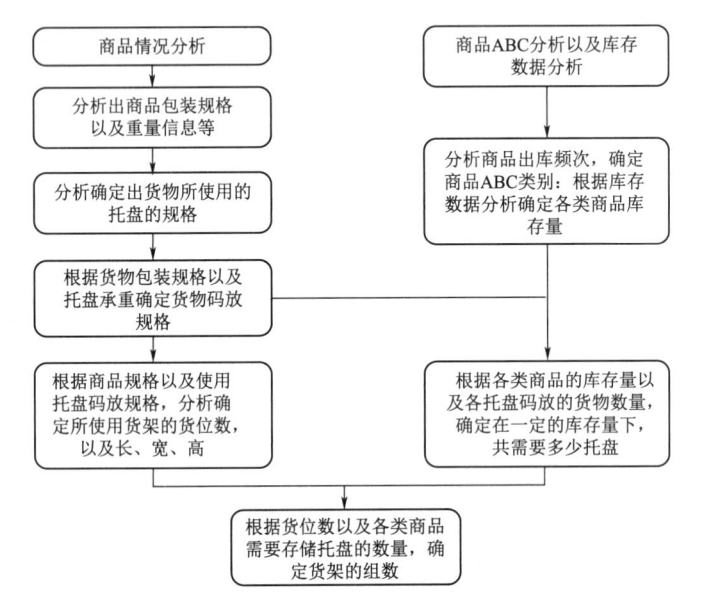

5. 货架数量计算的流程

货架数量计算的流程如图 3.4 所示。

图 3.4　货架数量计算的流程

6. 货架数量的计算方法

货架数量的配置，根据企业不同的条件，可以采用不同的计算方式。

(1) 货架数量与存储货品的量以及单位货架的存储能力有关，计算公式为

$$N = \frac{Q}{2PL} \tag{3.2}$$

式中　N——重型货架需求组数；
　　　Q——货物存放总量；
　　　P——单位托盘存放货物的量；
　　　L——规划货架的层数。

注意，系数 2 是因为每组货架的每层一般有 2 个托盘位。

一般情况下，货物存储量随着季节性变化有一定的波动，因此，规划时还需要考虑高峰库存的需求。另外，随着业务量的增长，库存量会不断增大，也需要考虑。

一般货架层数为 5~8 层。货架层数太少将难以体现其充分利用空间和提升存储容量的优势，而层数太多则会增加搬运设备取货的难度，使货物坠落的风险增大。

（2）在给出货架规格、目标存储量及物品体积、重量等既定条件下，通常会按照以下公式来计算货架数量，即

$$货架数量 = \frac{目标存储量}{货架容量} \tag{3.3}$$

在所有货物的规格列表中，以货架货格的规格为标准，筛除体积过大的商品信息，并对剩余商品进行平均单件体积的计算。根据货架总体积，计算货架容量为

$$货架容量 = \frac{货架总体积 \times 货架存储空间系数}{平均单件体积} \tag{3.4}$$

注意，在进行货架数量的计算时，目标存储量需要考虑商品在仓内的周转期，以确保周转期内商品的库存。

7. 分析货架占用空间

确定仓库内货架数量后，结合单个货架的面积，分析货架在仓库内的占用空间为

$$货架占用面积 = 货架数量 \times 单个货架的面积 \tag{3.5}$$

若货架占用面积大于仓库面积，则无法容下；若货架占用面积小于仓库面积，则需考虑货架占用面积在仓库内的占比情况，综合判断。

3.1.1.2 穿梭车

穿梭车（Rail Guided Vehicle，RGV）即有轨制导车辆，其基本功能是在物流系统中（平面内）通过轨道上的往复运动完成货物单元（主要是托盘和料箱）的输送。穿梭车密集型仓储系统是基于高密度货架、穿梭车及升降机、输送机等设备，配合 WMS 完成货物出入库作业，具有较高空间利用率和存取效率的智慧仓储系统。穿梭车与穿梭车密集型仓储系统如图 3.5 所示。

穿梭车密集型仓储系统由瑞典 EAB 公司所发明，是物流装备技术的一次重大创新。穿梭车密集型仓储系统是自动化程度较高的密集仓储形式，作为一种独特的自动化物流系统，主要解决了货物密集存储与快速存取难题，空间利用率可达 80%~85%，成为应用广泛的新型物流仓储系统。穿梭车具有动态移载的特点，能使物品在不同工位之间的输送布局更加紧凑、简捷，从而提高物品的输送效率。在电控系统控制下，穿梭车通过编码器、激光测距等认址方式精确定位各个输入、输出工位，接收物品后进行往复运输，主要应用于自动化物流系统中单元物品高速、高效的平面自动输送，具有高度的自动化和灵活性。特别是随着穿梭车电池、通信和网络等关键技术的发展，穿梭车密集型仓储系统将得到进一步广泛应用。

穿梭车有两向穿梭车、子母穿梭车、四向穿梭车等类型。有别于提升机（垂直

图 3.5　南京音飞穿梭车（左）与穿梭车密集型仓储系统（右）

输送）、AGV（自动导向、无轨道）及堆垛起重机（适用于托盘式 AS/RS 与箱式 Mini-load），穿梭车具有较好的灵活性，能够广泛应用于物流配送中心和生产物流系统。

1. 穿梭车的主要技术参数

（1）适用托盘。适用托盘的尺寸包括 1200mm×1000mm、1200mm×800mm、1100mm×1100mm 等，料箱尺寸根据不同的货物类型选择，一般为宽度 200～600mm、深度 200～800mm、高度 100～400mm。

（2）最大载重量。托盘式重型穿梭车最大载重量一般为 500～1500kg，料箱式轻型穿梭车载重量一般不超过 100kg。

（3）行走方式。根据行走方式，穿梭车一般可分为：双轨型、单轨型，直线轨、环形轨，无轨型（AGV），空中悬挂小车（EMS）。

（4）行走参数。

1）空载速度：60～180m/min。

2）满载速度：30～60m/min。

3）行走加速度：0.3～0.5m/s^2。

4）行走马达功率：根据载重量及运行速度要求确定。

（5）顶升参数。

1）顶升高度：20～40mm。

2）顶升时间：1～2s。

3）顶升马达功率：根据载重量及运行速度要求确定。

（6）设备尺寸与重量。它主要包括设备尺寸、设备自重、托盘托板尺寸、托叉内宽、单托叉宽度等。

（7）行走轮。

1）数量：4 个、6 个、8 个。

2）材质：塑料、金属。

3）方向：两向、四向。

（8）供电参数。

1）供电方式：滑触线供电、电池供电。

2）与电池相关参数：电池容量、电池重量、充放电次数（电池寿命）、充电时间。

（9）定位方式。

1）行走定位，主要方式包括：行走电机编码器与单个定位检测孔，条码定位方式，激光测距方式＋定位片，定位检测点＋RFID定位方式，上位机调度系统控制定位。图3.6（a）所示为穿梭车条码定位方式，图3.6（b）所示为激光测距方式＋定位片方式。

2）托盘定位：一般为激光定位。

3）顶升定位：一般依靠接近开关进行定位。

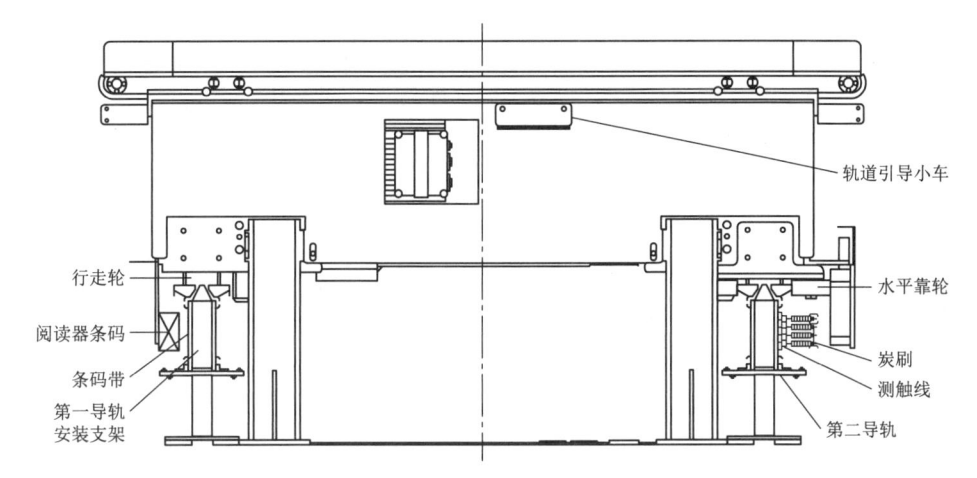

（a）条码定位方式

（b）激光测距方式＋定位片方式

图3.6 穿梭车行走定位方式

（10）控制方式。

1）程序控制器：可编程逻辑控制器（PLC）。

2）遥控方式：红外、射频（RF）。

3）遥控器：手持。

4）控制模式：自动、半自动、手动。

5) 速度控制方式：伺服控制，低速恒转矩方式。

除此之外，还包括通信方式（无线网、光通信、总线通信等）、环境温度要求、运行噪声等参数。

一般标准型穿梭车系统的主要技术参数见表3.5。

表3.5　　　　　　一般标准型穿梭车系统的主要技术参数

编号	参数规格	设备型号 RGV-500	RGV-1000	RGV-1500
1	适用托盘			
1.1	适用标准托盘	长1200mm×宽1000mm		
1.2	可用托盘规格	长1100~1250mm，宽800~1100mm		
1.3	托盘类型（底部型式）	"川"字形、"田"字形		
1.4	托盘材质	木制、塑料、钢制		
1.5	托盘挠度	≤20mm		
2	输送负载总重量	≤500kg	≤1000kg	≤1500kg
3	行走方式	直轨内行走		
4	行走参数			
4.1	空载行走	1.1m/s		
4.2	满载行走	0.9m/s	0.7m/s	0.5m/s
5	顶升参数			
5.1	顶升单动时间	1.1s	1.3s	1.5s
5.2	顶升行程	22mm		
5.3	顶升后托盘与轨道间隙	13mm		
6	设备尺寸			
6.1	设备外部尺寸	长1100mm×宽977mm×高198mm		
6.2	设备自重	242kg	248kg	260kg
6.3	托盘托板尺寸	长960mm×宽85mm×厚3mm，2件		
6.4	托叉内宽	230mm		
6.5	单托叉宽度	236mm		
7	行走驱动电机	24V，200W		
8	行走轮	φ120mm 高性能聚氨酯轮		
9	顶升电机	24V，370W		
10	电池容量	2套×24V 30A·h		
11	电池重量	2套×11kg		
12	充放电次数	900次		

续表

编号	参数规格	设备型号		
		RGV-500	RGV-1000	RGV-1500
13	充电时间	约5h		
14	遥控方式	射频433MHz，3.7V 1500mA·h		
15	遥控器	手持遥控器控制		
16	控制模式	手动/自动模式		
17	使用环境温度	−18～40℃（普通）/−30～−18℃（低温）		
18	程序控制器	PLC		
19	控制回路电压	DC24V		
20	运转噪声值	<70dB		

2. 穿梭车的选择

在进行智慧仓储规划时，应考虑企业的实际需求、货架设计形式等指标来选择配套功能的穿梭车。以四向穿梭车智慧仓储系统为例。智慧四向多层穿梭车系统中的四向穿梭车可以通过跨巷道和跨层作业到达任意存储货位完成存取任务。因此，四向多层穿梭车系统具有较强的柔性，可以根据需求调整系统配置的四向穿梭车数量。同时，系统的控制调度更为复杂，四向穿梭车单次作业难度和时间也相应增加。四向穿梭车通过八轮驱动实现水平面的前后左右运动，通过驱动其中的四轮实现前后运动，驱动另外的四轮实现左右运动。四向穿梭车在系统的导轨上运行，能够到达任意货位实现货物的出入库作业任务。四向穿梭车按照上位机下达的指令，完成相应的出入库作业任务。四向穿梭车

图3.7 红蟹Ⅰ号四向穿梭车

执行任务时，先由当前所在位置沿着导轨运行到作业任务所在位置，然后进行取货物或者放置货物操作。以红蟹Ⅰ号四向穿梭车（图3.7）为例，其主要技术参数见表3.6。

表3.6 红蟹Ⅰ号四向穿梭车的主要技术参数

参　　数	单位	单伸位	双伸位
直行速度	m/s	4	4
横行速度	m/s	2	2
加速度	m/s^2	2	2
最大装载重量	kg	50	50
最大装载尺寸	mm×mm	600×400	600×400
最小装载尺寸	mm×mm	300×290	300×290
电源	V	直流48	直流48

续表

参　　数	单位	单伸位	双伸位
货架内沿直行方向箱间距离	mm	100	140
直行方向巷道宽度	mm	约766	约766
横行方向巷道宽度	mm	约1192	约1192
穿梭车尺寸（宽×长×高顶升状态）	mm×mm×mm	740×960×330	740×960×330
穿梭车重量（无装载）	kg	约110	约110
电池待机时间（无充电及无能量回充）	h	4	4

3.1.1.3　提升机

提升机主要包括货物提升机和穿梭车提升机两种，主要配置在仓库主巷道两端，实现货物和穿梭车的换层作业。货物提升机如图 3.8 所示。

提升机主要由提升机构（由提升机主体、伺服驱动电机与齿轮齿条组成）、载货台和电气控制系统等部分组成，通过操作载货台的升降将货物提升到相应高度（或立体货架指定架层，部分输送段考虑链条输送机及穿梭车轨道兼容），再由穿梭车实现货物的进出库搬运与存储，实现货物的存取作业。

伺服驱动电机安装在提升机载货台上，通过电机配置的一体式减速机构带动啮合齿轮同步运动，通过齿轮在齿条上直线运动，实现提升机载货台的升降与精准定位，依靠载货台自身的结构刚度及齿轮齿条的无间隙啮合刚度，从而实现载货台或穿梭车运动轨道与周边设备或结构的精准对接，实现货物的存取作业或穿梭车的换层作业。

图 3.8　货物提升机（上海速锐）

提升机可同时满足货物和穿梭车的上下换层输送需求，可与仓库控制系统 WCS 进行无障碍通信，实现作业流程协同一致。为保证货物转运效率和系统稳定运行，提升机应具有一定的运载能力和运行速率。合理配置穿梭车及提升机可极大提高密集库的仓储空间利用率和出入库效率，尤其适合货品数量大、货物较重、出入库量大、货物体积规格标准的自动化密集型仓库等应用场景。

提升机主要性能指标参数见表 3.7。

表 3.7　　　　　　　　　提升机主要性能指标参数

项　　目	单　位	参　　数
适用托盘	mm×mm	1200×1000
载货单元尺寸	mm×mm×mm	1200×1000×2200
额定载荷	kg	2000

续表

项　　目	单　位	参　　数
升降速度范围	m/min	满载最大速度 45 空载最大速度 54
升降加速度	m/s²	0.3
定位方式/精度	提升定位精度	mm	±1
	提升机下沉量	mm	≤3
	串行编码器定位	—	23bit
	上下限位	—	行程开关
	探测货物	—	P+F 或 LEUZE 光电开关
提升主电机	功率	kW	12
	额定/最大转速	r/min	2000～3000
	额定/最大转矩	N·m	14.3～43
输送机	速度	m/min	16
	电机形式	—	AC380V 三相异步交流电机
	电机功率	kW	0.55
供电方式	—	动力电缆，AC380V，50Hz
提升机控制方式	—	手动/单机自动/联机自动
主要传动形式	—	伺服驱动+齿轮齿条传动

注：表格中第一行"项目"与"单位"跨两列。

3.1.1.4 输送机

输送机有多种分类形式：按照输送介质，可分为带式输送机、链式输送机、辊子输送机等；按照输送机所处位置，可分为地面输送机、空中输送机和地下输送机；按照结构特点，可分为具有挠性牵引构件的输送机和无挠性牵引构件的输送机；按照安装方式，可分为固定式输送机和移动式输送机；按照输送的货物种类，可分为输送件货输送机和输送散货输送机；按照输送货物的动力形式，可分为机械式、惯性式、气力式、液力式等。其中，比较典型的输送机有4种。

1. 带式输送机

带式输送机是以输送带作为牵引和承载构件，通过承载物品的输送带的运动进行物品输送的连续输送设备。带式输送机是连续输送机中效率最高、使用最普遍的一种机型，广泛适用于采矿、冶金、家电、电子、电器、机械、烟草、注塑、邮电、印刷、食品及物件的组装、检测、调试、包装、运输等行业，主要用于在水平和倾斜（倾角不大）方向输送大量散粒物品或中小型成件物品。

2. 链式输送机

链式输送机是利用链条牵引、承载，或由链条上安装的板条、金属网带、辊道等承载物品的输送机。链式输送机的主要功能元件是输送链，输送链既有传递动力的功能，又有承载能力。由于输送链链条的结构可以千变万化，因此链式输送机能适用于众多的工作环境和众多的使用要求。

3. 辊子输送机

辊子输送机是由一系列以一定的间距排列的辊子组成的用于输送成件货物或托盘货物的连续输送设备，用途十分广泛，特别是由辊子输送机组成的生产线和装配线，越来越广泛地应用在机械加工、冶金、建材、军事工业、化工、医药、轻工、食品、邮电及仓库和物资分配中心等各个行业。辊子输送机是各个行业提高生产率、减轻劳动强度和组成自动化生产线的必备设备。

辊子输送机（图3.9）可以沿水平或较小的倾斜角输送具有平直底部的成件物品，如板、棒、管、型材、托盘、箱类容器及各种工件。非平底物品及柔性物品可借助托盘实现输送。辊子输送机具有结构简单、运转可靠、维护方便、经济、节能等特点，最突出的是它与生产工艺过程能较好地衔接和配套，并具有功能的多样性。

图3.9 辊子输送机

(1) 辊子输送机的主要特点。

1) 方向易变，可灵活改变输送方向，最大时可达到180°。

2) 输送机每个单元由8支辊筒组成，每个单元都可独立使用，也可多个单元连接使用，安装方便。

3) 输送机伸缩自如，一个单元最长与最短状态之比可达到3∶1。

(2) 辊子输送机相关参数。一般根据物品搬运系统的要求、物品装卸地点的各种条件、有关的生产工艺过程和物品的特性等来确定各主要参数，见表3.8。

1) 输送能力。输送能力是指单位时间内输送的物品量。在输送散状物品时，以每小时输送物品的重量或体积计算；在输送成件物品时，以每小时输送的件数计算。

表3.8 辊子输送机主要参数

辊筒速度	700m/min
输送速度	20m/min
电机容量	0.2kW
压缩空气	可选择应用

2) 输送速度。提高输送速度可以提高输送能力。在以输送带作为牵引件且输送长度较大时，输送速度日趋增大。但高速运转的带式输送机需注意振动、噪声和启动、制动等问题。对于以链条作为牵引件的输送机，输送速度不宜过大，以防止增大动力载荷。同时进行工艺操作的输送机，输送速度应按生产工艺要求确定。

3) 构件尺寸。输送机的构件尺寸包括输送辊子宽度、板条宽度、料斗容积、管道直径和容器大小等。这些构件尺寸都直接影响输送机的输送能力。

4) 输送线路长度和倾角。输送线路长度和倾角大小直接影响输送机的总阻力和所需要的功率。

（3）辊筒的选择。

1）辊筒的长度选择。不同宽度的货物应选适合宽度的辊筒，一般情况下采用"输送物宽度+50mm"。

2）辊筒的壁厚及轴径选择。按照输送物的重量平均分配到接触的辊筒上，计算出每支辊筒的所需承重，从而确定辊筒的壁厚及轴径。

3）辊筒材料及表面处理。根据输送环境的不同，确定辊筒所采用的材质和表面处理（碳钢镀锌、不锈钢、发黑还是包胶）。

4）选择辊筒的安装方式。根据整体输送机的具体要求，辊筒的安装方式有弹簧压入式、内牙轴式、全扁榫式、通轴销孔式等。

对于弯道机的锥形辊筒，其滚面宽度及锥度视货物尺寸和转弯半径而定。

4. 垂直输送机

垂直输送机是连续地垂直输送物品，使不同高度上的连续输送机保持不间断的物品输送。可以理解为，垂直输送机是把不同楼层间的输送机系统连接成一个更大的连续的输送机系统的重要设备。垂直输送机广泛适用于冶金、煤炭、建材、粮食、机械、医药、食品等行业，能够用于粉状、颗粒状物品的垂直提升作业，也可用于托盘或包装货品在不同楼层的换层作业。

3.1.2 自动存取系统的主要设备的保养

自动存取设备在使用期间要注意使用规范，以及适时进行检查、养护，确保设备使用安全，延长设备的使用寿命。

1. 货架的养护

对立体仓库货架进行维护保养时，要达到整齐、清洁、坚固、润滑良好、安全等作业要求，要制定相关操作规程，如日常检查维护及定期检查的部位、方法和标准，要检查和评定操作人员维护设备程度的内容和方法等。

（1）定期对货架进行检查。一般情况下货架的使用都是比较频繁的，每一个螺钉都要检查到位，查看是否有架位出现变形或者松动现象，只有及时检查才会避免危险的发生。

（2）禁止货架超载。货架超载很容易出现危险，在检查的时候一定要确定每个货架的承载能力，以免不知道而出现问题。

（3）摆放时要注意重物在下的原则。在摆放的时候一定要把较重的物品放在低处的货架上，不仅使工作人员移动方便，还能保证人员安全，避免重物从高处坠落或将货架压塌的情况，无论什么行业，安全第一。

（4）货架的位置一定要注意防潮。货架通常是铁制的，潮湿的环境会使货架生锈，轻微的会使表面的漆起皮，从而影响货架的使用寿命。所以，货架的位置一定要注意防潮。

（5）做一些货架的保护措施。有些货架经常会使用叉车来运输，在作业过程中难免受到撞击，为了避免撞击引起变形，需要在某些经常或习惯性撞到的地方添加一些防撞保护，减少对货架的伤害。

2. 提升机的养护

提升机在使用过程中，要注意定期检查和保养，主要包括以下内容：

（1）操作者须经培训合格后方可上岗，各项安全保护装置及安全防护措施应作为培训的重点内容之一。

（2）要定期检查各安全保护装置及连接螺栓、阀门位置及连锁装置等，以免失效。

（3）提升机在调绳操作过程中，提升容器内必须空载，不得有人或物品等，调绳完毕必须检查连锁阀位置是否正确性。

（4）每个作业班必须检查安全制动是否可靠，各项安全保护系统是否有效，各连锁装置、连接螺栓、阀门位置等是否正确可靠。

（5）定期检查减速器的运行情况，如有异常应立即停机查明原因，及时处理，并做好检修记录。

（6）对提升机电机或减速机定期加油，保证油位合适。

3. 穿梭车的养护

穿梭车在巷道中的位置并不能随时随地确定，且横向轨道限制了维护保养人员进到货架内部，所以一旦出现问题，维修难度也相应提升。穿梭车的使用与维护应由受过培训的专业人员来承担，链条机须防备电源被无意接通。在手动操作运行时，必须确保没有人处于链条机的危险区域。穿梭车主要检查与维修部件见表3.9。

表 3.9　　　　　　　　穿梭车主要检查与维修部件

部件	维护工作	系统状态
链条	链条涂少许油脂	断开电源
链条	检查链条顺畅运行和一般状态	手动模式
链条	检查链条是否张紧，如需要再进行张紧	断开电源
链轮	检查链轮是否磨损，如需要就更换	断开电源
改向轮	检查改向轮是否顺畅运行和磨损	断开电源
改向轮	检查改向轮是否有污垢堆积，如有则清洁	断开电源
链条导轨	检查导轨是否顺畅运行和磨损	手动模式
链条导轨	检查导轨座和导轨是否有污垢堆积，如有则清洁	断开电源
连接螺栓	检查有无松动并紧固，更换有缺陷和缺少的螺栓	断开电源
光电开关	检查镜头和反射板灰尘堆积，并用软布擦干净	断开电源
行走轮	检查行走轮是否顺畅运行和磨损	断开电源
导向轮	检查导向轮是否顺畅运行和磨损	断开电源

穿梭车的日常操作与维护如下：

（1）使用前准备。要求每天在使用穿梭车前，需要做以下检查：

1）检查外壳等，是否有明显异常。

2）打开电池盖板，检查内部电池是否摆放整齐，电池盖板关闭后是否齐平，无变形、翘曲。

3）将穿梭车从入库端放入巷道时，请先确认叉车司机看到的是穿梭车的 A 面（正面），以保证穿梭车在被放进巷道后，A 面朝着巷道 A 端（入库端）。

4）按下穿梭车开机按钮"ON"后，指示灯亮起。

5）检查各指示灯、电池电灯等显示是否正常。

6）打开遥控器电源按钮，按照上述操作方式配好车后，切换到手动模式，检验穿梭车行走与举升是否正常。

（2）使用后操作。在每天设备使用完毕后，建议按照以下方式操作：

1）建议将穿梭车放置在专用的搁置架上，搁置架最好与充电柜等在一个专用区域。

2）尽量不要把穿梭车任其放置在货架内，特别是货架中间位置，需要把穿梭车取出。

3）若不能给穿梭车一个专用的位置，建议将穿梭车放置在入库或出库端头的底层位置。

4）每日下班后，按下 A 面或 B 面（背面）上"OFF"按钮，切断电池电源。

5）每日下班后，尽量取出电池，放置在充电柜上充电。

（3）日常检查。穿梭车使用过程中的例行检查，包含对穿梭车的检查及使用的货架、轨道检查。

1）检查穿梭车外观，看是否有明显撞击、变形、开裂等异常。

2）检查各传感器，打开穿梭车电源按钮"ON"，各外部传感器都会有指示灯亮起，逐一检查各传感器（其中，前后检测端板的传感器接收不可见光）。

3）检查各部分螺钉是否有松动，各防撞块等是否已经松动。

4）检查行走轮，查看其磨损情况，当行走轮的材质聚氨酯被轨道刮去较多坑口时，需要进行更换。

（4）故障处理。穿梭车货架系统主要包含穿梭车本体部分、遥控器、电池、充电柜、货架部分、托盘部分等。当任何故障发生时，应按由易到难的原则进行判定。

1）判定托盘，是否存有不合规定的托盘，包含严重变形、异物、缺料等，导致穿梭车无法判定。

2）检查轨道，是否有产生变形、轨道内夹杂异物、缠绕物，轨道上有油、脂、水等，造成穿梭车无法行走、打滑，轨道严重弯曲，导致穿梭车在斜坡上无法停位、爬坡等。

3）检查电池，是否有电，若电池没有电，则穿梭车、遥控器等都无法使用；若电池有电，仍无法启动，如果条件允许，则更换一块已充电电池，检查是否可以使用。

4）检查遥控器。当穿梭车发生预定的故障时，其故障代码会通过 PLC 发送到车载显示屏、遥控器显示屏上，通过比对故障代码可以判定穿梭车的故障原因。当遥控器手持端、车载接收端或其相互之间通信产生故障时，无法通过故障代码显示其故障，通过切换遥控器的选车功能键，比对其他车或比对遥控器，来判定是否是手持端遥控器或车载端遥控器发生故障。

5）检查穿梭车本体部分。在穿梭车本体发生故障时，基本可以分为电气故障、软件故障、硬件故障。电气故障是指电气硬件出现故障，包括各传感器、编码器、PLC、接触器、继电器等，当某个电气硬件出现故障时，会造成穿梭车无法使用。软件故障是指 PLC 程序软件或判定逻辑部分产生故障，当穿梭车使用过程中出现了原先没有判定的逻辑，或其程序本身产生逻辑错误时，会导致其无法判定而出现故障。硬件故障是指机械传动部分产生故障，如无法行走、无法举升等。

在经过简单的故障归属判定后，可尝试自行排除故障，或以电话、邮件配合照片发送故障信息给经销商或产品制造商，由制造商派出人员到现场进行检修和故障排除。

4. 辊子输送机的养护

辊子输送机的布局间隔要满足合理、疏密得当、方便操作、适于维修、便于管理的条件。辊子输送机的价格要比一般的输送机械设备昂贵许多，辊子输送机是多功能的，也就意味着辊子输送机的保养非常重要，企业可以根据不同状况针对辊子输送机进行不同程度的保养。

首先，辊子输送机机头减速箱的维修和保养。一般情况下，在使用 3 个月之后把减速箱里的机油放净，然后用柴油或汽油清理减速箱内部，放净后将新的润滑油加至观察窗的中间即可。以后每年换一次润滑油。需要注意的是，润滑油太多很有可能会引起减速箱发热，电机负荷过大导致电机保护开关跳开；而润滑油太少则会引起减速箱发热，噪声增大及减速箱报废。

其次，辊子输送机机头电机的维修和保养。禁止电机内进水，电机上加柴油或液体等有机化合物会导致电机的绝缘损坏而出现设备故障。辊子输送机配件的维修和保养也非常重要，链条在长期运转后会使原来的润滑油发热挥发，从而导致链条在运行过程中不平衡、噪声大等故障。对于这种问题，可以打开机尾的封板，向链条上加黄油或浓一点的润滑油等。

最后，辊子输送机的操作人员要进行相关的正规操作，非操作人员不得随意触碰机械设备。硬件保养是一方面，人为操作也是一方面，两者相结合进行全面保养才能使辊子输送机的运行寿命更加长久，为企业带来更好的经济效益。

3.2 智能拣选设施设备

学习目标：

通过学习，掌握智能拣选系统的基本定义与构成，理解智能拣选系统的工作

3.2 智能拣选设施设备

流程,深入理解智能拣选系统的关键性能指标,如拣选速度、准确率、处理量、系统稳定性等,以及这些指标如何影响整体运营效率;学习并识别系统中采用的前沿技术,如深度学习、机器学习、物联网等,理解它们在提升拣选效率与智能化水平中的作用,掌握系统调试与维护的技术要点,包括常见故障排查、性能调优策略等。

任务驱动:

智能拣选系统以其高效、准确、智能的特点,在提升物流效率、降低运营成本、推动行业智能化转型等方面发挥着重要作用,对于现代物流体系与供应链管理具有深远的意义。

通过分析智能拣选系统在电商、仓储、制造业等领域的应用案例,理解其在提升物流效率、降低运营成本方面的价值。通过案例学习,提炼系统设计与实施的最佳实践,为未来的项目提供借鉴与指导。鼓励学生培养创新思维,探索智能拣选系统的技术创新与应用拓展,关注行业动态与未来趋势,如自动化、智能化技术的进一步融合,以及新技术对拣选系统的影响,预测智能拣选系统在未来物流体系与供应链管理中的潜在作用与发展方向。

3-2 智能拣选系统

知识解析:

智能拣选系统,即"货到人"拣选系统(Goods to Person 或 Goods to Man,GTP 或 GTM),是指在物流拣选过程中,系统通过自动搬运设备或自动输送设备将货物输送到分拣人员面前,再通过人或设备完成拣选作业的拣选方式。简单来说,它就是在物流中心的拣选作业过程中,由自动化物流系统将货物搬运至固定站点以供拣选,即"货动人不动",是在机器人智能仓内主要采取的一种拣选方式。

"货到人"拣选是物流配送中心一种重要的拣选方式,采用这种方式,能够大幅减少拣选作业人员的行走距离,实现高于传统"人到货"模式数倍的拣选效率,工作面积紧凑,补货简单,也可减少拣错率,降低人工作业劳动强度。"货到人"拣选的主要目的是追求效率、降低成本,形成专业

图 3.10 "货到人"拣选

性强的物流配送中心,也是现代电商物流仓储的重点技术和发展方向,如图 3.10 所示。

"货到人"拣选系统根据存储和搬运设备形态,主要分为 AS/RS、Mini-load、多层穿梭车系统、密集存储系统、智能搬运机器人系统等,见表 3.10。

表 3.10　　　　　　　　　　　"货到人"拣选系统分类

设备形态	特　点
自动存取系统 AS/RS（Automatic Storage and Retrieval System）	自动存取系统是最传统的"货到人"拣选方式，主要以托盘存储为主，搬运设备主要以堆垛起重机为主，由于堆垛起重机的存取能力有限，该种拣选方式主要针对整件拣选，很少用于拆零拣选
箱式自动化立体仓库 Mini-load	Mini-load 是在 AS/RS 的基础上发展而来的以料箱为存储单元的自动化立体仓库，是"货到人"拆零拣选的重要存取形式，主要以货叉和载货台车的形式出现
多层穿梭车系统	多层穿梭车系统是在 Mini-load 的基础上发展而来的，将搬运设备从堆垛起重机转变为穿梭车，穿梭车具有体积小、速度快、精度高等优势，极大地提升了系统的空间利用率和运行效率
密集存储系统	密集存储系统是集 Mini-load、穿梭车、提升机等多种系统于一体的新型存储系统，可分为托盘和料箱拣选
智能搬运机器人系统	智能搬运机器人系统是由亚马逊提出的一种新型"货到人"拣选方式，打破原有的货架固定位置模式，提出采用智能搬运机器人配合可搬运移动货架实现"货到人"拣选的动态拣选方式，该方式下货物不受料箱尺寸限制，由于移动货架和智能搬运机器人具有通用性，拣选作业更为灵活可靠，是"货到人"拣选历史上的一大革新

3.2.1　智能拣选系统的特点及基本组成

3.2.1.1　"货到人"拣选系统的特点

"货到人"拣选系统通过与输送机控制系统、自动存取系统协同工作，将货物自动输送到拣选人面前，降低拣选作业强度的同时实现高效拣选，其主要特点如下：

（1）提升拣选效率。单套"货到人"拣选站每小时完成 350 个订单，其效率约为人工拣选的 7 倍。

（2）提升拣选准确率。通过清晰明了的订单提示系统，作业人员更加准确地进行拣选，拣选差错率可控制在 0.05%，而常规人工拣选差错率可达到 0.5% 左右。

（3）提高存储利用率。"货到人"拣选系统消除人员拣选通道，货物存储可采用密集型存储方式，使仓库空间利用率得到极大提升。

（4）减少员工作业强度。减少拣选人员移动作业的同时，也降低了大量的补货搬运、容器回收等工作。

（5）存储的商品为少量多类的小件商品。

知识拓展

"货到人"拣选系统作业的应用场景包括：

（1）商品种类众多，分散在仓库的货架中，寻找难度大，出错率高的场景。

（2）拣选人员需要在仓库中大量行走寻找商品的场景。

（3）订单的批次包含的订单数量较少，批次中的商品复拣率较低的场景。

（4）人工成本、仓库成本较高的场景。

BS 公 司 云 仓

BS 公司云仓依靠以仓储机器人为核心的智能化手段,将传统仓库的"人找货"变为"货找人""货架找人"。当 BS 公司云仓的仓储机器人收到订单信息之后,会在智慧系统的安排下,选取最优路线驶向存放货品的货架,并将其搬运至员工配货区。配货员只需等待货架被搬至面前,即可从平板计算机提示的货位上取下所需物品,并将之送上传送带,无须走动一步。

3-3 BS云仓

3.2.1.2 "货到人"拣选系统的基本组成

"货到人"拣选系统主要由三部分组成,即存储系统、输送系统和拣选工作站。

1. 存储系统

从过去比较单一的立体库存储,发展到目前的多种存储方式,包括平面存储、立体存储、密集存储等,存储形式也由过去主要以托盘存储转变为主要以料箱(或纸箱)存储。无论哪种存储方式,存储作业的自动化是实现"货到人"的基础,如何实现快速存取是考虑的重点问题。

在智慧仓储中,存储系统以自动化立体仓库和穿梭车密集型仓储系统为主。除此之外,根据企业的实际需求和应用情况,还包含其他一些存储系统,如旋转式货柜,它是一种更加迷你的"货到人"拣选存储系统,其形式有数十种之多,但仍然受限于其存取能力和存储能力,在工厂的应用最为广泛;2D 和 3D 密集存储系统,它是一个集 Mini-load、穿梭车、提升机等多种系统于一体的全新一代存储系统,分为托盘和料箱两种方式。它的存储效率是传统立体库存储的 1.5～3 倍,被称为存储系统的里程碑成果。

2. 输送系统

"货到人"拣选系统的关键技术之一是如何解决快速存储与快速输送之间的匹配问题。例如,采用多层输送系统和并行子输送系统的方式,可完成多达 3000 次/h 以上的输送任务,具有更高的效率,能够满足(甚至远远超过)"货到人"快速拣选输送的要求,关键是要将输送系统置于整个"货到人"拣选系统中进行综合考量,实现存取、输送与拣选系统的良好衔接。同时,由于"货到人"拣选系统输送流量较大,会导致设备成本大幅增加,从而导致物流系统整体成本大幅增加,需要综合考虑输送成本与输送效率的平衡。

在智能拣选系统中,输送系统以自动导引车(Automated Guide Vehicle,AGV)拣选机器人和可移动式货架为主。

3. 拣选工作站

拣选工作站的设计非常重要。一个工作站要完成多达 1000 次/h 的拣选任务,依靠传统的方法是无法想象的。通过采用电子标签、照相、RFID、称重、快速输送等一系列技术,能够使得拣选工作站满足实际作业需求。许多物流装备和系统集成企业都把拣选工作站作为研究"货到人"拣选系统的重要内容,不断提升拣选工作站的效率。

拣选工作站主要包括进货装置、提示装置和周转装置 3 个部分。需要拣选的货品通过输送系统到达拣选工作站进货装置；通过中央显示屏、数码显示器等提示装置提示需要拣选货品所在位置、拣货数量及需要放置的货位；周转装置用于放置拣选出的货品，一般包括多个货位或槽口。拣选人员在利用拣选工作站进行拣选时，只需根据提示装置进行拣选，可以多订单同时拣选，能够大幅提高拣货效率，降低拣选人员的疲劳程度。

基于无人化的拣选工作站，用机器人代替拣选人员作业，依靠多轴机器人控制系统、视觉系统、末端触觉系统、多功能夹持器等先进技术及优化算法，实现拣选作业的高度智能化、无人化运作。

3.2.2 智能拣选系统的工作原理

"货到人"作业模式替代传统仓"人找货"的作业模式，由仓储机器人或多层穿梭车根据订单任务将需要拣选的货品或货架主动搬运到工作站，拣货人员在工作站完成拣货，机器人或多层穿梭车再将货品或货架搬回库存区。

"货到人"拣选系统的作业流程如图 3.11 所示。

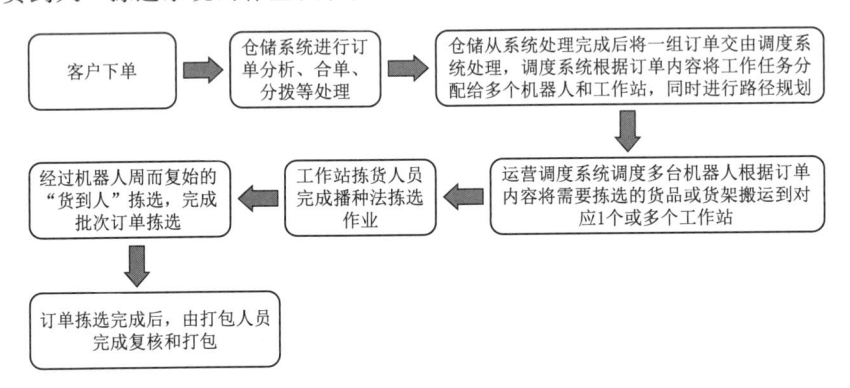

图 3.11 "货到人"拣选系统的作业流程

智慧仓货物的拣选，先利用先进设备将货物移动至工作站，再由人或者设备拣选出所需货物，这种"货到人"拣选系统是在以机器人为主的智慧仓内主要采取的一种拣选方式。

3.2.2.1 仓储区域功能划分

按照仓储区域功能划分来看，"货到人"拣选系统中与订单拣选作业相关的区域主要包括货架存储区域、拣选站点、AGV 停车区域和 AGV 充电区域。货架存储区域占整个仓库面积的绝大部分，设置在仓库的中心位置。一般补货站点和拣选站点分别位于仓储区域中巷道所对的两端，拣选站点周围往往还设置了用于暂存所拣选商品的料箱及用于在仓库中传送货物的传送带。

AGV 停车区域位于拣选站点与仓库边缘之间，而 AGV 充电区域则位于仓库的边缘区域。具体的仓储区域布局情况如图 3.12 所示。

由图 3.12 可以看出，仓储区域中的货架按照每两列为一组的方式排列，每一组货架按照横纵对齐的方式放置在存储区域中，每组货架之间留有可供 AGV 正常行驶的巷道。另外，在该系统中货架与货架之间的距离很小，在保证货架之间不发生碰撞的基础上能够实现大量货架在存储区域中的密集存储。在实际的仓库环境中，在仓储区域的一侧还会有补货站点。

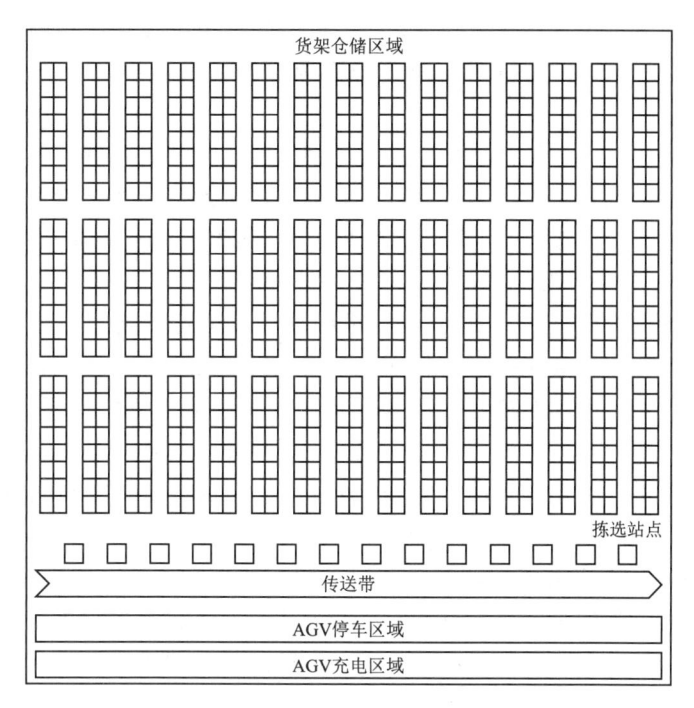

图 3.12 仓储区域布局

3.2.2.2 商品存储特征分析

在"货到人"拣选系统中，仓储区域中所存储的商品一般为小件商品，具有体积较小、重量较轻的特点。货架是可移动的且分为多层，每一层又分了多个货格，可以实现在每一层存放不同类别的商品。当货架上的某类商品数量不足时，系统会安排 AGV 搬运货架到补货站点进行补货操作。但是在这样的仓储环境下，为了满足众多最小存货单位（Stock Keeping Unit，SKU）的存储要求，每个种类的商品在货架上的存储数量一般不多。由于消费者的需求呈现出"小批量、多频次"的特点，商品的存储特点也呈现少量多类的特点。

3.2.2.3 "货到人"拣选系统储位分配原则

在"货到人"拣选系统中，商品的存储区域基本上是无人化的操作空间，商品的存储就要遵循一定的规则，一方面便于机器人搬运货架；另一方面便于拣选站的工作人员进行订单拣选操作。因此，在商品储位分配环节，主要遵循的分配原则有以下几点：

1. 货架稳定性原则

货架稳定性原则主要是在货架内部存储商品时，考虑商品的体积和重量等因素，在码放商品时将重量较大的商品存储在货架的下层，以保证货架"上轻下重"的稳定结构。这样不但能够保障货架在搬运过程中的稳定性，同时还保证了拣选人员在拣货作业过程中的便捷性，因为往往重量较大的商品存储高度在人的腰部以下位置更便于搬运操作。

2. 商品关联性原则

不同于传统的人工拣选作业系统，"货到人"拣选系统在进行商品拣选时主要采用AGV来搬运货架，这就对每个货架上存储商品的种类和特点有更高层次的要求。

为了能够使得AGV搬运一次货架满足更多的订单需求，就需要商品在货架内部进行关联存储，通过订单历史数据分析出商品的关联性，尽量将商品以关联的方式进行存储，以减少AGV访问货架的次数，提高订单拣选作业效率。

3. 储位利用率最大化原则

储位是仓库或存储设施中用于存放物品的具体位置或空间。在进行商品存储时，储位空间利用率最大化是主要目标之一。相较于分类存储方式，随机存储方式的储位利用率更优，因为它最大限度地利用了每个存储空间。同样，在"货到人"拣选系统中，每个货架的存储空间是一定的，需要将不同类别的商品进行聚类，最大限度地将具有关联关系的商品存储到一个货架中，减少储位空间的浪费。

4. 以周转率为基础的原则

在"货到人"拣选系统中，为了能够加快作业执行速度，提高系统响应时间，需要计算商品和货架的周转率，然后对货架的周转率进行排序，再按照货架周转率的高低来进行储位分配，目标是将周转率较高的货架放置到距离拣选站相对较近的位置上，同时又能够保证系统运行通畅。

5. 仓储环境友好原则

在"货到人"拣选系统中，有大量的智能设备应用于订单拣选作业环节，以AGV为主的智能设备主要依靠电能提供运行动力。相较于传统的人工拣选方式，"货到人"拣选系统的电能消耗量有所增加。为了实现仓库的绿色运行，降低仓库的碳排放，就需要考虑合理安排商品及货架的存储位置，重点优化货架在仓储区域中的布局，以便降低AGV访问货架运行过程中的能耗，提高机器设备的利用率和使用寿命。

3.2.2.4 "货到人"拣选系统运作模式分析

关于"货到人"拣选系统运作模式分析主要围绕在仓库中所使用的AGV展开，结合AGV的作业方式及特点分析其在执行任务过程中的运行情况、运行交通规则及充电方式，并对AGV运行过程中产生的能耗进行分析。

1. AGV搬运货架操作过程

与传统的"人到货"系统作业模式不同，在"货到人"拣选系统中，系统会指派一定数量的AGV进行货架搬运操作，拣选人员只需要在拣选站点等待AGV搬运目标货架到拣选台即可。在仓储区域中，AGV的使用使得仓库体现了无人化的特点。当接到系统指派的任务后，AGV从停车区域启动，由仓储区域的一侧进入存储区域中进行操作，AGV在仓储区域中一般以一定的速度行驶，通过加速和减速实现启动和停止。AGV可以进行原地转向，并且能够顶起一定重量的货架。AGV在行驶过程中，会通过扫描每个货位点的二维码进行定位并找到目标货架，利用导航和避障系统的辅助完成巷道内和拣选台之间的行驶。AGV沿着所规划的行驶路径将目标货架搬运到拣选站点，等待拣选人员完成订单拣选任务后，AGV会将货架放回到指定位置。AGV搬运货架的作业模式如图3.13所示。

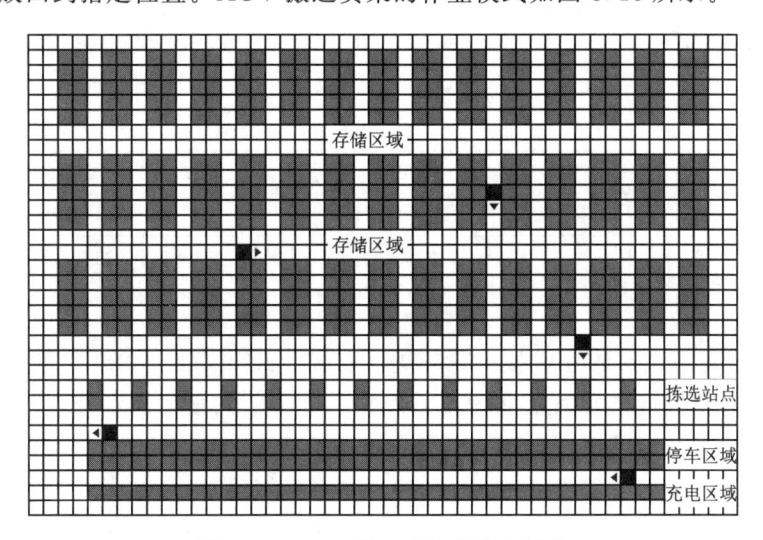

图3.13 AGV搬运货架的作业模式

2. AGV运行交通规则

在"货到人"拣选系统中，为保证AGV在巷道中行驶通畅，需要给其设定一定的交通规则。AGV在存储区域中的巷道内沿水平和垂直方向行驶，在交叉路口需要转弯时，AGV可通过转向装置实现原地转向。目前根据企业的实际情况，AGV的行驶路径依靠一套复杂的调度算法进行控制，AGV在作业过程中如果发生异常拥堵情况，那么拥有拣选任务的AGV具有优先行驶权。

3. AGV充电方式

在作业过程中，AGV的运行能耗由其搭载的蓄电池组提供，为了能够延长电池的使用寿命并保证AGV连续时间正常运行，一般自动化仓库中的AGV实行"浅充浅放"的充电策略。"浅充浅放"即电池的充电和放电过程不完全达到电池的最大容量。一般来讲，在自动化仓库中，当AGV没有拣选任务时，会安排其进行充电，而在执行任务时如果电量低于一定的额度，AGV会行驶到充电区域进行充电，等电量达到作业要求后再次执行新的任务。需要说明的是，一般仓库中都会配备足够数量的AGV进行作业，当某一台AGV需要充电，则系统会将任务分配给其他的AGV执行，几乎不影响仓库的整体拣选效率。

3.2.3 "货到人"拣选系统与"人到货"拣选系统的区别

"货到人"拣选系统与"人到货"拣选系统的主要区别见表3.11。

在"货到人"拣选系统的理念下，由原来的"人找货"方式转变成"货找人"方式，移动机器人代替人工进行商品的拣选操作，改变了传统人工推着料箱或者手推车进行拣货的模式，减少了仓库中的人工劳动力，提高了仓库的自动化程度。

表 3.11　"货到人"拣选系统与"人到货"拣选系统的区别

区别	"货到人"拣选系统	"人到货"拣选系统
任务操作	AGV	人工
拣货工具	移动料箱、拣选站	手推车、移动料箱
货架特点	可移动性、货架较矮	货架不可移动、有高层货架
拣货方式	货架移动	人员移动
作业时间	24h 连续作业	因人员疲倦间断作业
商品存储方式	动态存储	固定储位存储
访问货架方式	依靠系统定位	凭借人工经验
作业精准程度	出错率低、精度高	易出现人工作业误差

另外,"货到人"的作业模式依靠电子标签、RF 终端、二维码等进行定位操作,实现了订单拣选作业的精准程度,减少了由人工凭经验操作带来的作业误差。自动化的作业方式能够实现仓库的连续作业,尤其是在"双十一"购物节等订单爆发时期,为了避免爆仓现象发生,仓库需要具有更好的订单吞吐能力和快速响应能力,机器人可以实现 24h 不间断作业,也避免了由人工疲倦导致的作业间断。由此可见,"货到人"拣选系统通过自动化的模式提升了仓库的作业效率。但是,这样的自动化作业系统中存在大量的机器设备,如何更好地对仓储环境进行优化布局,同时减少大量机械设备对仓库环境的负面影响是需要进一步优化的地方。

3.2.4　智能拣选系统的配套设备选型

3.2.4.1　AGV 拣选机器人

AGV 是一种无人自动导引运输车,集声、光、电和计算机技术于一体,应用了自控理论和机器人技术,装配有电磁或光学等自动导引装置,能够按照使用设定好的导引路径行驶,具有目标识别、避让障碍物和各种移载功能。

"货到人"模式的智慧仓库一般会采用 AGV 拣选机器人作为自动化搬运设备,其装备有电磁、光学或其他自动导引装置,能够沿规定的导引路径行驶实现无人驾驶运输。AGV 拣选机器人有行动快捷、工作效率高、结构简单、可控性强、安全等优势,在自动化物流系统中能充分体现其自动性和柔性,实现高效、经济、灵活的无人化物流作业。

按照导引方式,AGV 可分为电磁导引、磁带导引、光学导引、激光导引、惯性导引、图像识别导引等,可根据实际需要进行布置应用。

按照取货方式,AGV 可分为夹抱式——取货工具为夹爪,主要用于直接夹抱外形包装规则的货物;叉取式——取货工具为货叉,主要用于搬运有托盘装载的货物。

按照货物接驳的方式,AGV 可分为辊道移载搬运型 AGV、叉式搬运型 AGV、推挽移载搬运型 AGV、夹抱搬运型 AGV、升降接载搬运型 AGV 等,可根据需要搬运货物的种类及接驳方式选择不同的搬运型 AGV 产品。

1. AGV拣选机器人的组成

AGV拣选机器人的组成如图3.14所示。

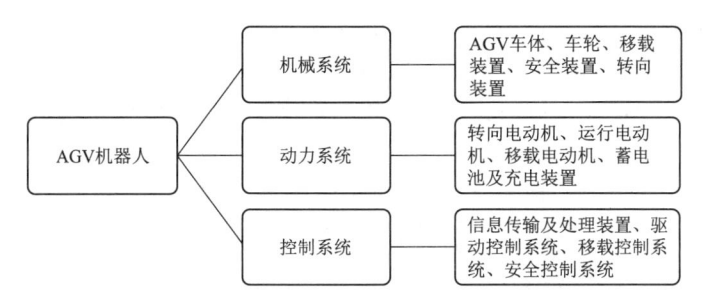

图3.14 AGV拣选机器人的组成

(1) 机械系统。

1) AGV车体，由车架和相应的机械装置所组成，是AGV的基础部分，是其他总成部件的安装基础。

2) 车轮，支撑AGV车体，确保小车在行驶过程中保持稳定。

3) 移载装置，与所搬运货物直接接触，实现货物转载的装置。

4) 安全装置，包括对AGV本身的保护、对人或其他设备的保护等方面，应能够提供多重安全保护，包括主动安全保护装置和被动安全保护装置。

5) 转向装置，接收导引系统的方向信息通过转向装置来实现转向动作。

(2) 动力系统。

1) 转向电动机，提供动力支持，控制方向轮帮助AGV完成转向操作，确保其能够高效、精准地运行。

2) 运行电动机，通过接收控制系统的指令，驱动车轮转动，实现AGV小车的前进、后退等动作。

3) 移载电动机，为AGV提供动力，使其能够在拣选系统中自主移动，完成货物的搬运和运输任务。

4) 蓄电池及充电装置，AGV常以24V或48V直流蓄电池为动力。蓄电池供电一般应保证AGV连续工作8h以上的需要。

(3) 控制系统。

1) 信息传输与处理装置，该装置的主要功能是对AGV进行监控，监控AGV所处的地面状态，并与地面控制站及地面监控设备实时进行信息传递。

2) 驱动控制系统，由车轮、减速器、制动器、驱动电机及速度控制器等部分组成，控制AGV正常运行。它的运行指令由计算机或人工控制器发出，运行速度、方向、制动的调节分别由计算机控制。为了安全，在断电时制动装置能靠机械实现制动。

3) 移载控制系统，与所搬运货物直接接触，实现货物转载的控制系统。

4) 安全控制系统，控制AGV的安全装置，对行驶路线进行检测，发现障碍物后触发紧急停止或避障机制，确保AGV在作业过程中能够避免碰撞、保护操作人员及设备安全。

2. AGV拣选机器人的主要技术参数

(1) 额定载重量,即自动导引车所能承载货物的最大重量。

(2) 自重,即自动导引车与电池加起来的总重。

(3) 车体尺寸,指车体的长、宽、高,即外形尺寸,该尺寸与承载货架的尺寸和通道宽度相适应。

(4) 最小转弯半径,是确定车辆弯道运行所需空间的重要参数。

(5) 运行方式,全线控制系统稳定、可靠、先进,具有完善的手动/离线自动/在线全自动控制、工艺参数可调、安全保护等功能,人机界面操作简便,易于操作、维护。

(6) 安全装置,激光障碍探测,机械式柔性安全防撞,行走声光警示,障碍报警。为确保AGV拣选机器人在运行过程中的安全,特别是现场人员的安全及各类设备的安全,采取多级安全措施。设有急停开关,任何时间按下开关,AGV拣选机器人立即停止运行。

(7) 导航方式,包括磁条导航、磁钉导航、二维码导航、激光导航等。

3. AGV拣选机器人的数量确定

在智慧仓储系统中,AGV拣选机器人型号的确定通常与机器人自身的物理性质相关,如机器人的尺寸、载重量、运行速度等要素;机器人的尺寸需要与货架的面积尺寸相适应;机器人的自身高度要与货架的底层高度相适应。在确定AGV拣选机器人型号时,若成本相差不大,则优先考虑上述要素,判断哪种型号更能满足需求;若各个型号之间的成本相差过大,则可着重某一要素进行综合判断择优选取。

AGV拣选机器人在执行任务中所采取的作业方式为双指令循环方式,以一辆AGV拣选机器人为对象,其在仓库内的路径主要有往返于货架与工作站的流程、拣选区域的行走路程、去往下一个货架的路程。通过对AGV拣选机器人在仓库内作业行走路程的分析,可以依据不同的计算标准来计算仓库内所需的AGV拣选机器人数量。

在AGV拣选机器人进行作业时,一般会将区域分为入库区域和出库区域,且两个区域的AGV拣选机器人通常不会混用,即用于出库的机器人只适用于出库作业,因此在计算时需要分别计算用于出库和入库的机器人。

(1) 方法一。智慧仓内所需机器人的数量可依据仓内工作站数量和工作站所需的机器人数量综合确定。

$$工作站所需机器人数量 = \frac{货架单次作业往返时间}{站点单次作业耗时} + 1 \quad (3.6)$$

式中,货架单次作业往返时间通过对货架单次作业的流程进行动作拆解综合得出,即

$$货架单次作业往返时间 = 机器人到达货架位时间 + 顶举货架时间 + 释放货架时间$$
$$+ 到达站点时间 + 返回货架区时间 \quad (3.7)$$

站点单次作业耗时＝旋转货架时间＋站点切换时间＋单件拣货时间×命中件数

(3.8)

因此

智慧仓内机器人总数＝入库 AGV 拣选机器人数量＋出库 AGV 拣选机器人数量
＋充电桩备用 AGV 拣选机器人数量 (3.9)

（2）方法二。运用解析法，将具体问题归纳整理成数学模型，通过对数学模型的求解，计算出 AGV 拣选机器人的数量。

定义 T_R 为 AGV 拣选机器人完成一次货品搬运过程总时间（s），依据 AGV 拣选机器人搬运货物流程，则货物搬运过程总时间由等待时间、空车行驶时间、满箱负载行驶时间及货架货品装载卸载时间组成，即

$$T_R = T_W + T_k + T_m + T_Z \tag{3.10}$$

式中　T_W——机器人等待时间；

T_k——空车行驶时间；

T_m——满箱负载行驶时间；

T_Z——货架货品装载卸载时间。

定义 μ 为物品需求时间（单次响应时间间隔），即每隔 μ 秒会产生一个任务需要进行搬运，则每小时 AGV 拣选机器人需要搬运的任务次数为

$$C_A = \frac{3600}{\mu} \tag{3.11}$$

AGV 拣选机器人完成每小时预定的所有任务 C_A 所需的总时间为

$$T_A = C_A + R_R \tag{3.12}$$

若 AGV 拣选机器人每运行 50min 需要充电 10min，即每小时工作 50min，则机器人数量计算的基本公式为

$$N = \frac{T_A}{50} \tag{3.13}$$

（3）方法三。除上述两种方法外，通过对 AGV 拣选机器人在仓库内与拣选、入库相关的动作及用时分析，结合站点作业效率情况及命中件数等条件，也可计算出智慧仓内的 AGV 拣选机器人的数量。

配送节拍＝运行时间＋等待时间＋工作时间＋站点切换时间＋旋转时间

(3.14)

其中

$$运行时间 = \frac{平均运行距离}{平均速度}，平均运行距离 = 最远来回路程 \times 60\%$$

$$工作时间 = 单件所需时间 \times 命中件数 \tag{3.15}$$

又因为，货架拉动次数＝3600/配送节拍，综合可得 AGV 拣选机器人数量的计算公式为

$$AGV 拣选机器人数量 = \frac{站点作业效率}{货架拉动次数 \times 货架单次命中件数} \tag{3.16}$$

式中，货架拉动次数即货架搬运次数。

为确保仓库内 AGV 拣选机器人能够不受自身电量影响顺利完成拣选作业,通常会在仓库内设置专门的充电区域,配套适量的充电桩,且充电区域的每个充电桩上会留有一辆充电备用的 AGV 拣选机器人。

充电桩的数量确定,一般会依据 AGV 拣选机器人的数量将比例设置为 1∶4,即每 4 辆 AGV 拣选机器人配置一个充电桩。

在以"货到人"模式为主的智慧仓中,受仓库出入库数量和 AGV 拣选机器人数量的影响,为保证库内出库、入库作业的有效运行,通常会在拣选处设置若干等待位。

拣选位上的 AGV 拣选机器人正在进行拣选作业时,后面的机器人从"入站"处进入作业区域,并在等待位处进行等待,前方机器人完成拣选作业后,向前移动一个位置,直至拣选完成进入主通道"出站"。

等待位的数量确定,根据企业经验,一般将 AGV 拣选机器人等待位的数量设置为站点所需 AGV 拣选机器人数量的 30%。

3.2.4.2 可移动式货架

可移动式货架,也称 AGV 搬运机器人货架,是配合 AGV 搬运机器人实现低成本智能自动化的仓储货架。它具有结构简单、价格低廉、使用方便等特点,在作业过程中具有可以大幅减少重复多余的步骤、减少不必要的人员岗位设置、实现产品质量可追溯等优势,并可以提高货物在存储、分拣等方面的工作效率。

图 3.15 可移动式货架的结构

在"货到人"拣选系统中,仓储区域中所存储的商品一般为小件商品,具有体积较小、重量较轻的特点。货架是可移动的且分为多层,每一层又分了多个货格,可以实现在每一层存放不同类别的商品。当货架上的某类商品数量不足时,系统会安排可移动式货架到补货站点进行补货操作。但是,在这样的仓储环境下,为了满足众多 SKU 的存储要求,每个种类的商品在货架上的存储数量一般不多。由于消费者的需求呈现出"小批量、多频次"的特点,商品的存储特点也呈现出少量多类的特点,因此,采用可移动式货架实现自动化物流系统乃是大势所趋。可移动式货架的结构如图 3.15 所示。

可移动式货架借助搬运设备 AGV 搬运机器人在仓库内实现自由穿梭,还可以减少占地面积,非常美观,可以提高观赏度及企业形象,具有结构简单、价格低廉、使用方便、质量好、见效快等特点。因为价格成本不高,所以可以根据不同企业的不同需求进行尺寸定制,选择范围比较大。

在进行规划时,可移动式货架的尺寸不仅要参考货品的尺寸、重量,还需考虑 AGV 搬运机器人的尺寸和顶升高度等参数,确保机器人在仓库内行走过程中货架能够平稳行进。

3.2.4.3 工作站

工作站是拣选人员进行拣选、扫描的操作区域,拣选区域需设计拣选人员的操作空间、AGV 搬运机器人在拣选台的排队区域和拣选区域。一般每个拣选台安装一个显示屏、货架及扫描装置，拣选人员根据显示屏提示的拣选信息进行拣选作业，将拣选出来的货品进行扫描，系统提示拣选完成。

1. 工作站规划

在进行智慧仓内工作站的规划时，需要根据具体的出库量等信息进行规划，在确定规划所需的出库量时，可以依据历史订单数据进行 AGV 智慧仓内工作站的规划，也可以根据预测的业务量（出库量）进行规划。

在以历史数据为依据进行规划时，需要根据相应的规则在历史订单数据中选取某一天的数据作为基准，即确定基准天；若规划以预测的业务量为基准，则需要根据历史数据对未来趋势进行合理预测。

在进行工作站的规划计算时，企业通常会假定：出库量＝入库量。根据考虑要素的不同，一般有 3 种基准天的确定方式。

（1）着重考虑成本。这种情况下，在剔除订单峰值后，以历史订单的均值为基准进行规划。

（2）着重考虑效率。这种情况下，以历史订单峰值前后几天的均值为基准进行规划。

（3）综合考虑成本和效率。此时，可对历史出库量进行降序排列，取序列表中的前 20%～30%，选取其中一天的订单数据作为基准进行规划，可保证基准天处于订单峰值和订单均值之间，较好满足日常订单处理情况。

在智慧仓内的作业人员，只需在工作站等待货架被运送至工作站，随后进行商品拣选，而且拣选方式都是采用播种方式作业，以企业与企业之间的商业交易模式（Business to Business，B2B）业务为主。因为 B2B 业务 SKU 少、批量出库，且出库量大，机器人只需将货架搬运至工作站由人工完成批量下架数量清点，确认拣选完成。企业对消费者的商业交易模式（Business to Consumer，B2C）业务 SKU 多、出库量小，相对 B2B 业务需要增加"播种墙"，在工作站完成最小订单。AGV 搬运机器人通常在 B2C 业务中处理订单数量相对较少、SKU 多、拣选难度大的作业。

2. 工作站数量的确定

在智慧仓内，主要是在工作站处完成订单的拣选作业，工作站数量的确定与其自身的作业效率息息相关，在确定拣选工作站数量时，需要根据基准天的订单出库数量与工作站的拣选效率，推测出所需的工作站数量。

工作站效率的确定与 AGV 搬运机器人在工作站单次作业耗时相关，可以依据选定基准天的日出库量与日工作时间计算出每日工作站最大效率，来初步判断工作站效率。

推算货架单次命中数量（命中件数）为

行件数＝出库量/订单行数

工作站点每分钟可拣选（入库）数量为

（60/单个机器人在工作站耗时）×命中件数

单个机器人在工作站耗时为

工作站耗时＝旋转货架时间＋站点切换时间＋单件拣货时间×命中件数

站点作业效率为

站点作业效率＝每分钟可拣选（入库）的数量×60

因此，可以得到拣选工作站的数量计算方式为

$$拣选工作站的数量 = \frac{出库数量}{拣选效率 \times 每日工作时间} \qquad (3.17)$$

$$入库工作站的数量 = \frac{入库数量}{入库效率 \times 每日工作时间} \qquad (3.18)$$

行件数即平均每行订单所包含的件数，若件数数值为1，说明每行订单大约包含一件商品，每次拣选动作只需完成一件商品的拣选，可代表拣选效率的高低。

3.2.4.4 GAS 系统

GAS（Gate Assort System）为智能闸门开启式分拣系统或智能翻盖分拣系统，是一项以"人总是会出错"为出发点，围绕如何避免错误发生而开发应用的辅助拣选技术，让拣选作业更加直观，有效降低人为误差，极大地提高拣选效率及正确率。

GAS 通过翻盖式的醒目设计，在每个分拣口上设置翻盖组件，拣选人员只需将商品投入到翻盖为开启状态的分拣口中，最大限度地防止分拣错误的发生。可以说，在追求人工作业零误差方面，GAS 简单有效而独特的设计理念堪称划时代的创意。GAS 的企业应用如图 3.16、图 3.17 所示。

图 3.16　GAS 应用场景　　　　图 3.17　GAS 在智仓的应用

1. GAS 的组成

GAS 包括播种墙、检测单元和控制系统。其中，播种墙包括门架、固定在门架前部的若干排分拣设备、门架后方的移动货架和气源，每个分拣设备上的进气管道均与气源连通，分拣设备的进气管道上设置有电磁阀；检测单元包括扫码枪和光电传感器；控制系统包括播种计算机和PLC控制单元，PLC控制单元分别与电磁阀、扫码枪和光电传感器电性连接。分拣系统依据订单操控商品投放，拣选人员根据播种计算机的提示，将商品投入到挡板为开启状态的分拣口中，最大限度地防止分拣错误的发生，提高人工分拣的正确率，同时提高拣选人员对订单播种的效率。

2. AS 的特点

相比于以往各类拣选系统来说，无论导入费用、空间利用率，还是固定设备的资金投入，GAS 都显示出它独特的柔性和优越性。从应用时的作业情况来看，GAS 更是以防错设计法，通过物理性排除错误发生的设计来保障作业准确率，直观展现 GAS 如何通过简单设计形成规范作业，灵活编排批次，实现柔性生产，从而快速达到效率提升，实现投资收益回报。

GAS 具有明显的个性特点：①准确性，可以确保十万分之一以下精度的拣选作业不需要熟练作业人员，节省了人力成本；②灵活性，不需要固定在地面，便于自由移动，可随时新增模组；③高效率，拣选系统运行稳定后的分拣速度远远高于其他拣选模式的作业效率。此外，GAS 安装快捷，气动控制，高效安全；属于标准化产品，可批量生产；具有语音提示功能，防止误投，拣选准确率高。GAS 的特点如图 3.18 所示。

图 3.18 GAS 的特点

3.3 智能搬运设施设备

学习目标：

通过学习，熟悉智能搬运系统的组成，了解其特点及主要设备选型；运用系统的思想，在坚持技术先进、经济合理、操作方便的原则下，根据自身的条件和特点，对设备进行经济性评估，选择经济合理的设备。

知识解析：

装卸搬运是指在同一地域范围内进行的、以改变货物存放状态和空间位置为主要目的的活动。该环节包含一系列的相关设备和技术，高效、合理地对物品进行移动、存储或控制。如基于机器人的多传感器融合技术、同时定位与地图构建（Simultaneous Localization and Mapping，SLAM）环境自然导航、精确控制定位技术与动态路径规划等核心技术，系统的自检及诊断技术、多机分布式协同作业和高效率的交通管制技术，软硬件完全自主研发，支持需求定制化，可根据不同生产流程提供优化方案，提高作业效率，作业任务信息可追踪监控，实现真正的无人化作业。

智能搬运系统是在机械化装卸搬运装备的基础上，引入应用传感定位、人工智能、自动控制等技术手段，能够自动化、智能化地完成货物搬移、升降、装卸、短距离输送等作业的物流搬运系统。

3.3.1 智能搬运系统的组成

智能搬运系统是由巷道堆垛起重机、AGV 搬运机器人、出入库输送系统、仓库管理系统以及其他辅助设备组成的。其中AGV搬运机器人工作原理同3.2节智能拣选设备中的AGV拣选机器人。

3.3.1.1 巷道堆垛起重机

巷道堆垛起重机是自动化立体仓库进行高层货架货物存取搬运的关键装备，其通过运行机构、起升机构和货叉机构的协调工作，完成货物在货架范围内的纵向和横向移动，实现货物的三维立体存取搬运，如图3.19所示。

有轨巷道堆垛起重机沿着巷道内的轨道运行。有轨巷道堆垛起重机由钢轨、带钢轮的立柱、货叉组成，带钢轮的立柱在钢轨上运行，货叉在立柱上上下运动。这种堆垛起重机可以在地面导轨上行走，利用上部的导轨防止摆动或倾倒；或者相反，在上部（空中）导轨上行走，利用地面导轨防止摆动或倾倒。

在地面导轨上行走的有轨巷道堆垛起重机又称地面支承型有轨巷道堆垛起重机。这种堆垛起重机金属结构的立柱主要考虑轨道平面内的弯曲强度，因此，需要加大立柱在行走方向截面的惯性矩。由于地面支承型有轨巷道堆垛起重机的驱动装置均装在下横梁上，容易保养维修，用于自动控制的传感器等也可安装在地面上，使用方便。

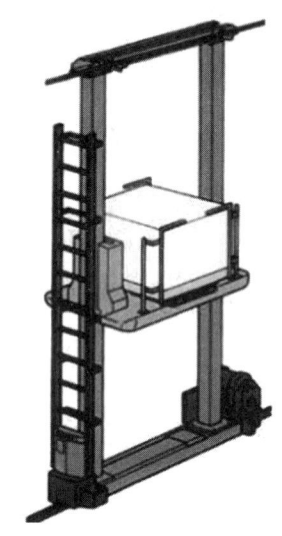

图3.19 巷道堆垛起重机示意图

在上部导轨上行走的有轨堆垛机又称悬挂式堆垛起重机。这种堆垛起重机的金属结构门架可不考虑横向的弯曲强度，钢结构自重可以减轻，加、减速时的惯性和摆动小，稳定静止所需的时间短。其缺点是运行、升降等驱动机构安装在堆垛起重机的上部，保养、检查与修理必须在高空作业，既不方便也不安全，而且仓库的屋顶或货架要承担堆垛起重机的全部移动荷重，增加了屋顶结构和货架的重量。

堆垛起重机整机结构高而窄，堆垛起重机的宽度一般只与所搬运的单元货物的宽度相等。

3.3.1.2 出入库输送系统

出入库输送系统，即输送机，是以连续的方式沿着一定的路线从装货点到卸货点均匀输送货物和成件包装货物的机械设备。自动化立体仓库中通过计算机进行统一控制输送机运行，应用传感器、控制器和执行器，能够自动完成货物从货架区到出入库台的搬运工作，如图3.20所示。

3.3.1.3 仓库管理系统

仓库管理系统是通过入库业务、出库业务、仓库调拨、库存调拨和虚仓管理等，综合批次管理、物品对应、库存盘点、质检管理、虚仓管理和即时库存管理等功能综合运用的管理系统，有效控制并跟踪仓库业务的物流和成本管理全过程，实现完善的企业仓储信息管理。该系统可以独立执行库存操作，与其他系统的单据和

图 3.20　输送机示意图

凭证等结合使用，可提供更为完整全面的企业业务流程和财务管理信息。

仓库管理系统包括出入库输送系统、信息识别系统、自动控制系统、监控系统等。搬运是仓库管理的一部分，所以搬运系统也是仓库管理系统中的一部分，智能搬运系统的规划调度等都会运用仓库管理系统。

3.3.1.4　辅助设备

搬运系统辅助设备根据不同的标准可以分为不同的类型。

1. 按作业性质分类

搬运系统辅助设备按作业性质可分为具备单一功能的搬运机械和具备装卸搬运复合功能的机械两类。

（1）具备单一功能的搬运机械有各种搬运车、手推车，以及除斗式输送机、刮板式输送机之外的各种输送机等。

（2）具备装卸搬运复合功能的机械是指在物流领域具备装卸、搬运两种功能的机具，这种机具可将两种作业操作合二为一，因而有较好的系统效果。典型装备有叉车、跨运车、门式起重机及气力装卸输送设备等。

2. 按机具工作原理分类

搬运系统辅助设备按机具工作原理可分为叉车类、起重机类、输送机类、作业车类和管道输送设备类。

（1）叉车类，包括各种通用和专用叉车，是具有各种叉具，能够对货物进行升降和移动，以及装卸搬运的搬运车辆。叉车按照动力类型，可分为人力叉车、电动叉车和内燃叉车；按照工况与功能，可分为平衡重式叉车、插腿式叉车、侧面式叉车、前移式叉车、窄巷道叉车、高货位拣选式叉车、集装箱叉车等。叉车在自动化立体仓库中主要承担从货架区到出入库台的搬运工作，用于室内载重量不大的托盘货物搬运，一般使用普通电动叉车。

当前，智能叉车越来越广泛地应用于自动化立体仓库作业中。通过激光导航及多重传感器的部署，叉车可以自动感应识别货架上相应推盘的位置并精准对接，完成无人自动存取和搬运的功能。智能叉车如图3.21 所示。

（2）起重机类，包括门式、桥式、履带式、汽车式、岸壁式、巷道式各种起重机。

（3）输送机类，包括辊式、轮式、带式、链式、悬挂式等各种输送机。

（4）作业车类，包括手车、手推车、搬运车、无人搬运车、台车等各种作业车辆。

图 3.21 智能叉车

（5）管道输送设备类，包括液体、粉体的装卸搬运一体化的以泵、管道为主体的一类设备。

3.3.2 智能搬运系统的特点

1. 无人化

智能搬运的显著特点是无人操作，智能搬运设备上装有自动导向系统，依靠无线传感、定位导航、视觉识别、力觉感知、自动控制技术等，可以保障系统在不需要人工引航、人工作业的情况下能够沿预定的路线自动行驶，将货物或物品自动从起始点送到目的地，完成搬运作业活动。这种无人化的操作过程，一方面节约了人力，提高了效率；另一方面也能满足高危、狭小空间内的智能无人搬运需求。

2. 柔性化

智能搬运的另一个突出特点就是柔性好，由于人工智能的加入，智能搬运的作业路径、作业样式、力度功率可以根据仓储货位要求、生产工艺流程、物流作业环境等的改变而灵活变换，可以模拟人的思维进行智能判断，不断动态调整选择优化运行方案。这种运行的改变与传统的、刚性的搬运作业相比，减少了重新购置作业设备、作业线的时间和成本，体现出较好的经济性。

3. 高效化

智能搬运系统能够整体调度和监控整个搬运作业流程，包括无人叉车、机器人和辊道等；可支持多台机器人同时联动作业，保证相互避让及最优路径的规划，防止拥堵；可通过作业流程节拍的控制，实现状态监控、增减机器人数量和地图布局修改、交通管制等功能，最大限度地实现物流仓库的搬运作业优化，可广泛运用于各生产、物流节点之间的物品搬运和工艺设备之间的水平运转等环节，能与各种自动化设备进行对接，大幅提高物流整体作业效率。

3.3.3 智能搬运系统的主要设备选型

智能搬运系统通过作业控制系统，能够整体调度和监控智能作业流程，因前文介绍了穿梭车、提升机、AGV 机器人、输送机等搬运设备，本部分主要介绍仓库内智能搬运系统设备中的带式输送机、搬运机械臂、巷道堆垛起重机的选型问题。

3.3.3.1 带式输送机

带式输送机是最常见的输送机类型，以输送带作为牵引和承载构件，通过承载物料的输送带的运动进行物料输送的连续输送设备。

通用带式输送机由输送带、托辊、滚筒及驱动、制动、张紧、改向、装载、卸载、清扫等装置组成，最主要的装置有输送带、托辊、滚筒和张紧装置。

1. 输送带

常用的输送带有橡胶带和塑料带两种。橡胶带适用于工作环境的温度是−15～40℃，物品温度不超过50℃，向上输送散粒料的倾角为12°～24°。对于大倾角输送可用花纹橡胶带。塑料带具有耐油、酸、碱等优点，但对气候的适应性差，易打滑和老化。带式输送机主要技术参数见表3.12。

表3.12　　　　　　　　带式输送机主要技术参数

带宽/mm	输送长度/m	功率/kW	输送速度/(m/s)	输送量/(t/h)
500	≤12	3	1.3～1.6	78～191
650	≤12	4	1.3～1.6	131～323
800	≤6	4	1.3～1.6	278～546
1000	≤10	5.5	1.3～2.0	435～853
1200	≤10	7.5	1.3～2.0	655～1284

2. 托辊

托辊有槽型托辊、调心托辊、缓冲托辊等。槽型托辊由2～5个辊子组成，主要用于承载分支，输送散粒物品；调心托辊用以调整输送带的横向位置，避免跑偏；缓冲托辊装在受料处，以减小物品对输送带的冲击。

3. 滚筒

滚筒分为单滚筒（胶带对滚筒的包角为210°～230°）、双滚筒（包角达350°）和多滚筒（用于大功率）等。

4. 张紧装置

张紧装置的作用是使输送带达到必要的张力，以免在驱动滚筒上打滑，并使输送带在托辊间的挠度保证在规定范围内。

3.3.3.2 搬运机械臂

搬运机械臂（图3.22），也可称为搬运机械手、搬运机器人，是用于物流搬运领域的工业机器人。它具有和人类手臂相似的构造，与人类手臂有许多相似的能力，可以按给定程序、轨迹和要求实现自动抓取、搬运和操作。根据动作形态的不同，搬运机械臂可分为直角坐标型、圆柱坐标型、极坐标型、关节型、并联型等类型机器人。

1. 搬运机械臂的主要技术参数

（1）机器人负载。机器人负载是指机器人在规定的性能范围内，机械接口处能承受的最大负载量(包括手部),用质量、力矩、惯性矩来表示。如果要将物品从一台机器处搬至另外一处,需要将物品的重量和机器人抓手的重量计算在负载内。

(2)自由度。自由度是指机械臂的运动灵活性。设计机械臂时,在满足工况要求的前提下,应尽量减少自由度。自由度越多,机械臂的机构就越复杂,刚度就越弱,且相对应的控制系统也比较复杂。当前机械臂单关节具有单自由度,通常自由度数与关节数相等。例如,六轴机器人有6个自由度,包含旋转(S轴)、下臂(L轴)、上臂(U轴)、手腕旋转(R轴)、手腕摆动(B轴)和手腕回转(T轴)。6个关节合成实现末端的6个自由度动作。

图 3.22 搬运机械臂(六轴机器人)

(3)最大运动范围。选择机械臂时不仅要关注负载,还要关注其最大运动范围。最大垂直运动范围是指机械臂腕部能够到达的最低点(通常低于机械臂的基座)与最高点之间的范围。最大水平运动范围是指机械臂腕部水平到达的最远点与机械臂基座中心线的距离。此外,还需要参考最大动作范围(用度表示)。这些规格不同的机械臂区别很大,对某些特定的应用存在限制。

(4)重复精度。重复精度是机械臂在完成每一个循环后,到达同一位置的精确度(差异度)。通常来说,机械臂可以达到 0.5mm 以内的精度,甚至更高。例如,如果机械臂是用于制造电路板时的零配件装配搬运,你就需要一台超高重复精度的机械臂。如果所从事的应用对精度要求不高,那么机械臂的重复精度也可以不用那么高。精度在 2D 视图中通常用"±"表示。实际上,由于机械臂并不是线性的,其可以在公差半径内的任何位置。

(5)工作速度。工作速度是指机械臂在工作载荷条件下,匀速运动过程,机械接口中心或工具中心点在单位时间内所移动的距离或转动的角度。速度对于不同的用户需求也不同。它取决于工作需要完成的时间。规格表上通常只给出最大速度,机械臂能提供的速度介于 0 和最大速度之间,其单位通常为(°)/s。一些机械臂制造商还给出了最大加速度。

(6)控制方式。控制方式是指机械臂控制轴的工作方式,包括伺服控制和非伺服控制。伺服控制是当前的主要应用方式,又包括转矩控制、速度控制和位置控制 3 种控制方式,可根据具体应用功能需要进行灵活选择。其中,转矩控制主要通过外部模拟量的输入或直接的地址赋值来设定电机轴对外输出转矩的大小,主要应用于需要严格控制转矩的场合。速度控制主要通过模拟量的输入或脉冲的频率对转动速度进行控制。位置控制是伺服中最常用的控制,一般是通过外部输入的脉冲的频率来确定转动速度的大小,通过脉冲的个数来确定转动的角度,所以一般应用于定位装置。

(7) 驱动方式。驱动方式是指关节执行器的动力源形式，主要有电气驱动、液压驱动、气压驱动等驱动形式。其中，电气驱动所用能源简单，机构速度变化范围大，效率高，速度和位置精度都很高，且具有使用方便、噪声低和控制灵活的特点。液压驱动的特点是功率大，结构简单，可以省去减速装置，能直接与被驱动的连杆相连，响应快，伺服驱动具有较高的精度，但需要增设液压源，而且易产生液体泄漏，故目前多用于特大功率的机器人系统。气压驱动的能源、结构都比较简单，但与液压驱动相比，同体积条件下功率较小，而且速度不易控制，所以多用于精度不高的点位控制系统。

(8) 防护等级。机械臂与食品相关的产品、实验室仪器、医疗仪器一起工作或者处在易燃的环境中，其所需的防护等级各有不同。制造商会根据机械臂工作的环境不同而为同型号的机器人提供不同的防护等级。机械臂防护等级（IP 等级）是由两个数字所组成的，第 1 个数字表示电器防尘、防止外物侵入的等级，第 2 个数字表示电器防湿气、防水侵入的密闭程度，数字越大表示其防护等级越高。例如，标准防护等级 IP40，低于防护等级 IP67。

2. 搬运机械臂选择的注意事项

搬运机械臂广泛适用于电子、食品、饮料、烟酒等行业的纸箱包装产品和热收缩膜产品码垛、堆垛作业，特别是在高温、高压、多粉尘、易燃、易爆、放射性等恶劣环境中，以及笨重、单调、频繁的操作中代替人作业，能够将人从繁重的工作中解放出来，提升工作效率。在选购搬运机械臂时，除了考虑以上主要技术参数外，还要注意以下事项：

(1) 选购机械手产品时，必须要由专门的技术人员引导购买。

(2) 机械手的种类非常多，具体有搬运机械手、点胶机械手、喷涂机械手、六轴机械手和多轴机械手等，根据实际情况进行选购。

(3) 在使用机械手的时候，要注意工作环境的清洁和工作秩序，机械手是一部机器，程序已经设定好，如果遭到破坏，将造成损失。

(4) 平时要加强对机械手的保养和维修工作，以免由于长时间的工作和环境污染，对产品造成维修成本的上升。

3.3.3.3 巷道堆垛起重机

1. 巷道堆垛起重机的主要参数

(1) 速度参数。速度参数主要包括水平运行速度、起升速度和货叉伸缩速度。堆垛起重机一般具有变频调速功能。这三项参数的高低，直接关系到出入库频率的高低。

(2) 尺寸参数。尺寸参数主要包括起升高度、存取高位极限高度、存取低位极限高度、整机全长。堆垛起重机尺寸参数涉及合理利用有效空间，增加库容量，亦是评价堆垛起重机设计水平的标准之一。

(3) 其他技术参数。其他技术参数主要包括额定载重量、电源类型及额定功率、货叉下挠度、堆垛起重机的噪声及电机减速机的可靠性等。

2. 巷道堆垛起重机的维护保养

(1) 电气维护。

1）定期检查各关键部分，包括 PLC、认址器、货位探测、载货台探测、货物超高及歪斜探测、行程开关、变频器及操作面板等是否正常。

2）保持检测开关的清洁，尤其是光电开关。

3）定期检查紧固所有接线端，确保电路畅通。

4）操作堆垛起重机时要遵循操作说明，操作时用力要适度。

5）注意操作安全，保证堆垛起重机运行时巷道内无人。

6）变频器中所设定的内容不得随意更改，否则会引起堆垛起重机工作不正常。

7）堆垛起重机的操作须由经过培训的专人进行。

8）为了延长各电气开关的使用寿命，在立体仓库停止运行后，应关闭堆垛起重机供电。

9）为延长堆垛起重机寿命并使其运行良好，建议立库长时间关闭前，先将所有堆垛起重机开至最后一列、最低一层，并且保证无错后再关闭电源。

（2）机械日常维护与保养。堆垛起重机在安装、调试结束后，用户应对设备进行正确的维护保养，以确保设备的完好和延长使用寿命。堆垛起重机的润滑包括水平运行机构、载货台、驱动机构等。堆垛起重机的调整包括水平导向轮调整，上部导向轮调整，超速保护装置的调整，过载、松绳保护装置的调整，货叉伸缩机构调整，水平运行认址装置调整，起升认址装置调整，光电开关调整等。

3.4 智能分拣设施设备

学习目标：

通过学习，深入理解智慧分拣系统设备视觉、自动识别、高速分拣算法等关键技术，以及它们在货物分拣中的高效集成与应用。通过实际操作与项目实践，提升系统配置、优化与故障排查能力，确保分拣过程的速度、准确性与稳定性。同时，紧跟行业发展趋势，积极探索物联网、大数据、人工智能等新技术在分拣系统中的创新应用，以推动物流分拣智能化水平的持续提升。

知识解析：

智能分拣系统（Automatic Sorting System，ASS）是先进配送中心所必需的设施条件之一，可将随机的、不同类别、不同去向的物品按照产品的类别或产品目的地，从产品仓库或者货架经过拣选后按照系统要求的路径送到仓库出货装车位置。智能分拣系统具有较高的分拣效率，通常每小时可分拣商品 6000～12000 箱。智能分拣系统如图 3.23 所示。

3.4.1 智能分拣系统的构成

1. 智能分拣系统的基本构成

智能分拣系统一般由控制装置、分类装置、输送装置及分拣道口组成，如图

3.24 所示。

图 3.23　智能分拣系统

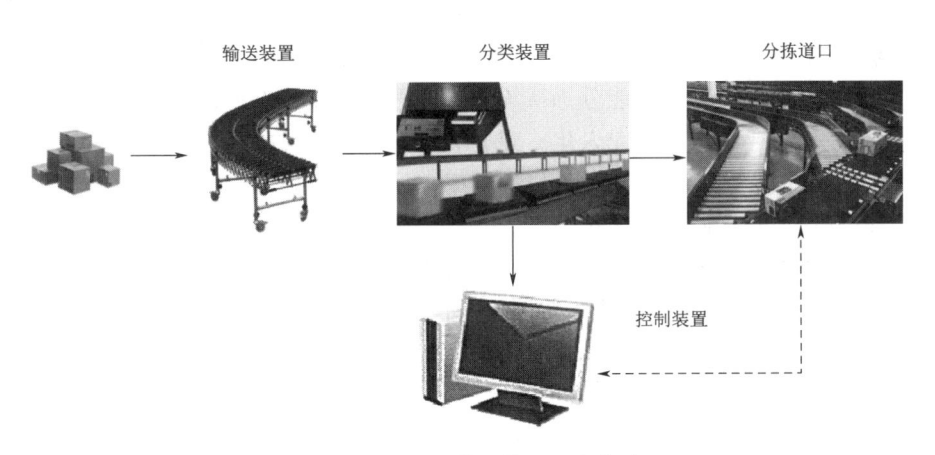

图 3.24　智能分拣系统的基本构成

（1）控制装置。控制装置的作用是识别、接收和处理分拣信号，根据分拣信号的要求指示分类装置，按照商品品种、送达地点或按货主的类别对商品进行自动分类。这些分拣需求可以通过如图 3.25 所示的不同方式输入到分拣控制系统中，根据对这些分拣信号的判断来决定某一种商品该进入哪一个分拣道口。

（2）分类装置。分类装置的作用是根据控制装置发出的分拣指示，当具有相同分拣信号的商品经过该装置时，该装置动作，使商品改变在输送装置上的运行方向，进入其他输送机或分拣道口。分类装置的种类很多，一般有推出式、浮出式、倾斜式和分支式几种，不同的装置对分拣货物的包装材料、包装重量、包装物底面的平滑度等有不完全相同的要求。

（3）输送装置。输送装置的主要组成部分是传送带或输送机，其主要作用是使待分拣商品通过控制装置、分类装置，并且输送装置的两侧一般要连接若干分拣道口，使分好类的商品滑下主输送机，以便进行后续作业。

（4）分拣道口。分拣道口是已分拣商品脱离主输送机进入集货区域的通道，一般由钢带、传动带、滚筒等组成滑道,使商品从主输送装置滑向集货站台,在那里由工作人员将该道口的所有商品集中后或入库存储,或组配装车并进行配送作业。

2. 智能分拣系统的特点

(1) 能连续、大批量地分拣货物。由于采用大生产中使用的流水线自动作业方式,自动分拣系统不受气候、时间、人的体力等限制,可以连续运行,同时智能分拣系统单位时间分拣件数多,因此智能分拣系统的分拣能力是连续运行100h以上,每小时可分拣7000件包装商品,如用人工则每小时只能分拣150件左右,同时分拣人员也不能在这种劳动强度下连续工作8h。

(2) 分拣误差率极低。智能分拣系统的分拣误差率主要取决于所输入分拣信息的准确性,这又取决于分拣信息的输入机制,如果采用人工键盘或语音识别方式输入,则误差率在3%以上,如采用条码扫描输入,除非条码的印刷本身有差错,否则不会出错。因此,目前智能分拣系统主要采用条码技术来识别货物。

(3) 分拣作业基本实现无人化。建立智能分拣系统的目的是减少人员的使用,减轻员工的劳动强度,提高人员的使用效率。因此,智能分拣系统能最大限度地减少人员的使用,基本做到无人化。

分拣作业本身并不需要使用人员,人员的使用仅局限于以下情况:

1) 送货车辆抵达智能分拣线的进货端时,由人工接货。
2) 由人工控制分拣系统的运行。
3) 分拣线末端由人工将分拣出来的货物进行集载、装车。
4) 智能分拣系统的经营、管理与维护。

3. 智能分拣系统的优势

智能分拣系统之所以能够在现代物流业中得到广泛应用,是因为它具有以下优点:

(1) 智能分拣。分拣系统应用于设备中,可控制设备智能分拣货物,不需要人工分拣。智能分拣为企业减少了很多劳动成本,不需要花费更多的时间在分拣工作上,也加快了企业的工作进度,让企业更方便地管理存储货物。

(2) 数据存储。分拣系统在工作的时候可以存储数据,而这些数据都会存储在系统中。数据存储主要是确保货物分拣正确,能保证分拣的货物不会丢失。人工分拣货物的时候,常常会出现分拣错误或货物丢失的情况,导致分拣工作出现各种各样的问题。分拣系统数据存储能有效避免这样的问题。

(3) 货物安全。使用设备分拣货物,能确保货物分拣安全,同时也能保证货物分拣正确。然而,人工分拣货物会出现各种问题,尤其是货物安全无法保证。

(4) 分拣效率高。分拣效率高是系统应用的最大优势,使用分拣系统的企业能实现高效分拣。

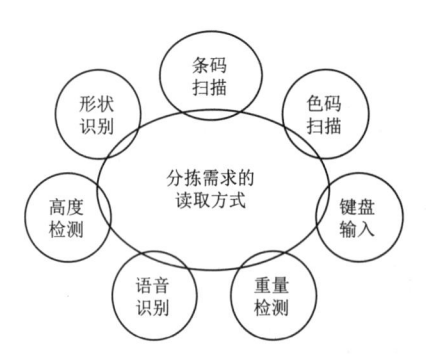

图 3.25 分拣需求的读取方式

3.4.2 智能分拣系统的适用条件

虽然智能分拣系统有诸多优点，但也不是任何仓库、任何企业都适用。一般来说，智能分拣系统的适用条件如下：

（1）一次性投资巨大。智能分拣系统本身需要建设短则40~50m、长则150~200m的机械传输线，还有配套的机电一体化控制系统、计算机网络及通信系统等，这一系统不仅占地面积大，动辄2万m^2以上，而且一般智能分拣系统都建在自动化立体仓库中，这样就要建3~4层楼高的立体仓库，库内需要配备各种自动化的搬运设施，这丝毫不亚于建立一个现代化工厂所需要的硬件投资。因此，小企业无力进行此项投资。

（2）对商品外包装要求高。智能分拣机只适用于分拣底部平坦且具有刚性的包装规则的商品。袋装商品，包装底部柔软且凸凹不平，包装容易变形的、易破损的、超长的、超薄的、超重的、超高的、不能倾覆的商品等不能使用普通的智能分拣机进行分拣。因此，为了使大部分商品都能用机械进行自动分拣，可采取两条措施：一是推行标准化包装，使大部分商品的包装符合国家标准；二是根据所分拣的大部分商品的统一包装特性定制特定的分拣机。但要让所有商品的供应商都执行国家的包装标准是很困难的，定制特定的分拣机又会使硬件成本上升，并且越是特别的，其通用性就越差。因此，企业要根据经营商品的包装情况来确定是否建，建什么样的智能分拣系统。

3.4.3 智能分拣系统的主要设备

3.4.3.1 AGV分拣机器人

基于快递物流客户高效、准确的分拣需求，AGV分拣机器人系统应运而生。通过AGV分拣机器人系统与工业相机的快速读码及智能分拣系统相结合，可实现包裹称重、读码后的快速分拣及信息记录交互等工作。AGV分拣机器人如图3.26所示。

图3.26 AGV分拣机器人

1. AGV 分拣机器人系统的特点

AGV 分拣机器人系统作为新型自动分拣技术，最高可实现高达 15000 件/h 的拣选速度，并且在系统灵活性、易扩展性等方面更有优势。

（1）系统可扩展性强。AGV 分拣机器人系统可根据业务增长的需要进行扩展。

（2）人工成本低。AGV 分拣机器人处理系统的人员工位布置紧凑，人均效能提高，相同处理效率可节约用工约 40%。

（3）分拣差错小。AGV 分拣机器人采用静态卸载，只要包裹面单信息正确，理论分拣差错率为 0。

（4）系统可靠性高。AGV 分拣机器人系统由众多独立运行的分拣机器人组成，不会因某台机器人故障而影响整个系统的运行效率，且系统支持远程升级及调试，相关技术人员可远程解决系统调度问题，所需时间也很短。

（5）节能环保。AGV 分拣机器人系统用电功率低，且均由低功率可充电电池供电。

2. AGV 分拣机器人系统的作业流程

AGV 分拣机器人系统可大量减少分拣过程中的人工需求，提高分拣效率及自动化程度，并大幅提高分拣准确率。随着大数据算法的日趋完善、快递邮件信息逐步标准化、智能控制系统集成化，AGV 分拣机器人系统已成为物流业由劳动密集型产业向批量智能化转型的产物。一般来说，AGV 分拣机器人系统的作业流程如图 3.27 所示。

图 3.27　AGV 分拣机器人系统的作业流程

（1）揽件。包裹到达分拣中心后，卸货至带式输送机，由工作人员控制供件节奏，包裹经带式输送机输送至拣货区工位。

（2）放件。工人只需要将包裹以面单朝上的方向放置在排队等候的自动分拣机器上，机器人搬运包裹过龙门架进行面单扫描以读取订单信息，同时机器人可自动完成包裹称重，该包裹的信息将直接显示并上传到控制系统中。

（3）分拣。所有 AGV 分拣机器人均由后台管理系统控制和调度，并根据算法优化为每个机器人安排最优路径进行包裹投递。如 AGV 分拣机器人在分拣作业中可完成互相避让、自动避障等功能，系统根据实时的道路运行状况尽可能地使机器人避开拥堵。当机器人运行至目的地格口时，停止运行并通过机器人上方的辊道将包裹推入格口，包裹顺着滑道落入一楼集包区域。目的地按照城市设置，未来随着业务量的增加，可灵活调度调节格口数量，甚至一个城市分布多个格口。

（4）集包装车。集包工人打包完毕后，将包裹放上传送带，完成包裹的自动装车。

3. AGV 分拣机器人的主要技术参数

与 AGV 拣选机器人类似，AGV 分拣机器人也具有 7 个主要技术参数——额定载重量、自重、车体尺寸、最小转弯半径、运行方式、安全装置、导航方式，在进行设备选型时，需要重点考虑这些技术参数。

5G 京东助理分拣机器人提高效率

5G 时代的到来，开启了万物互联的新时代，对于物流行业来说也充满了更多的可能。本例主要介绍 5G 网络下京东物流仓库智能分机器人的运行情况，通过连入 5G 网络的 VR 全景视频摄像头，将 5G 物流智能分拣场的监控视频画面实时回传，管理人员可实时查看全景的 VR 监控画面，大幅度降低了管理成本。

3-4 京东助理分拣机器人提高效率

3.4.3.2　固定式分拣机器人

利用机器人（搬运机械臂），基于视觉、触觉等智能控制系统，将来自输送线上的货品拣出，置于托盘或另一条输送线上，达到高速分拣的目的；也可将货架上或托盘上货品拣出后置于输送带上，实现供包分拣的功能。固定式分拣机器人如图 3.28 所示。

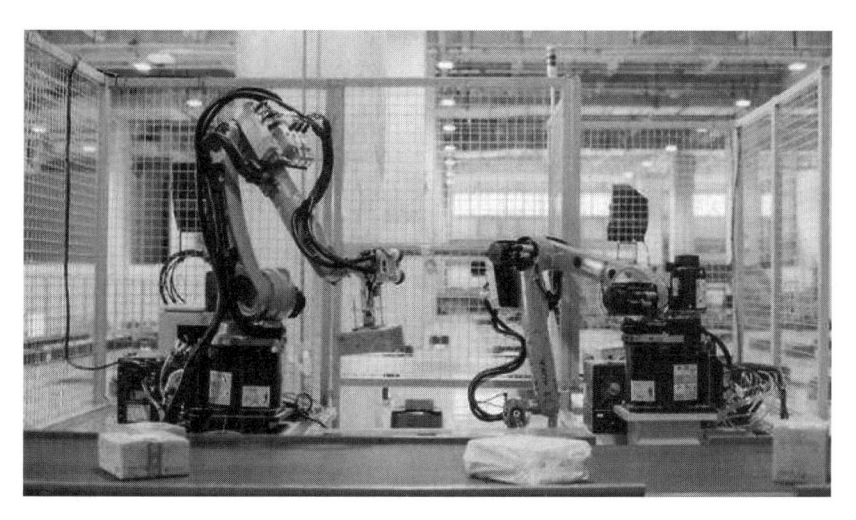

图 3.28　固定式分拣机器人

随着大数据算法的日趋完善、快递信息逐步标准化、智能控制系统集成化，固定式分拣机器人现已成为物流行业密集型向智能化转型的高度契合产物。

固定式分拣机器人互相之间是独立运行的，不会因某个机器人故障而影响整个系统的运行效率，而且还支持远程升级和调试。固定式分拣机器人可以连续运行，由于自动分拣系统单位时间分拣件数多，自动分拣系统能够连续运行 100h 以上，每小时可分拣 7000 件包装产品，相当于 6~12 名普通员工连续工作 8h。

固定式分拣机器人可实现无人化，减少了人员的使用，减轻人员的劳动强度，提升人员使用效率。固定式分拣机器人的分拣误差率主要取决于所输入分拣信息的准确性，而如果采用人工键盘和语音识别方式输入分拣信息，则误差率在 3% 以上。

关于固定式分拣机器人的选择，需要根据企业实际运行情况，综合考虑成本、维护保养、使用寿命等参数而定。

3.4.3.3 输送机

输送机有多种分类形式：按照输送介质，可分为带式输送机、链式输送机、辊子输送机等；按照输送机所处位置，可分为地面输送机、空中输送机和地下输送机；按照结构特点，可分为具有挠性牵引构件的输送机和无挠性牵引构件的输送机；按照安装方式，可分为固定式输送机和移动式输送机；按照输送的货物种类，可分为输送件货输送机和输送散货输送机；按照输送货物的动力形式，可分为机械式、惯性式、气力式、液力式等。

输送机的选择和3.3节智能搬运设施设备类似，这里不再赘述。

3.4.3.4 自动分拣机

自动分拣机主要根据用户的要求、场地情况，对货品按用户、地名、品名等进行自动分拣的连续作业。自动分拣机是物流中心进行货品输送分拣的关键设备之一，通过应用分拣系统可实现物流中心准确、快捷地工作。

自动分拣机按照其分拣机构的结构分为不同的类型，常见的类型有下列几种：

1. 挡板式分拣机

挡板式分拣机是利用一个挡板（挡杆）挡住在输送机上向前移动的商品，将商品引导到一侧的滑道排出。挡板的另一种形式是挡板一端作为支点，可旋转。挡板动作时，像一堵墙似的挡住商品向前移动，利用输送机对商品的摩擦力推动，使商品沿着挡板表面移动，从主输送机上排出至滑道。平时挡板处于主输送机一侧，可让商品继续前移；如挡板沿横向移动或旋转，则商品就排向滑道。

挡板一般安装在输送机的两侧，和输送机上平面不接触，即使在操作时也只接触商品而不触及输送机的输送表面，因此它对大多数形式的输送机都适用。就挡板本身而言，也有不同形式，如直线型、曲线型，也有的在挡板工作面上装有滚筒或光滑的塑料材料，以减少摩擦阻力。

2. 滑块式分拣机

滑块式分拣机是一种特殊形式的条板输送机。输送机的表面由金属条板或管子构成，如竹席状，而在每个条板或管子上有一枚用硬质材料制成的导向滑块，能沿条板横向滑动。平时滑块停止在输送机的侧边，滑块的下部有销子与条板下导向杆连接，通过计算机控制，当被分拣的货物到达指定道口时，控制器使导向滑块有序地自动向输送机的对面一侧滑动，把货物推入分拣道口，从而商品就被引出主输送机。这种方式是将商品侧向逐渐推出，并不冲击商品，故商品不容易损伤，它对分拣商品的形状和大小适用范围较广，是目前国内外应用的一种新型高速分拣机。

3. 浮出式分拣机

浮出式分拣机是把商品从主输送机上托起，从而将商品引导出主输送机的一种结构形式。从引离主输送机的方向看，一种是引出方向与主输送机构成直角；另一种是成一定夹角（通常是30°～45°）。一般前者比后者工作效率低，且对商品容易产生较大的冲击力。

浮出式分拣机大致有胶带浮出式分拣机和辊筒浮出式分拣机两种形式。胶带浮出式分拣机用于辊筒式主输送机上，将由动力驱动的两条或多条胶带或单个链条横向安装在主输送辊筒之间的下方。当分拣机结构接受指令启动时，胶带或链条向上提升，接触商品后把商品托起，并将其向主输送机一侧移出。辊筒浮出式分拣机用于辊筒式或链条式的主输送机上，将一个或数个有动力的斜向辊筒安装在主输送机表面下方。分拣机构启动时，斜向辊筒向上浮起，接触商品底部，将商品斜向移出主输送机。这种上浮式分拣机，有一种是采用一排能向左或向右旋转的辊筒，可将商品向左或向右排出。

4. 倾斜式分拣机

倾斜式分拣机主要分为两种类型：条板倾斜式分拣机和翻盘式分拣机。

条板倾斜式分拣机是一种特殊的条板输送机，商品装载在输送机的条板上，当商品行走到需要分拣的位置时，条板的一端自动升起，使条板倾斜，从而将商品移离主输送机。商品占用的条板数随不同商品的长度而定，经占用的条板数如同一个单元，同时倾斜，因此，这种分拣机对商品的长度在一定范围内不受限制。

翻盘式分拣机由一系列的盘子组成，盘子为铰接式结构，向左或向右倾斜。商品装载在盘子上行走到一定位置时，盘子倾斜，将商品倒入旁边的滑道中，为减轻商品倾倒时的冲击力，有的分拣机能以抛物线状来倾倒商品。这种分拣机对分拣商品的形状和大小可以不拘，但以不超出盘子为限。对于长形商品可以跨越两只盘子放置，倾倒时两只盘子同时倾斜。这种分拣机常采用环状连续输送，其占地面积较小，由于是水平循环，使用时可以分成数段，每段设一个分拣信号输入装置，以便商品输入，而分拣排出的商品在同一滑道排出，这样就可提高分拣能力。

5. 托盘式分拣机

托盘式分拣机是一种应用十分广泛的机型，它主要由托盘小车、驱动装置、牵引装置等组成。其中，托盘小车形式多种多样，有平托盘小车、交叉带式托盘小车等。

传统的平托盘小车利用盘面倾翻，重力卸载货物，结构简单，但存在上货位置不稳、卸货时间过长的缺点，从而造成高速分拣时不稳定及格口宽度尺寸过大。

交叉带式托盘小车的特点是取消了传统的盘面倾翻、利用重力卸落货物的结构，而在车体下设置了一条可以双向运转的短传送带（又称交叉带），用它来承接上货机，并由牵引链牵引运行到格口，再由交叉带运送，将货物强制卸落到左侧或右侧的格口中。它是当前配送中心广泛采用的一种高速分拣装置。

6. 悬挂式分拣机

悬挂式分拣机是用牵引链（或钢丝绳）作为牵引件的分拣设备。按照有无支线，它可分为固定悬挂和推式悬挂两种机型。前者用于分拣、输送货物，它只有主输送线路、吊具和牵引链是连接在一起的；后者除主输送线路外还具备存储支线，并有分拣、存储、输送货物等多种功能。

悬挂式分拣机具有悬挂在空中、利用空间进行作业的特点。它适用于分拣箱类、袋类货物，对包装物形状要求不高，分拣货物重量大，一般可达100kg以上，但需要专用场地。

7. 滚柱式分拣机

滚柱式分拣机是用于对货物输送、存储与分路的分拣设备,按处理货物流程需要,可以布置成水平形式,也可以和提升机联合使用构成立体仓库。

滚柱式分拣机中的滚柱机的每组滚柱(一般由3~4个滚柱组成,与货物宽度或长度相当)均具有独立的动力,可以根据货物的存放和分路要求,由计算机控制各组滚柱的转动或停止。货物输送过程中在需要积放、分路的位置均设置光电传感器进行检测。当货物输送到需分路的位置时,光电传感器给出检测信号,由计算机控制货物下面的那组滚柱停止转动,并控制推进器开始动作,将货物推入相应支路,实现货物的分拣工作。

滚柱式分拣机一般适用于包装良好、底面平整的箱装货物,其分拣能力强,但结构较复杂,价格较高。

苏宁第五代智慧物流仓库

苏宁第五代智慧物流仓库,号称亚洲最大的电商仓库,更被誉为"地表最牛"的自动化仓库,基于人工智能深度学习、数据计算,苏宁围绕物流应用场景,以人工智能为核心,以智能硬件为载体,将无人机、无人车、AR/VR 技术定制化地应用在物流信息化作业上。本例主要对苏宁的高密度自动存取系统进行了介绍,可对智慧仓储硬件系统建设提供很好的借鉴作用。

3-5 苏宁第五代智慧物流仓库

3.5 主题任务:自动化立体仓库的设备选型

本主题任务项目将根据智慧仓储硬件系统主要设备的配套选型,结合智慧仓储布局规划章节的主题任务内容,对北领物流黄陂仓的小电仓进行硬件系统优化设计,重点是完成自动存取系统的设备选择、货到人拣选系统的设备选择。

1. 主题任务内容

(1)对北领物流黄陂仓的小电仓的智慧仓储硬件系统进行调查,收集相关数据信息。

(2)就实际案例进行硬件系统的配置优化;重点针对案例中的仓库情况进行货到人拣选系统的构建和配置选择。计算仓库货架数量、AGV 机器人数量和充电桩的数量。

(3)利用仿真软件进行布局和设备选择,形成优化设计方案。

2. 案例资料

企业引入 AGV 智慧仓,采用 GTP 货到人模式进行作业。根据前期制定的智慧仓解决方案,接下来需要具体分析设备配置。该企业要求综合考虑成本和效率两方面的要素,进行设备数量配置。规划公司给出了仓库、货架、AGV 机器人等设备涉及的基本参数。仓库面积(长×宽):17m×17m,仓库工作时长为8h/天。

表3.13、表3.14 为 AGV 机器人在仓库面积范围内各作业环节分解的作业时间以及相关基本参数。

3.5 主题任务：自动化立体仓库的设备选型

表 3.13　　　　　　　　　　　AGV 作 业 时 间 表

AGV 到达货架的平均时间	14s	AGV 平均转弯次数	4 次
AGV 顶举货架时间	3s	AGV 平均转弯时间	2s/次
AGV 放下货架时间	5s	AGV 机器人承重	500kg
AGV 平均行驶速度	1m/s		

表 3.14　　　　　　　　　　商品及货架相关基本参数

货架存储空间系数	0.7
货架规格（长×宽×高）	880mm×880mm×2400mm
货格规格（长×宽×高）	430mm×280mm×300mm
每组货架 30 个货格	每层每面 3 个货格，共五层
货架底层可负载 300kg	其余每层可负载 150kg
货架自重	30kg
符合货格体积要求的所有商品平均体积	3400000mm^3
符合货格体积要求的所有商品平均重量	0.5kg/件
日均出库量	2265 件
平均库存周转天数	12 天

根据经验，入库站点单次 SKU 作业时间（即一个 SKU 在入库站点的入库时间）和出库站点单次 SKU 作业时间（即一个 SKU 在出库站点的出库时间）见表 3.15。

表 3.15　　　　　　　　　　工 作 站 效 率 参 数

入库站点单次 SKU 作业时间	5s	作业处站点切换时间	6s
出库站点单次 SKU 作业时间	7s	货架旋转时间	5s

考虑成本和效率因素，对出入库订单进行降序排序，取前 20%～30% 中的某一天订单数作为基准天，具体数据参考表 3.16。

表 3.16　　　　　　　　　产品出入库的基准天数据

日期	订单数	订单行数	品项数（SKU）	出库量（件）
2021-8-6	1876	2644	1309	2647
日期	订单数	订单行数	品项数（SKU）	出库量（件）
2021-9-3	655	961	733	2498

请结合以上信息，按照以下规划步骤，最终配置出设备数量。
（1）根据已知商品信息，计算仓库货架数量。
（2）根据已知订单信息及基准天，计算仓内出库拣选工作站、入库工作站的数量。
（3）根据仓库基本要求，确定 AGV 入库、出库和等待位机器人的数量。
（4）根据计算得出的 AGV 数量，计算 AGV 充电桩的数量。

在对仓储布局进行合理规划的前提下,企业可以投入智能化的硬件设施来提高仓储的运作效率,这些新型硬件设备的使用不仅会提高仓储的自动化水平和物流运作效率,还会给企业带来可观的经济效益。

本章主要介绍了智慧仓储中常用的智能拣选系统、自动存取系统、智能搬运系统和智能分拣系统,重点介绍了这些系统的组成、特点,以及各个系统中主要配套设备如何选型。选择仓储设备时,企业应该根据仓库作业的特点,运用系统的思想,在坚持技术先进、经济合理、操作方便的原则下,结合自身的条件和特点,对设备进行经济性评估,选择经济合理的设备。

复 习 思 考 题

1. 什么是"货到人"拣选系统?其主要特点有哪些?
2. 简述 AGV 拣选机器人的作业流程。AGV 拣选机器人选型主要参数有哪些?数量如何计算?
3. 穿梭车的主要性能参数有哪些?试举例说明如何选择穿梭车类型。
4. 什么是自动存取系统?其优缺点是什么?
5. 智能搬运系统的结构组成包括哪些?分别该如何选型?
6. 智能分拣系统的特点和优势有哪些?
7. 什么是 GAS?其主要特点有哪些?

第 4 章　智慧仓储软件建设

学习目标与要求

1. 知识目标

(1) 了解智慧仓储软件系统的种类。

(2) 理解和掌握订单管理系统、仓库管理系统、仓库控制系统的组成及特点。

(3) 掌握订单管理系统、仓库管理系统、仓库控制系统的功能模块和工作流程。

2. 能力目标

(1) 具备利用 WCS 系统、WMS 完成物流工作的能力。

(2) 具备智慧仓储系统硬件、软件运行维护、应急处理的能力。

(3) 具备智慧仓储系统流程改进、创新、设计能力。

3. 素质目标

(1) 树立"降本增效"的工作意识。

(2) 培养学生技术创新精神。

(3) 培养学生精益求精的工匠精神。

导入案例

国药集团建立智能医药物流系统

近年来，中鼎集成与国药黑龙江开展合作，共同建设一整套集仓储、输送、拣选、配送于一体的智能医药物流系统。本例主要对该物流系统的储存系统、拣选系统和软件系统进行了介绍，说明了软件系统对整个物流系统运作管理的重要性。

智能医药物流系统主要包括以下：

(1) 智能立库，具体而言整套智能医药物流系统按照国药黑龙江希望实现的具体功能合理划分为两个主要功能分区。一楼规划智能立库的出入库，包括整托入库及验货暂存和出库作业（包含自动分拣系统）。二楼规划出库暂存集货区，包括智能立库托盘在线拣选整箱出库和"货到人"拆零拣选系统。其中，智能立库库高约

22m，共配置5台中鼎集成堆垛机，拥有7540个货位，具备药品入库、补货、出库等功能。2个入库口的入库作业量可达80托盘/h（峰值180托盘/h）。

(2)"货到人"拣选系统，中鼎集成为国药黑龙江量身定制的整套"货到人"拣选解决方案，以智能移动单元AGV为核心，以易于交互的触控显示屏为窗口，依托包含机器学习、深度学习、数据挖掘功能的智能调度系统，能够高效配合现场作业人员完成机器人库区的仓储全流程作业。作为当前医药物流的重要拣选方式，中鼎集成"货到人"拣选系统可满足效果见表4.1。

表4.1 "货到人"拣选系统效果

高效	出库拣选次数可达200次/h，补货效率可达300～500件/h/工作站，盘点效率可达600～800件/h/工作站
精准	契合医药物流对拣选准确度的高要求，整套"货到人"拣选系统可达到99.95%以上的准确率。
以人为本	减少物流人员工作行程，作业平台充分考虑人体的舒适度，真正体现"以人为本"的物流设计理念

整套"货到人"拣选系统共设计15台Kiva机器人、308组货位架、5个多功能工作站、10套充电桩。机器人搬运货架至工作站，工作人员根据显示屏和电子标签的提示拣取对应的药品对分拨墙进行播种，完成命中后的订单箱将通过流利滑道的方式滑送至复核包装台，由后道工作人员进行复核打包。打包完成后的货物通过箱式输送线、螺旋提升机送至一楼自动分拣区，完成出库。复核打包工作完成后的空周转箱通过流利滑道回流至工作站循环利用。

(3) RCS软件管理系统，整套"货到人"拣选系统搭配RCS软件管理系统进行统一调度、规划。客户通过WMS系统给机器人系统下发指令，对接SHS WES接口，系统配合解析客户WMS的指令，并且保证解析结果跟客户系统要求的一致，然后下发到RCS系统，执行搬运任务。

案例讨论：

结合案例描述，总结各管理系统与企业生产任务的关联之处。

4.1 订单管理系统

学习目标：

通过学习，掌握订单管理系统的定义、结构及功能特点，理解订单管理系统在跨部门协作中的重要性，培养有效沟通与协调的能力。

任务驱动：

以小组为单位，完成订单管理系统的界面功能设计，该系统需以真实企业为例，涵盖订单创建、查询、修改、删除及状态跟踪等基本功能，同时注重提升用户体验与操作效率。各小组成员需紧密合作，明确分工，确保设计方案的全面性与实用性。

知识解析：

订单管理系统（Order Management System，OMS）是供应链管理（Supply Chain Management，SCM）系统的一部分，通过对客户下达的订单进行管理及跟踪，动态掌握订单的进展和完成情况，提升物流过程中的作业效率，从而节省运作时间和作业成本，提高物流企业的市场竞争力。

4.1.1 订单管理系统的结构

订单管理系统以订单为主线，对具体物流执行过程实现全面和统一化的计划、调度和优化，可以满足订单接收、订单拆分与合并、运送和仓储计划制订、任务分配、物流成本结算、事件与异常管理及订单可视化等不同需求。OMS 与 WMS、运输管理系统（Transportation Management System，TMS）物流执行模块紧密结合，可大幅提升供应链物流执行过程的执行效率，有效降低物流成本，并帮助实现供应链执行的持续优化。

订单管理系统是专门为在线电商公司中的第三方商家提供的订单管理系统，是一个从用户下单，到订单出库、配送、退换货、评价等订单全生命周期的订单管理平台。订单管理系统的设计与使用是基于海量订单数据的环境，使用大数据的离线实时计算等技术实现订单数据的监控管理，并应用机器学习算法为第三方商家提供专业的评级体系。订单管理系统在保证平台实现传统订单管理的基础功能上，从海量数据中为平台管理人员和入驻商家提供更加专业的订单数据管理、分析与使用，使得电商公司能更好地利用订单数据，提升服务质量，提高电商企业信息管理水平。

通过与平台运营人员及第三方入驻商家的沟通，可将系统中的角色分为两类：一类是电商平台运营人员；另一类是入驻商家。系统业务管理根据场景可以分为订单报表管理、订单出库管理、订单售后管理、商家数据管理、出库实时数据管理五大功能。订单管理系统结构如图 4.1 所示。

4.1.2 订单管理系统的特点

订单管理系统具有以下 7 个特点，其中前 3 个是功能性需求特点，后 4 个是非功能性需求特点。

（1）多渠道灵活的订单接收与处理。从订单的接收过程进行一系列的校验，可配置不同的校验规则，以及有效性校验，包含信控校验、与 WMS 相关的库存校验、合同范围校验等。

（2）订单拆并策略。可针对订单进行手动或自动的订单拆并策略配置及执行，并可以按照客户、项目、仓库、订单类型等多维度执行。

（3）全局订单可视化跟踪。可以对订单进行灵活事件配置，以及订单的全部节

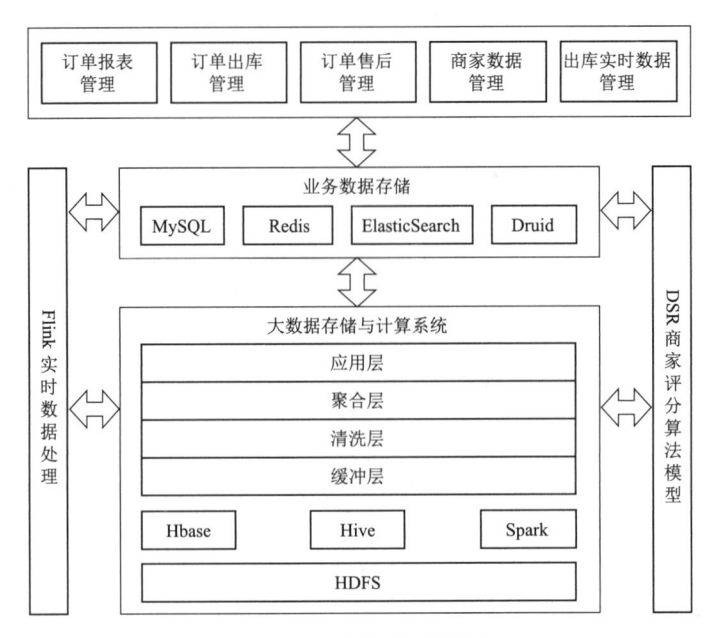

图 4.1 订单管理系统结构

点可视化跟踪。

（4）系统稳定性。系统稳定性指的是系统能按照预期稳定运行，对于订单管理系统则是需要满足每天能稳定产出数据，供平台管理人员查看。系统需要保证 $7\times 24h$ 的正常运营，部分服务器的故障不应该导致系统的不可用。

（5）系统易用性。系统易用性注重的是系统使用者的用户体验。系统的设计逻辑应该清晰，人机交互逻辑应该符合主流软件的设计思路。保证系统在设计出来之后不需要长期耗费时间向产品使用者解释如何使用该产品。

（6）可扩展性。由于系统对应的业务的发展是无法预期的，也无法提前制定出一套不需要经历变更的系统来满足以后会遇到的需求，因此，可扩展性是在软件开发之初需要解决的问题。可扩展性好的系统使得后续的软件开发人员能快速熟悉系统，并按照前期的设计快速满足需求，减少软件开发成本，保证软件的稳定性。

（7）可用性。可用性是软件上线前必须满足的需求。软件系统的可用性指的是软件开发完成后，其需要满足设计之初的功能需求，如按照前期需求展示正确的数据、处理流程、指定时间内返回数据等。不满足可用性的软件是没法交付使用的。

4.1.3 订单管理系统的功能模块

订单管理系统的主要功能是通过统一订单提供用户整合的一站式供应链服务，订单管理及订单跟踪管理能够使用户的物流服务得到全程满足。

订单管理系统是供应链管理链条中不可或缺的部分，通过对订单的管理和分配，使生产管理、采购管理、仓储管理和运输管理有机结合，稳定有效地实现供应链管理中各个环节充分发挥作用，使仓储、运输、订单成为一个有机整体，满足物流系统信息化的需求。订单管理系统的功能模块如图 4.2 所示。

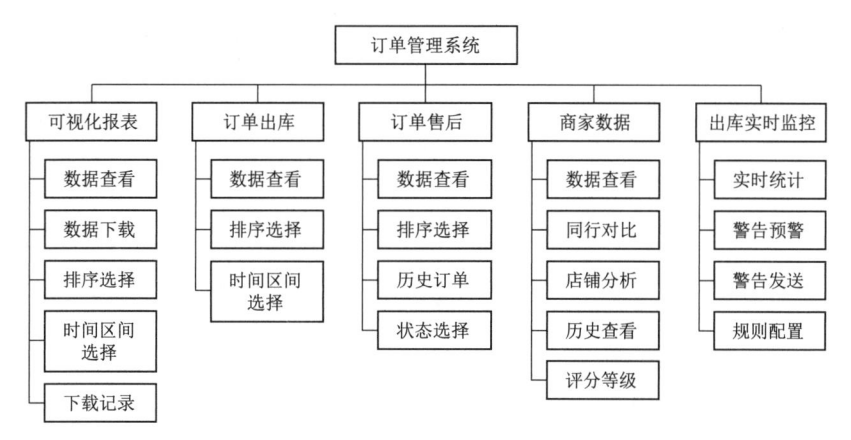

```
订单管理系统
├── 可视化报表
│   ├── 数据查看
│   ├── 数据下载
│   ├── 排序选择
│   ├── 时间区间选择
│   └── 下载记录
├── 订单出库
│   ├── 数据查看
│   ├── 排序选择
│   └── 时间区间选择
├── 订单售后
│   ├── 数据查看
│   ├── 排序选择
│   ├── 历史订单
│   └── 状态选择
├── 商家数据
│   ├── 数据查看
│   ├── 同行对比
│   ├── 店铺分析
│   ├── 历史查看
│   └── 评分等级
└── 出库实时监控
    ├── 实时统计
    ├── 警告预警
    ├── 警告发送
    └── 规则配置
```

图 4.2 订单管理系统的功能模块

（1）可视化报表模块。该模块主要为平台管理人员提供数据支持。例如，运营人员提供对应行业的订单量在指定时间区间内的变化趋势，支持运营人员选择其行业下细分的下一级行业的详细数据查看，同时帮助运营人员快速定位，发现问题，为其提供对应行业的店铺信息。在店铺详细数据部分，运营人员可以按照选择的维度进行排序，查看市场竞争中表现最优秀的商家（TOP 商家）的订单数等信息，并支持数据报表下载。

（2）订单出库模块。该模块提供的是订单出库相关数据，在该模块中，平台管理人员可以查看小时、天、周、月等级别的订单出库数量。与可视化报表模块相似，平台管理人员可以查看其对应行业下店铺出库订单数据。

（3）订单售后模块。该模块与订单出库模块相似，为平台管理人员提供订单售后相关数据。管理人员可以选择对应行业下的数据，也能查看店铺维度数据。同时，该模块支持平台管理人员查看指定订单的处理状态。

（4）商家数据模块。商家数据模块为商家提供其店铺相关数据，包括订单各个状态的数据，并为商家提供相关行业的分析，帮助商家提升服务质量。在允许商家查看其历史订单数据的同时，也根据商家的历史订单为商家分析其对应的评分等级。

（5）出库实时监控模块。该模块为电商平台提供实时出库订单监控，并将统计结果存入数据库，配合后台进行展示。同时为系统提供开关，在淡季或订单量不大的情况下，可以提供关闭实时统计功能。

4.2 仓储管理系统

学习目标：

通过学习，理解仓储管理系统的基本概念，掌握其特点、功能模块与选购要求，学会使用仓储管理系统进行库存管理、出入库操作等基本操作，了解仓储管理系统在企业管理中的应用及其对企业运营的重要性；能够独立操作仓储管理系统，完成库存盘点、订单处理等任务，培养学生的团队协作能力，通过小组讨论、分享经验，提高解决实际问题的效率。培养学生的责任感和敬业精神，使其明白仓储管理工作的重要性，尊重从事此职业的人员，引导学生认识到仓储管理系统在提高企业效益、优化资源配置方面的重要性，培养其节能减排、绿色环保的意识。

任务驱动：

以小组为单位，简易完成仓储管理系统的整体设计。该系统设计需涵盖入库、出库、库存管理、货物追踪及报表生成等核心功能，确保系统高效、稳定地运行。组长需总体协调，确保任务进度，成员需明确职责，高效执行。

知识解析：

根据《物流术语》（GB/T 18354—2021），WMS 指对物品入库、出库、盘点及其他相关仓库作业、仓储设施与设备、库区库位等实施全面管理的计算机信息系统。它是通过入库业务、出库业务、仓库调拨、库存调拨和虚仓管理等功能，对批次管理、物品对应、库存盘点、质检管理、虚仓管理和即时库存管理等功能综合运用的管理系统，有效控制并跟踪仓库业务的物流和成本管理全过程，实现和完善企业的仓储信息管理。该系统可以独立执行库存操作，也可与其他系统的单据和凭证等结合使用，可提供更为完整的企业物流管理流程和财务管理信息。

4.2.1 仓储管理系统的特点

WMS 可以独立执行库存操作，也可以实现物流仓储与企业运营、生产、采购、销售智能化集成，可为企业提供更为完整的物流管理流程和财务管理信息。具体来说，WMS 具有以下特点：

(1) 库位精确定位管理、状态全面监控，充分利用有限仓库空间。

(2) 货品上架和下架全智能，按先进先出自动分配上下架库位，避免人为错误。

(3) 实时掌控库存情况，合理保持和控制企业库存。

(4) 通过对批次信息的自动采集，实现了对产品生产或销售过程的可追溯性。

更为重要的是，条码管理促进公司管理模式的转变，从传统的依靠经验管理转变为依靠精确的数字分析管理，从事后管理转变为事中管理、实时管理，加速了资金周转，提升供应链响应速度，这些必将增强公司的整体竞争能力。

4.2.2 仓储管理系统的功能模块

WMS 在智慧仓储的管理中心发挥了出入库管理、盘库管理、查询打印及显示、仓库经济技术指标计算分析管理等作用。WMS 的基本功能如图 4.3 所示。

```
                                WMS

   ● 多安全管理        ● 按物料信息查询库存    ● 系统作业流水查询    ● 盘点
   ● 基础信息管理      ● 按货位信息查询库存    ● 入库数据录入        ● 移库
   ● 入库操作          ● 入出库流水查询        ● 作业数据查询        ● 拣货
   ● 入库管理          ● 报表统计              ● 库存维护
   ● 出库操作          ● 空托盘查询            ● LED显示屏提示信息
   ● 订单管理          ● 空货位查询            ● 出库发货确认
   ● 发货出库          ● 货位状态查询          ● 系统管理
   ● 其他出库          ● 货架明细表            ● 库存统计
```

图 4.3　WMS 的基本功能

WMS 能控制并跟踪仓库业务的物流和成本管理全过程，实现完善的企业仓储信息管理。该系统可以独立执行库存操作，也可以与其他系统的单据和凭证等结合使用，可提供更为全面的企业业务流程和财务管理信息。

WMS 可实现以下功能：

（1）系统可满足为 2C（商家对顾客）业务服务的国内电商仓、海外仓、跨境进口保税备货模式（BBC）保税仓，以及为 2B（商家对商家）业务服务的各类仓库业务管理需要。

（2）系统可支持多仓协同管理，并针对单仓进行个性化流程配置，根据 B2B、B2C 业务需要，实现简单管理和精细化管理。

（3）系统可提供收货、入库、拣货、出库、库存盘点、移库等各种仓库操作功能。

（4）系统可提供多样化策略规则，实现智能分仓、智能上架、智能拣货。

（5）系统可支持自动识别技术，与自动分拣线、自动拣货小车等物流辅助设备集成，提高仓库作业自动化水平。

（6）系统指引仓库人员作业，作业效率更高，同时减少了人为差错。

（7）仓库管理模式以系统为导向，可确保库存的准确率，操作效率高。合理控制库存，提高资产利用率，降低现有操作规程和执行的难度。

（8）易于制订合理的维护计划，数据及时，成本降低，为管理者提供正确的决策依据。

当然，不同的软件公司开发出的 WMS，其功能也会有差异。

4.2.3　仓储管理系统软件的选购

随着社会经济的快速发展，高新技术不断涌现，现代物流企业的竞争越来越激烈，对管理的需求也越来越高。因此，选择一款合适的 WMS 软件成为现代物流企业的助攻"利器"。市场上的 WMS 软件供应商非常多，有些是专门从事项目开发的，有些是专注于研发的。因此，企业在选购 WMS 软件时，可以从以下几个方面来考虑：

1. 供应商选择

任何系统都是在不断吸取各种各样客户经验的基础上，加上开发人员的辛勤努力及测试人员严格把关之后不断发展出来的，因此，企业在选择仓库管理系统软件时，要细心调查软件供应商的客户经验所来自的行业。每个供应商都会有其专注的行业，最好选择在仓储物流行业里专注于研发的企业。

2. 需求梳理

这里将需求分为两类：一类是企业目前在仓库管理中遇到的问题；另一类是企业存在的一些潜在问题。

（1）梳理企业现有管理问题。这类问题主要是出现在具体业务管理中，例如，收货、拣货和运输常常出错；放错储位或货物丢失，以致需要很长时间查找货物；记录方式比较落后，依然需要手工进行；存在批次跟踪难和货架使用率低的问题；仓库空间利用率低等。这些问题都是仓库管理过程中的常见现象，都是非常影响仓储作业效率的，梳理的时候一定要把类似的问题都考虑好。

（2）梳理企业潜在问题。这类问题通常被发现于流程的优化过程中，一般通过 WMS 设计不断清晰明朗化，通过问题的不断发现与解决，如此迭代进行。对于潜在问题的梳理应当遵循立足于自身问题、分阶段实施的原则。

3. 降低实施成本

国内 WMS 软件供应商众多，每家供应商都各有自身的特色，同时每家供应商的定位不一样，对行业的理解不一样，软件优势所体现的行业也不一样。因此，企业在选择软件供应商时，应该按照自身的实际情况和费用预算进行对比选择。

另外，在系统正式实施之前，需要企业认知并做到以下两点。

（1）要逻辑地细化管理理念，使之与 WMS 的详细设计相契合，调和技术实现上的差异，这是信息化执行实施的直接前提保障。

（2）在实施过程中，要不断调整员工观念，积极地与供应商不断交流，以实现有效的系统设计。

4.3 仓储控制系统

学习目标：

能够独立操作仓储控制系统，熟悉其基本概念与作用，了解仓储控制系统的特点、功能模块及运行原理，能够独立操作系统完成任务指令下发，处理好各仓储作业流程之间的关系，培养学生运用信息技术解决实际问题的能力，提高数据处理与分析技能，培养学生对仓储控制系统的兴趣，激发其学习热情，使其主动参与课堂学习。

> **任务驱动：**

以小组为单位，各成员协同设计仓储控制系统，需以真实企业仓库为例，确保各功能模块与 ERP 系统、WMS 系统及设施设备的相辅相成，体现智慧仓储管理的无人化、数字化，满足现代仓储管理的多样化需求。

> **知识解析：**

仓库控制系统（Warehouse Control System，WCS）是介于 WMS 和可编程逻辑控制器（Programmable Logic Controller，PLC）之间的一层管理控制系统，可以协调各种物流设备如输送机、堆垛起重机、穿梭车及机器人、自动导引车等物流设备之间的运行，主要通过任务引擎和消息引擎，优化分解任务、分析执行路径，为上层系统的调度指令提供执行保障和优化，实现对各种设备系统接口的集成、统一调度和监控。

WCS 是位于 WMS 与物流设备之间的中间层，负责协调、调度底层的各种物流设备，使底层物流设备可以执行仓储系统的业务流程，并且这个过程是按照程序预先设定的流程执行，是保证整个物流仓储系统正常运转的核心系统。

4.3.1 仓储控制系统的特点

WCS 具有以下显著特点：

（1）明确了 WMS 与设备无关的概念，结构清晰，易于维护。

（2）理清了 WMS 与监控系统的职责，各司其职，避免交叉。

（3）对于大型物流中心，大大减少了联合调试的时间。

（4）系统稳定性大大加强。

（5）便于远程部署 WMS，尤其是云端系统的部署变得可行。

WCS 是智慧仓储的控制中心，沟通并协调管理计算机、堆垛起重机、出入库输送机等的联系；控制和监视整个智慧仓储的运行，并根据管理计算机或自动键盘的命令组织流程，以及监视现场设备运行情况和状态、货物流向及收发货显示。

WCS 是仓库内各种设备、子系统密切配合，完成一个完整的仓库作业的前提。

WCS 根据任务拆分后的步骤，可同时调度所有设备，节省人力，使仓库运行效率最大化。WCS 在拆分 WMS 任务时，通过特定的算法来合理地将仓库资源分配给各子系统，提高仓库资源利用率。

WCS 统一监测仓库内所有设备的运行状态，方便管理、维护，同时为仓库的优化升级提供参考信息。

4.3.2 仓储控制系统的功能模块

WCS 与上位系统对接，实现设备智能调度与控制管理，WCS 接收 WMS 的作业指令，经过整理、组合形成各自动化系统的作业指令，分发给各自动化系统。同时，接收各自动化系统的现场状态，反馈给 WMS。WCS 的主要功能包括任务管理、设备调度、设备监控、物流监控、故障提示、运行记录等。

(1) 任务管理：接收 WMS 传递的物流任务计划，并实时反馈任务状态。

(2) 设备调度：协调输送系统与设备之间的运行，完成 WMS 下达的任务，并能调度输送设备回到初始位置。

(3) 设备监控：实时监控与 WMS 的连接状态，监控物流设备的运行状况与任务执行情况，实现执行过程实时模拟。

(4) 物流监控：物品状态的在线查询，通过设备编号来查询、显示相应的物品信息和设备信息。

(5) 故障提示：设备出现故障时，单击设备图标，可以查看故障原因。

(6) 运行记录：详细记录设备运行情况，包括对设备通信的记录、设备故障记录及操作记录。

仓库中的各种设备和子系统各自负责仓库作业流程中的一个环节，当 WMS 下发一个任务时，WCS 将这个任务拆分为多个步骤，分别控制每个设备和子系统，配合完成这个任务。WMS 一般会根据生产或发货计划，在特定的时间批量下发任务到仓库，WCS 接收到多个任务后，其任务引擎会将所有任务根据执行步骤拆分为许多子任务，一旦某个子任务满足执行条件，WCS 就控制负责这个环节的设备或子系统来完成这个动作，从而实现 WMS 任务的并行执行。

企业 ERP、WMS 与 WCS 的关系如图 4.4 所示。

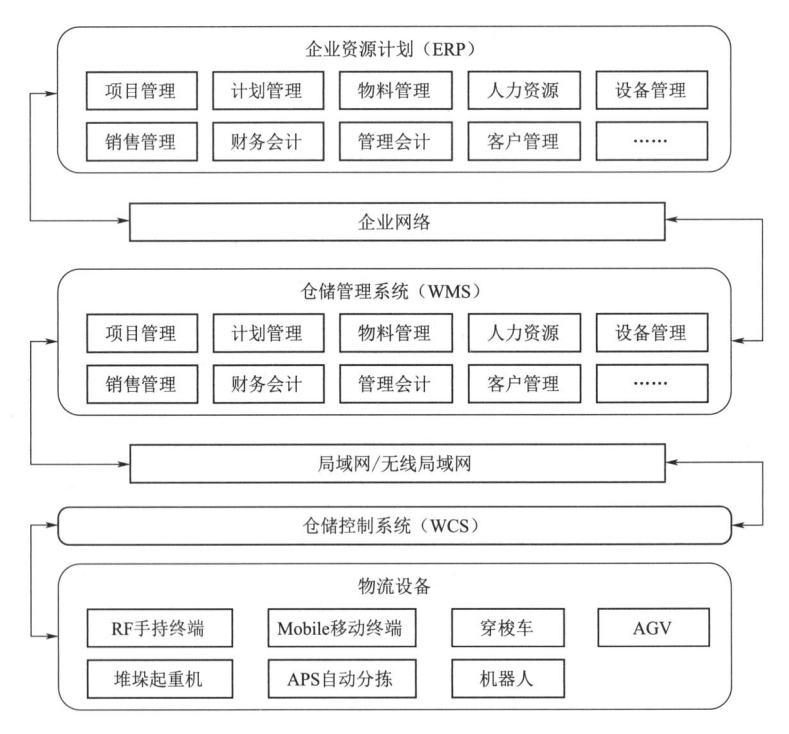

图 4.4 企业 ERP、WMS 与 WCS 的关系图

4.3.3 仓储控制系统的运行原理

WCS 的作用主要是通过与物流设备建立某种通信协议，协调、调度自动仓储系统中的各种物流设备。要达成这一目标，必然要和这些设备建立某种通信机制。WCS 系统分层控制如图 4.5 所示。

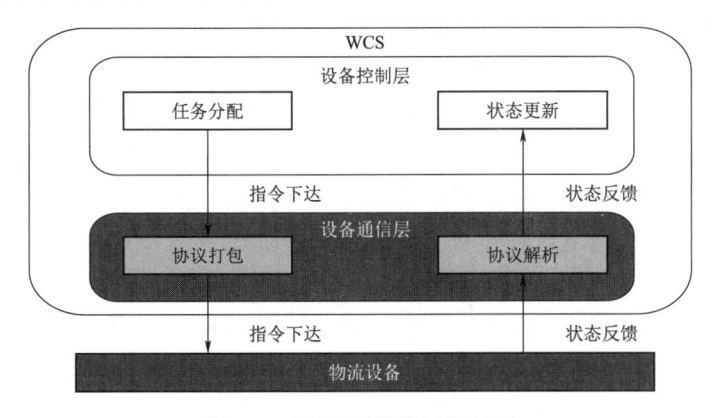

图 4.5 WCS 系统分层控制图

要建立这种通信机制，应解决 WCS 与底层物流设备之间的通信问题。这就要与每种设备间建立一种通信协议，即通常所说的接口协议。通信协议是一种逻辑结构，主要包括图 4.6 所示的关键点。

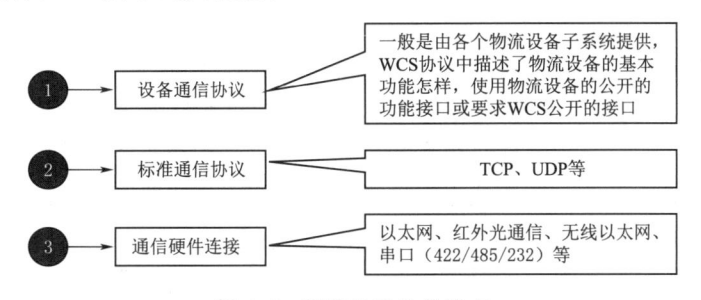

图 4.6 通信协议的关键点

需要注意的是，WCS 通常并不直接控制物流设备的动作，而只是协调多种设备的工作。因为每一个设备都有自身的控制系统，在自动化系统中最常见的就是 PLC（可编程逻辑控制器），WCS 只需要和 PLC 中的控制程序通信即可。

其次，如果系统中的每一个设备都可以自主地完成某个特定流程（设备自主的控制程序相对比较稳定，并拥有成熟的优化算法），则 WCS 只需接收 WMS 任务发送，根据本库房作业流程的特点，制定合理的分配策略或执行策略来发送协调指令，以减少整个系统的通信量，从而提升整个系统运行的效率和可靠性。

WCS 可实现的效益如图 4.7 所示。

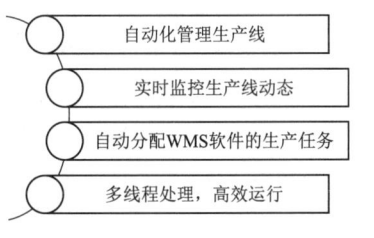

图 4.7 WCS 可实现的效益

4.4 主题任务：自动化立体库 WMS 的优化

作为自动化立体仓库的 WMS 系统，除了要求具备普通的 WMS 功能外，还有很多特别之处。比如组盘要求、货位均衡、实时性要求、故障处理、在线拣选、货位锁定、与 WCS 的接口等。自动化立体仓库 WMS 的特性有很多，如盘库策略和方法、货位的优先级管理、双深度货位管理等，需要开发设计时在功能上予以考虑。本主题任务项目将根据智慧仓储软件系统的功能模块、特性等知识点，对北领物流黄陂仓的小电仓进行软件系统选型，使学生熟悉和掌握 WMS、WCS 系统的主要功能模块和操作流程，也可以考虑自己设计一些模块出来，进行流程优化。

作为立体库的 WMS 系统，除了要求具备普通的 WMS 功能外，还有很多特别之处。主要包括：

（1）组盘要求。组盘要求非常严格，绝对不能超差和超重，这是 AS/RS 系统的显著特点。AS/RS 有尺寸和重量监测装置，要求这两项均不超过设定值。

（2）货位均衡。自动化立体仓库基于作业安全和效率的考虑，对货位分配有特别的要求。一般情况下，要求同一 SKU 的多个托盘被均匀分配到不同巷道，在整个作业过程中各巷道的托盘数基本相同。这是与普通的仓库管理系统不同的地方。

（3）实时性要求。一方面堆垛机完成每个作业的时间并不相同；另一方面由于故障等原因，会导致分配的任务并不能按时完成，从而打乱了原先的分配原则。这时要求 WMS 系统根据实时情况分配货位。此外，由于堆垛机是自动完成作业的，所以 WMS 要实时记录货位的变化，避免出现账实不符。

（4）故障处理。WMS 故障类型很多，主要有两类故障需要处理：第一类是货位空故障。出库时，当记录的货位有托盘，但实际监测没有，造成账实不符。这一类故障将直接影响发货，而系统也需要进行处理。一般情况下，处理此类错误首先需要人工确认监测结果是否正确。如果属于监测错误，则应修复设备，排除故障，重新作业；如果检测无误，则要求重新分配货位，并对当前货位进行跟踪处理。第二类是货位满故障。入库时，当记录的货位无货物，但实际监测有托盘，造成账实不符。这一类故障影响入库作业，处理此类错误首先需要人工确认监测结果是否正确。如果属于监测错误，则应修复设备，排除故障，继续作业；如果检测无误，则要求重新分配货位并对当前货位的货物进行跟踪，修复库存。此外的故障还有库存不准确等，也需要处理，维持库存准确是保证作业流畅的前提。

（5）在线拣选。在线拣选是 AS/RS 系统的一项重要功能，WMS 对此要有相应支持。在线拣选采用波次拣选时，要求减少堆垛机作业次数，一次完成整个波次的拣选。在线拣选完成后，面临托盘回库的问题。有两种策略：一是回到原货位，二是重新分配货位。不管采用哪种策略，WMS 将担负管理货位和分配货位的责任。如果拣选完成后成了空托盘，堆垛机可将空托盘自动收集成垛存放在靠近拣选位的某个空货格内。

（6）货位锁定。货位锁定对于 AS/RS 系统非常重要。有时是因为堆垛机故障需要锁定货位，有时是因为其他原因需要锁定。WMS 系统应提供自动和手工锁定货位的功能。

（7）货位状态管理。AS/RS 系统的货位状态有很多种，如空货位、满货位、入库状态、出库状态、锁定状态，此外还要根据实际应用设计其他状态。

（8）与 WCS 接口。除与 ERP 有接口外，WMS 必须与自动化监控系统 WCS 有接口。由于系统和设备的多样性，接口也具有多样性。WCS 将 WMS 与设备隔离开来，实现了 WMS 与设备无关，进而简化 WMS 的设计、发布和维护。

立体库 WMS 的特性还有很多，如盘库策略和方法、货位的优先级管理、双深度货位管理等，需要开发设计时在功能上予以考虑。

OMS 以订单为主线，对具体物流执行过程实现全面和统一化的计划、调度和优化，可以满足订单接收、订单拆分与合并、运送和仓储计划制订、任务分配、物流成本结算、事件与异常管理及订单可视化等不同需求。WMS 可以独立执行库存操作，也可以实现物流仓储与企业运营、生产、采购、销售智能化集成，可为企业提供更为完整的物流管理流程和财务管理信息。WCS 的作用主要是通过与物流设备建立某种通信协议，协调、调度自动仓储系统中的各种物流设备。要达成这一目标，必然和这些设备建立某种通信机制。OMS 与 WMS、TMS 物流执行模块紧密结合，可大幅提升供应链物流执行过程的执行效率，有效降低物流成本，并帮助实现供应链执行的持续优化。

复 习 思 考 题

1. 什么是 OMS？其主要特点有哪些？
2. 简述 OMS 的功能模块。
3. 什么是 WMS？其主要特点和功能模块是什么？试举例说明如何选购 WMS 软件。
4. 什么是 WCS？其主要特点是什么？
5. 试论述 ERP、WMS、WCS 三者之间的关系。

第 5 章 智慧仓储作业流程

学习目标与要求

1. 知识目标

(1) 了解货物入库、在库储存、出库准备各阶段的工作要领。

(2) 熟悉智慧仓储入库、在库储存、出库的原则和要求。

(3) 掌握智慧仓储入库、在库储存、出库的程序和方法。

2. 能力目标

(1) 具备利用智慧仓储作业 WCS 系统、WMS 完成智慧仓储作业的能力。

(2) 具备智慧仓储作业硬件、软件运行维护、应急处理的能力。

(3) 具备智慧仓储作业流程评价、改进、设计的能力。

3. 素质目标

(1) 树立"降本增效"的工作意识。

(2) 培养学生技术创新精神。

(3) 培养学生精益求精的工匠精神。

导入案例

HY 智慧物流运营中心

智慧物流运营中心方案设计完全以企业现代物流中心真实业务背景为依据，充分体现物流中心真实的业务运作、岗位作业、流程交接和内部管理过程，真实还原国内外现代化物流中心的运作环境。同时场地与实际办公用品物资领用场景进行有机的结合，从系统上实现工业级实景主题任务系统与办公用品领用系统的兼容与共用。

智慧物流运营中心方案采用 U 形动线设计，出入库门集中在月台（物流中心）的同侧，可使空间利用率最大化。U 形动线只需在物流中心其中一边预留货车停泊及装卸货车道，一方面，可以更有效利用物流中心外围空间；另一方面，也可以集中货台管理，减少场地内人员数目。

智慧物流运营中心基于 U 形动线，对中心（物流中心）功能区进行规划，自入库口开始至出货口依次为：伸缩输送卸货区、机械手码盘区、料箱及货笼车暂存区、AGV 充电控制及停靠区、四向穿梭车存储区、多层穿梭车存储区、机械手拆盘区、KIVA 补货/多穿货到人拣选区、KIVA 料架停靠区、KIVA 货到人拣选区、自动分拨区、自主提货区、AGV 运行、人员作业及参观通道。各区块之间相对独立但又相互关联，物流信息流贯穿其间，将整个主题任务室有机地连为一体。此次主题任务室建设均采用工业级设备，采用的各种设备的制造、检验、安装均符合国家、行业标准及国际标准的要求。

智慧物流运营中心方案布局如图 5.1～图 5.3 所示。

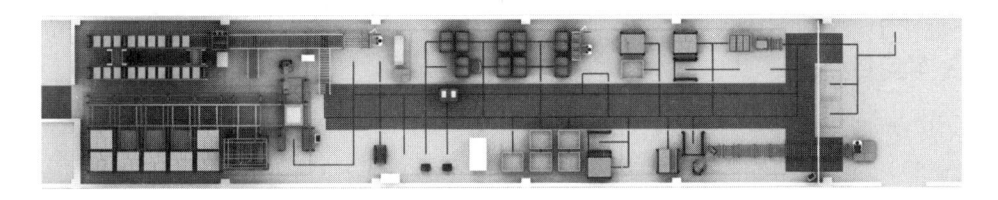

图 5.1 智慧物流运营中心示意图 1

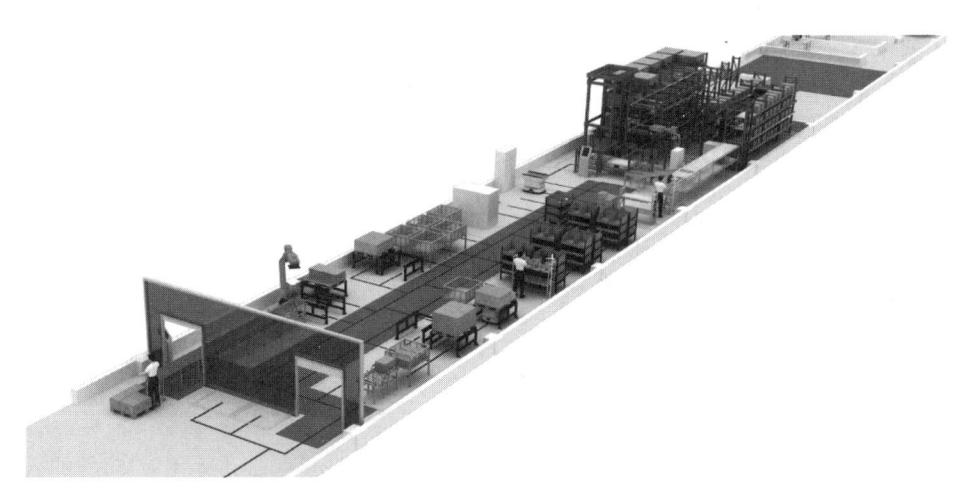

图 5.2 智慧物流运营中心示意图 2

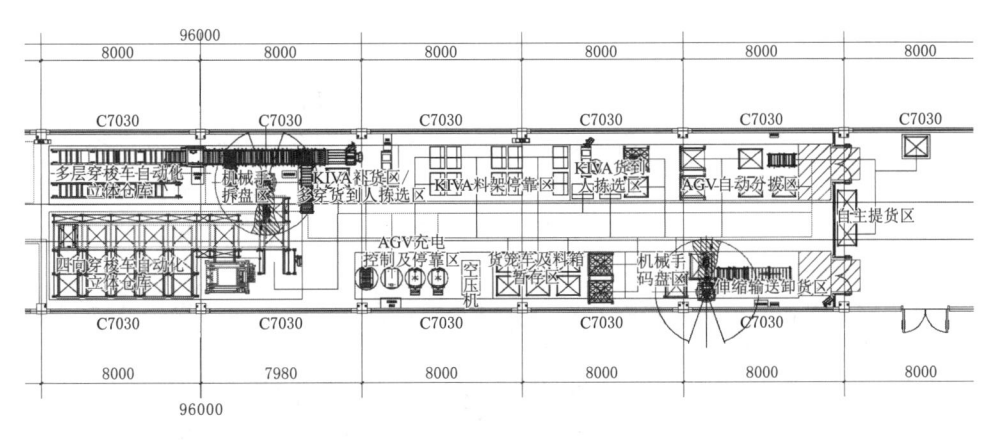

图 5.3 智慧物流运营中心规划布局 CAD 示意图（单位：mm）

案例讨论：智慧物流运营中心的作业流程有哪些？

仓储管理的内容包括仓储系统的布局设计、库存最优控制、仓储作业操作。这是3个层面的问题，彼此又有联系。仓储作业至关重要。仓储作业过程主要由入库作业、在库作业及出库作业组成。按其作业顺序可详细分为接车、卸车、理货、检验、入库、储存、保管保养、装卸搬运、加工、包装和发运等作业环节。本书中将按照智慧仓入库作业、在库作业、出库作业的顺序展开介绍。

5.1 智慧仓储入库作业流程

学习目标：

1. 知识目标
（1）了解货物入库的工作要领。
（2）熟悉智慧仓储入库原则和要求。
（3）掌握智慧仓储入库的程序和方法。

2. 能力目标
（1）具备利用智慧仓储作业WCS系统、WMS完成智慧入库作业的能力。
（2）具备智慧仓储作业硬件、软件运行维护、应急处理的能力。
（3）具备智慧仓储入库作业流程评价、改进、设计的能力。

3. 素质目标
（1）树立"降本增效"的工作意识。
（2）培养学生的技术创新精神。
（3）培养学生精益求精的工匠精神。

5-1 HY智慧物流运营中心作业流程视频

任务驱动：

以小组为单位总结HY智慧物流中心的入库方式和流程，并运用VISIO的入库作业流程绘制功能，绘制入库流程图。

知识解析：

根据中华人民共和国物流行业标准《智能仓储管理规范》（WB/T 1138—2023）中强调入库准备应通过系统的智能预约功能对月台、卸货区、叉车、集装器等仓储资源进行分配与调度，采用选定的编码规则对入库物品进行编码，将编码信息导入信息系统。

关于智慧仓储入库作业的特征描述如下：
（1）宜采用智能技术检查物品外观及包装是否完好，核对现场物品名称、数量等信息是否与系统一致。
（2）在收货区宜采用智能设备将物品按要求置于单元化集装器具中。
（3）应通过信息系统根据物品信息、作业流程等进行货位的智能指派、入库设备的调度和任务分配。

（4）入库作业完成后应及时更新系统信息。

根据上述行业标准，本书以智慧物流中心为例讲解具体的入库作业。

智慧物流运营中心（以下简称中心）方案是基于现有场地可用空间进行设计，并与办公用品的物资领用场景进行有机的结合。中心以东侧南门为起始点，东侧北门为终点，通过动线将各个区域有效连接，使各个系统有机地联系在一起。

5.1.1 伸缩输送卸货区及作业流程

伸缩输送卸货区配置了自动伸缩输送机、料箱辊筒输送机、固定式条码阅读器等设备。物资到货后，作业人员将自动伸缩输送机拉伸至门口，并将物资以件的形式搬运至自动伸缩输送机上，物资经过自动伸缩输送机输送、固定式条码阅读器扫描条码，最终在料箱辊筒输送机上进行缓存，等待码盘机械手进行码盘作业。伸缩输送卸货区作业流程如图 5.4、图 5.5 所示。具体作业流程如下：

（1）将到货物资信息录入 WMS 仓储管理系统中。

（2）车辆到达物流中心。

（3）对货物进行到货验收。

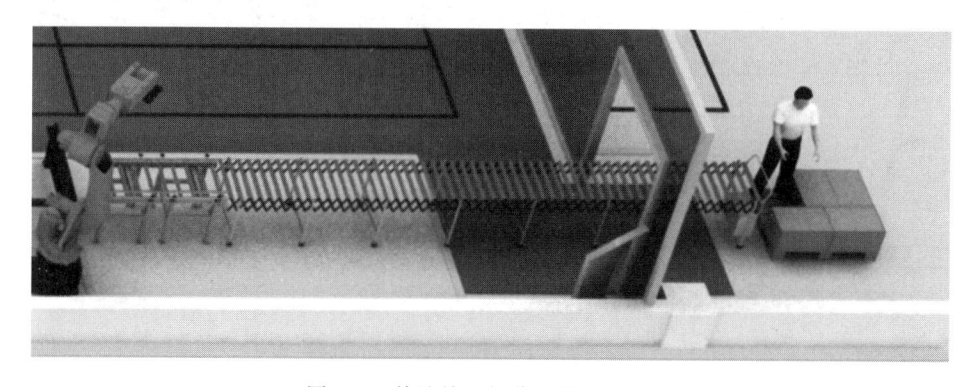

图 5.4 伸缩输送卸货区作业示意图

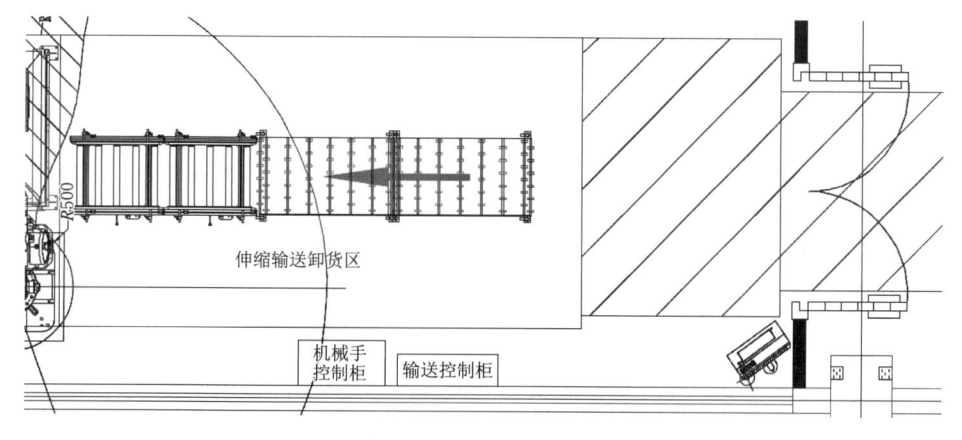

图 5.5 伸缩输送卸货区作业 CAD 示意图

(4) 将到货物资进行换装至 600mm×400mm×300mm 尺寸的纸箱，并使用手持扫码枪将货物信息与纸箱条码进行绑定，发送入库申请，等待入库。

(5) 开启入库门。

(6) 拉长伸缩输送，并将伸缩输送按照合适的线路摆放好。

(7) 卸车时将货物逐箱放在伸缩输送上。

(8) 伸缩输送启动，将货物输送至机械手抓取工位。

5.1.2 机械手码盘区及作业流程

伸缩输送卸货区作业示意图如图 5.6 所示。伸缩输送卸货区作业 CAD 示意图如图 5.7 所示。此区域配置了码盘机械手、托盘接驳站台等设备。此区域设置了两个码盘工位，同时能够满足两种 SKU 入库的码盘作业。自动伸缩输送机将到货物资输送至料箱辊筒输送机上进行缓存后，系统调度机械手将物资从料箱辊筒输送机抓取并码盘至托盘接驳站台上的托盘上，直至码盘完成，等到 AGV 搬运。具体作业流程如下：

图 5.6 伸缩输送卸货区作业示意图

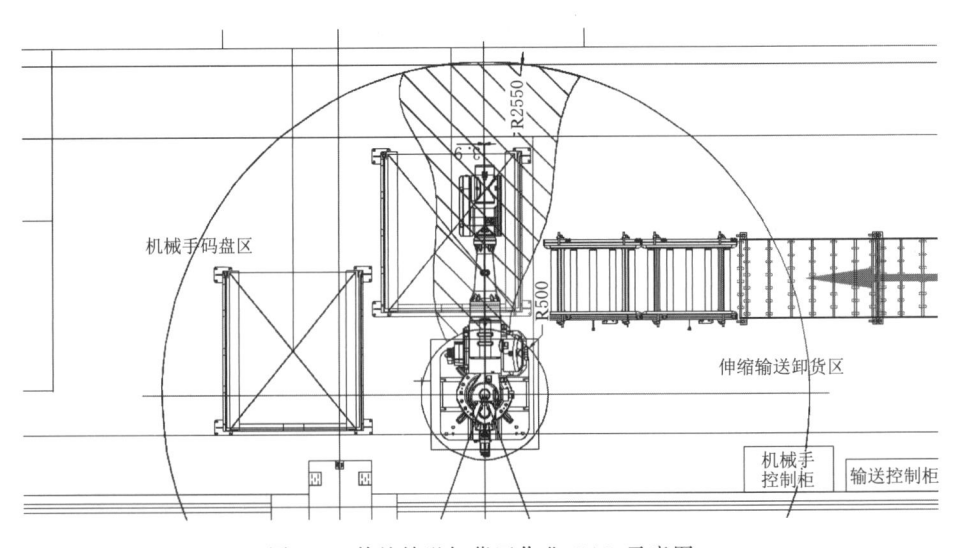

图 5.7 伸缩输送卸货区作业 CAD 示意图

（1）货物在输送过程中经过固定式条码阅读器识别条码信息，并将条码信息反馈至 WMS 仓储管理系统，WMS 仓储管理系统根据条码信息，分配货物存储位置；同时，向 WCS 仓储控制系统发送空托盘出库指令，WCS 调度四向车、提升机将空托盘出库，并由 AGV 调度系统调度托盘搬运 AGV 将空托盘搬运至机械手码盘工位。

（2）WMS 仓储管理系统根据条码信息以及存储位置，向机械手发送码盘指令；机械手根据码盘指令将货物码放在对应的托盘上；共设置两个码盘工位，支持两种货物同时卸货码盘。

（3）码盘完成后信息回传至 WMS 仓储管理系统。

（4）WMS 仓储管理系统向 AGV 调度系统发送搬运指令，AGV 调度系统调度托盘搬运 AGV 前往接驳站台取货，并将托盘货物搬运至四向车入库站台，搬运作业完成，信息回传至 WMS 仓储管理系统。

5.1.3　四向穿梭车存储区及作业流程

KIVA 补货区/多穿货到人拣选区及作业流程示意图如图 5.8 所示。KIVA 补货区、多穿货到人拣选区及作业流程 CAD 示意图如图 5.9 所示。四向穿梭车自动化立

图 5.8　KIVA 补货区/多穿货到人拣选区及作业流程示意图

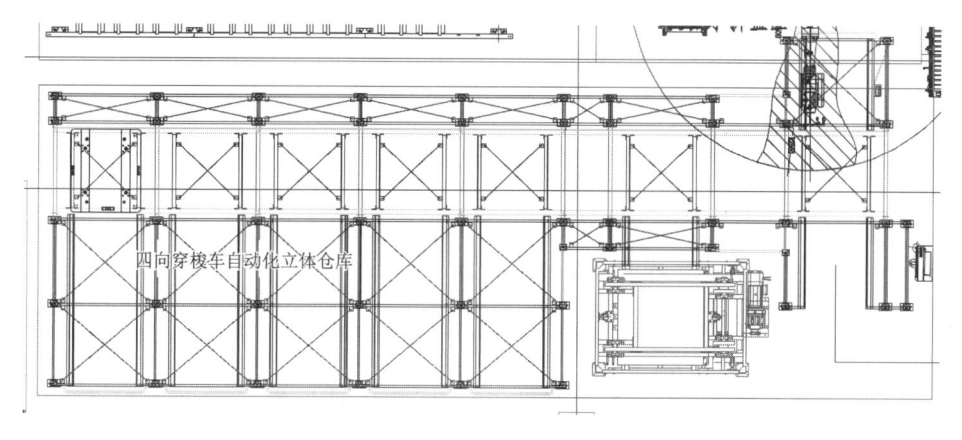

图 5.9　KIVA 补货区、多穿货到人拣选区及作业流程 CAD 示意图

体仓库区域用于码盘后托盘物资的存储及出入库，配置了四向穿梭车、提升机、四向穿梭车货架、定位码、充电系统、托盘、固定式条码阅读器等设备，用于满足四向穿梭车存储区物资存储、物资出入库等需求。具体作业流程如下：

（1）WMS仓储管理系统根据托盘搬运AGV反馈信息，向WCS发送入库任务。

（2）若入库储位位于四向穿梭车自动化立体仓库一层，WCS仓储控制系统调度四向车前往入库站台取货，并将托盘物资搬运至相应的存储上存储。

（3）若入库储位位于四向穿梭车自动化立体仓库二层、三层，四向车前往入库站台取货，并将托盘物资搬运至提升机内，通过提升机提升至对应层，四向车将货物搬出提升机，并搬运至相应的储位上进行存储，入库作业完成，信息回传至WMS仓储管理系统。

（4）出库任务下发，若出库任务为整托盘出库，四向车、提升机配合将托盘物资搬运至出库站台，由托盘搬运AGV搬运至出库分拨区，等待出库。若出库任务为拆单出库，则进入机械手拆盘区作业流程。

5.2　智慧仓储在库作业流程

学习目标：

1. 知识目标

（1）了解货物在库的工作要领。

（2）熟悉智慧仓储在库原则和要求。

（3）掌握智慧仓储在库作业的程序和方法。

2. 能力目标

（1）具备利用智慧仓储作业WCS系统、WMS完成智慧在库作业的能力。

（2）具备智慧仓储硬件、软件运行维护、应急处理的能力。

（3）具备智慧仓储在库作业流程评价、改进、设计能力。

3. 素质目标

（1）树立"降本增效"的工作意识。

（2）培养学生的技术创新精神。

（3）培养学生精益求精的工匠精神。

任务驱动：

详见5.1节资源，以小组为单位总结HY智慧物流中心的在库作业种类和流程，并运用VISIO的在库作业流程绘制功能，绘制在库流程图。

知识解析：

根据中华人民共和国物流行业标准《智能仓储管理规范》（WB/T 1138—2023）中强调智慧仓储在库作业的特征和要求有：

（1）应通过智能技术和信息系统对物品储存的时间和状态进行实时监控，实时查询物品的存放位置、库存情况、库内移动轨迹和其他相关信息，对物品进行精准定位和库存管理．储存状态异常时，系统应自动报警，提醒仓储人员及时处理、调整储存方案。

（2）对储存时间有特殊要求的物品，应在信息系统内设置预警天数，出现逾期时系统应发出预警。

（3）对储存环境有特殊要求的物品，应设置现场传感器，对仓储现场环境数据进行实时采集分析，并通过实时监控系统对库内环境进行动态评估和管控。

（4）库内环境进行动态评估和管控库内各区域、库位、设备、物品宜实现可视化管理。

（5）有多个仓库时，应通过信息系统实现多仓库内物品的库存共享。

（6）宜运用多种盘点策略自动生成盘点计划，宜采用智能设备进行盘点。

（7）库内分拣应通过信息系统根据出库单及物品信息分析给出拣选方案，并通过系统的智能预约功能依据拣选方案对相关设备进行调度和任务分配。

根据上述行业标准，本书以智慧物流中心为例讲解具体的在库作业。

5.2.1　机械手拆盘区及作业流程

机械手拆盘区及作业流程示意图如图 5.10、图 5.11 所示。此区域设置拆盘机械手、料箱辊筒输送等设备，出库分拣任务下发后，通过四向穿梭车、提升机将托盘物资搬运至四向车出库站台进行缓存，机械手自动将托盘货物拆分成单件货物，并输送至多层穿梭车入库站台，等待入库。拆完后的空托盘，通过四向车、提升机搬运至四向穿梭车存储区进行存储。具体作业流程如下：

图 5.10　机械手拆盘区及作业流程示意图

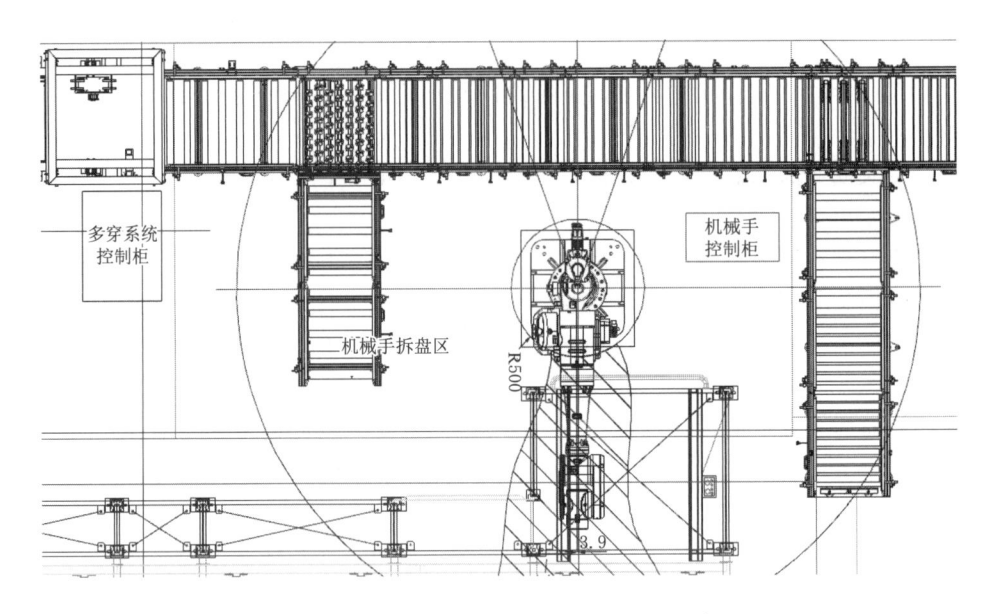

图 5.11 机械手拆盘区及作业流程 CAD 示意图

（1）拆盘任务下发。

（2）WMS 仓储管理系统根据拆盘任务，向 WCS 仓储控制系统发送出库指令。

（3）WCS 调度四向车、提升机配合将托盘物资搬运至机械手抓取工位，信息回传至 WMS。

（4）WMS 向拆盘机械手发送拆盘指令，拆盘机械手根据拆盘指令将相应的货物逐箱拆盘至多层穿梭车入库输送上，直到当前托盘全部拆盘完毕，拆盘作业完成，信息回传至 WMS 系统。

（5）WCS 调度四向车、提升机将空托盘搬运至四向车库内进行存储，回库作业完成，信息回传至 WMS 系统。

5.2.2 多层穿梭车存储区及作业流程

多层穿梭车存储区及作业流程如图 5.12 所示。多层穿梭车存储区及作业流程 CAD 示意图如图 5.13 所示。多层穿梭车自动化立体仓库区域用于存放拆盘后待出库分拣的货物，主要配置有高精度单深位穿梭车货架、智能高速巷道穿梭车、智能高速料箱提升机、多穿入库站台等设备。具体作业流程如下：

（1）拆盘后的纸箱货物经过辊筒输送、佛莱轮移载机等不同类型的一系列输送搬运至多层穿梭车（以下简称多穿）提升机处。

（2）货物输送过程中经过固定式条码阅读器识别箱式货物上的条码信息，并上传至 WMS 仓储管理系统；WMS 仓储管理系统根据货物信息对该货物进行储位规划，并向 WCS 系统发送入库任务。

（3）提升机根据 WCS 指令将箱式货物提升至对应层，交接至多穿出入库站台上。

（4）对应层的多穿车启动，前往入库站台处将箱式货物搬运至 WMS 仓储管理系统规划好的货位上；信息回传至 WMS 仓储管理系统，入库完成。

图 5.12　多层穿梭车存储区及作业流程示意图

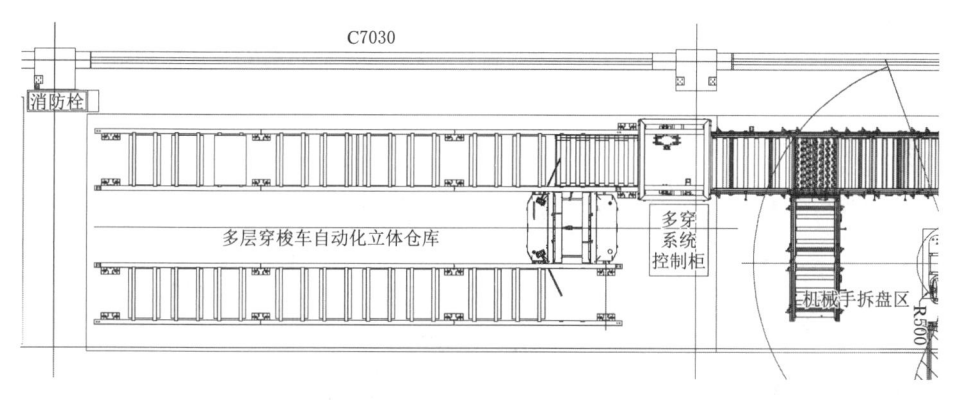

图 5.13　多层穿梭车存储区及作业流程 CAD 示意图

5.2.3　KIVA 补货区/多穿"货到人"拣选区及作业流程

KIVA 补货区/多穿"货到人"拣选区及作业流程如图 5.14～图 5.16 所示。此区域共配置了人工拣选台、整箱出库站台、拣选订单墙等设备。其中，人工拣选台用于 KIVA 货架补货，并同时支持多穿"货到人"一对多拣选。整箱出库站台用于办公用品整件出库，通过辊道 AGV 搬运至自动分拨区，方便领取货物人员对货物的领取。具体作业流程如下：

（1）补货任务、拣选订单、出库任务下发。

（2）若为整箱出库任务，WMS 向 WCS 发送出库指令，WCS 调度多穿车、提升机将整箱物资进行出库，由输送搬运至整箱出库站台，辊筒 AGV 将其搬运至出库输送上，等待教师领取。

（3）若为拣选订单，拣选任务下发后，拣选人员搬运对应数量的空订单箱放置在订单拣选墙货格中，对订单进行空订单箱关联；同时，WMS 向 WCS 发送出库指令，WCS 调度多穿车、提升机将整箱物资进行出库，由输送搬运至人工拣选台；拣选人员扫描箱子条码，再根据智能触控终端的提示，拣选相应数量的货物放置亮

127

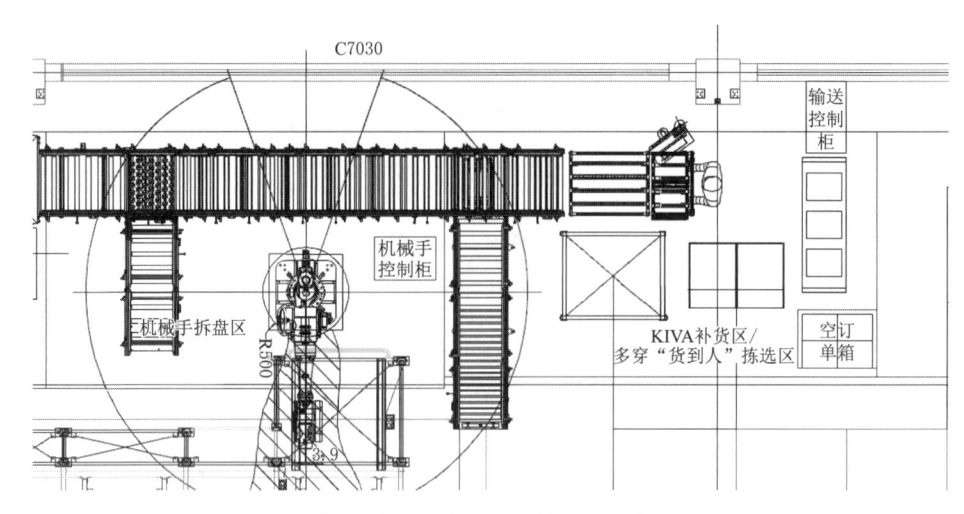

图 5.14 KIVA 补货区/多穿"货到人"拣选区及作业流程 CAD 示意图

图 5.15 多穿"货到人"拣选区及作业流程示意图 1

图 5.16 多穿"货到人"拣选区及作业流程示意图 2

灯的订单箱中,然后拍灭电子标签;重复该步骤至该物料箱的拣选任务完成;启动返库按钮,该物料箱进入下层输送进行返库;订单墙的订单拣选完成后,拣选人员打印面单信息粘贴至对应的订单箱,并将订单箱码放至货笼车内;码放完成后,点击"出库",由 AGV 搬运至出库分拨区,等待出库。

(4)若为补货任务,AGV 调度系统调度 KIVA 机器人前往 KIVA 料架停靠区,顶起需要补货的料架前往人工补货台;多层穿梭车、提升机、上层输送系统配合,将物料箱进行出库并输送至人工拣选台;拣选人员扫描箱子条码,再根据智能触控终端的提示,将相应数量的货物放置 KIVA 料架对应货位中;启动人工拣选台上返库按钮,该物料箱进入下层输送进行返库;点击显示终端上的"返库"按钮,KIVA 料架由 KIVA 机器人搬运回料架停靠区。

5.2.4　KIVA 料架停靠区及作业流程

KIVA 料架停靠区及作业流程如图 5.17、图 5.18 所示。此区域为 KIVA 的停靠区域,KIVA 料架由 KIVA 搬运至 KIVA 补货区进行补货作业,补货完成后,由 KIVA 搬运至停靠区进行暂存,拣选任务下发后,由 KIVA 将 KIVA 料架由停靠区搬运至 KIVA 货到人拣选区进行拣选。

此区域共设置了 9 个停靠位,同时配置了 9 个 KIVA 料架。

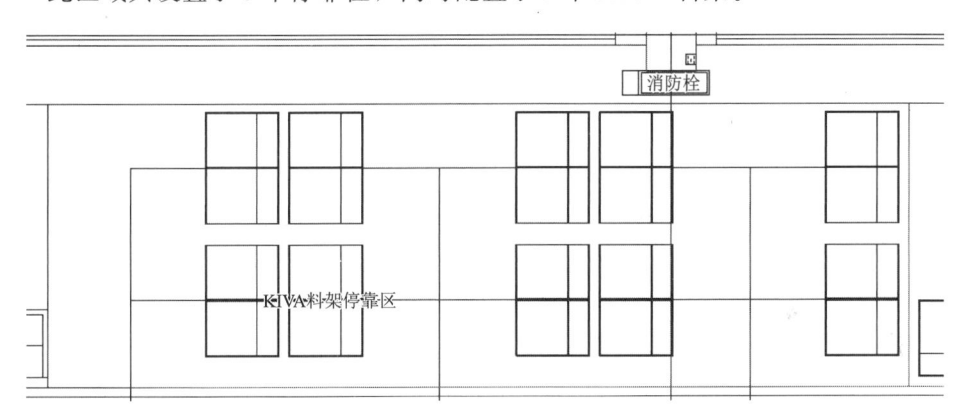

图 5.17　KIVA 料架停靠区及作业流程 CAD 示意图

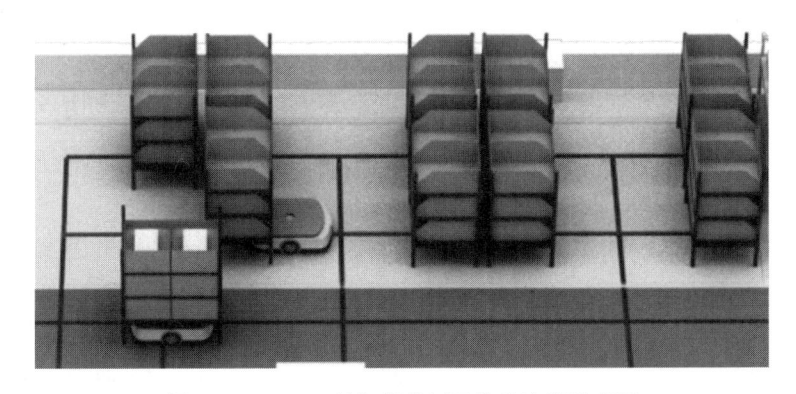

图 5.18　KIVA 料架停靠区及作业流程示意图

5.2.5 AGV 充电控制区及作业流程

AGV 充电控制区及作业流程如图 5.19、图 5.20 所示。此区域为 AGV 充电控制区及停靠区，用于 AGV 停靠、充电。此区域共配置了 2 台充电系统，用于 KIVA 机器人、AGV 机器人、辊道 AGV 机器人充电等。

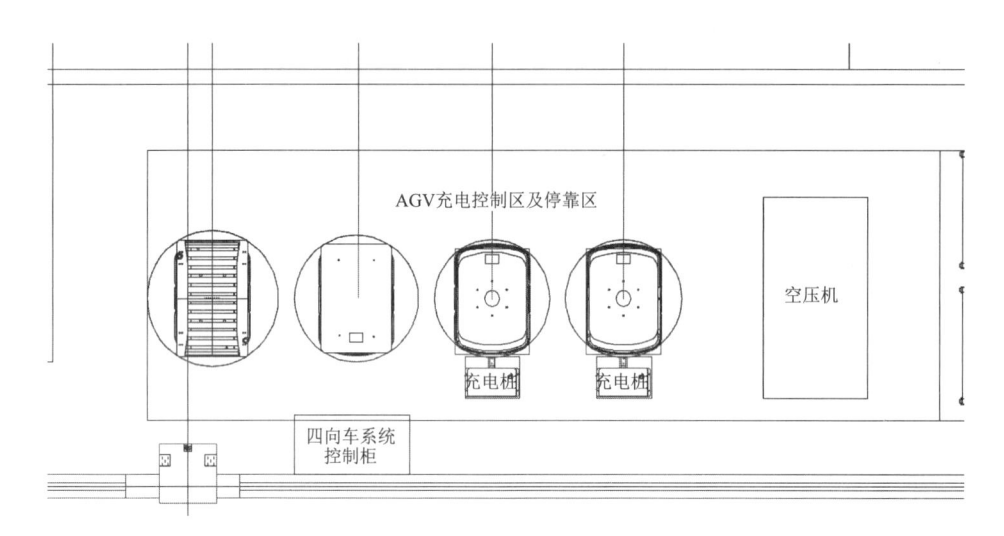

图 5.19 AGV 充电控制区及作业流程 CAD 示意图

图 5.20 AGV 充电控制区及作业流程示意图

5.2.6 AGV 运行、人员作业及参观通道

AGV 运行、人员作业及参观通道示意图如图 5.21 所示。AGV 运行、人员作业及参观通道设置在智慧物流运营中心中间位置，预留约 2.5m。此区域设置 AGV 双向路线，方便 AGV 行走的同时，能够提高 AGV 运行效率。此区域也设置为人员行走及参观通道，能够使参观人员直观地看到库内所有设备的运转情况。

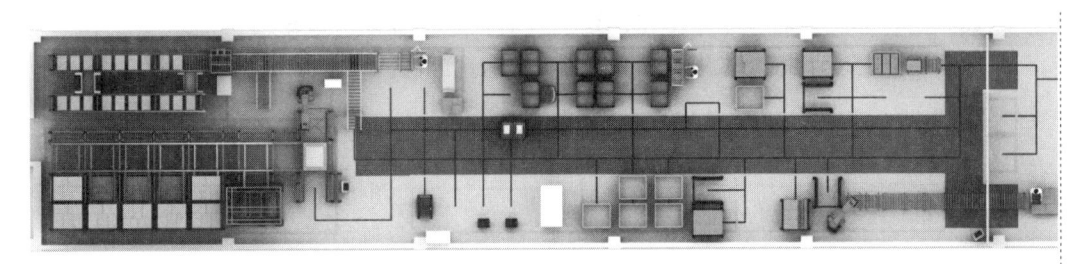

图 5.21　AGV 运行、人员作业及参观通道示意图

5.3　智慧仓储出库作业流程

学习目标：

1. 知识目标
(1) 了解货物出库的工作要领。
(2) 熟悉智慧仓储出库原则和要求。
(3) 掌握智慧仓储出库的程序和方法。
2. 能力目标
(1) 具备利用智慧仓储作业 WCS 系统、WMS 完成智慧出库作业的能力。
(2) 具备智慧仓储硬件、软件运行维护、应急处理的能力。
(3) 具备智慧仓储出库作业流程评价、改进、设计的能力。
(4) 具备智慧仓储运营的客户沟通能力。
3. 素质目标
(1) 树立"降本增效"的工作意识。
(2) 培养学生的技术创新精神。
(3) 培养学生精益求精的工匠精神。
(4) 培养学生"以客户为中心"的物流服务精神。

任务驱动：

详见 5.1 节资源，以小组为单位总结 HY 智慧物流中心的出库作业种类和流程，并运用 VISIO 的出库作业流程绘制功能，绘制出库流程图。

知识解析：

据中华人民共和国物流行业标准《智能仓储管理规范》（WB/T 1138—2023）中强调智慧仓储出库作业的特征和要求有：

(1) 出库前应通过信息系统对出库物品的出库路线、暂存区、月台、运输车辆、装车顺序等进行分配和计划。

(2) 宜采用智能识别类设备对拣选后的物品进行扫描验货，核对出库信息无误后完成出库，同时更新系统中物品信息和货位占用情况等相关数据。

(3) 出库后，应将系统中的出库信息及时推送给客户、运输方。

根据上述行业标准，本书以智慧物流中心为例讲解具体的出库作业。

5.3.1 KIVA"货到人"拣选区及作业流程

KIVA"货到人"拣选区及作业流程如图 5.22、图 5.23 所示。KIVA"货到人"拣选区设置拣选订单墙、货笼车、托盘接驳站台等设备。拣选任务下发后，KIVA 机器人通过将待分拣的 KIVA 料架移动至订单墙位置，人工将对应货物取下放至对应订单箱内，待订单箱拣选完毕后，人工将订单箱放至货笼车内，由 AGV 搬运至分拨区。此区域的托盘接驳站台上放置码盘后的空订单箱，用于订单墙内的订单箱的补充。具体作业流程如下：

(1) 拣选订单任务下发，拣选人员手动搬运对应数量的空周转箱放置在订单拣选墙货格中，对订单进行周转箱关联，如果位置已经有建立关联的周转箱，可以选择更换。左下角绑定周转箱框中包含 6 个绑定位置，选中相应的光标，扫码绑定。

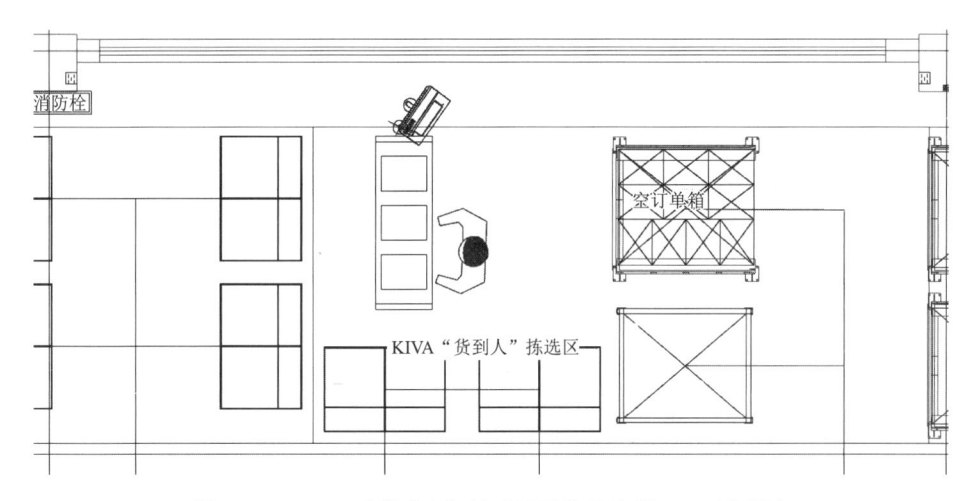

图 5.22 KIVA"货到人"拣选区及作业流程 CAD 示意图

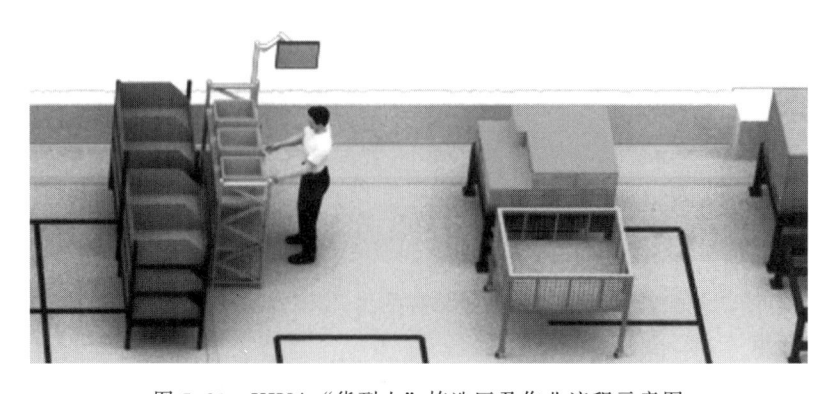

图 5.23 KIVA"货到人"拣选区及作业流程示意图

(2) AGV 调度系统调度 KIVA 机器人前往 KIVA 料架停靠区，顶起需要拣货的料架前往 KIVA 货到人拣选区。

(3) 拣选人员根据显示终端提示的拣选位置扫描货物编号，会自动显示货物信息，同时显示终端中需要拣选的订单位置颜色变化，其上显示的信息是需要放在相应订单箱上货物的数量。

(4) 从料架中的指定位置拣出一个商品，根据提示放入亮起货格的订单箱中，手动拍灭电子标签。

(5) 当前料架的所有需要拣选的货物拣选完毕后，返库按钮启用，点击"返库"按钮更换移动货架。

(6) 重复步骤（3）～（5），直至该订单墙的订单拣选完成。

(7) 拣选人员打印面单信息粘贴至对应的订单箱，并将订单箱码放至货笼车内。

(8) 码放完成后，点击"出库"，由 KIVA 机器人搬运至出库分拨区，等待出库。

5.3.2 自动分拨区及作业流程

自动分拨区及作业流程如图 5.24、图 5.25 所示。此区域为出库自动分拨区，主要用于出库物资的自动分拨。此区域共配置了托盘接驳站台、货笼车暂存位、整箱出库站台等设备。

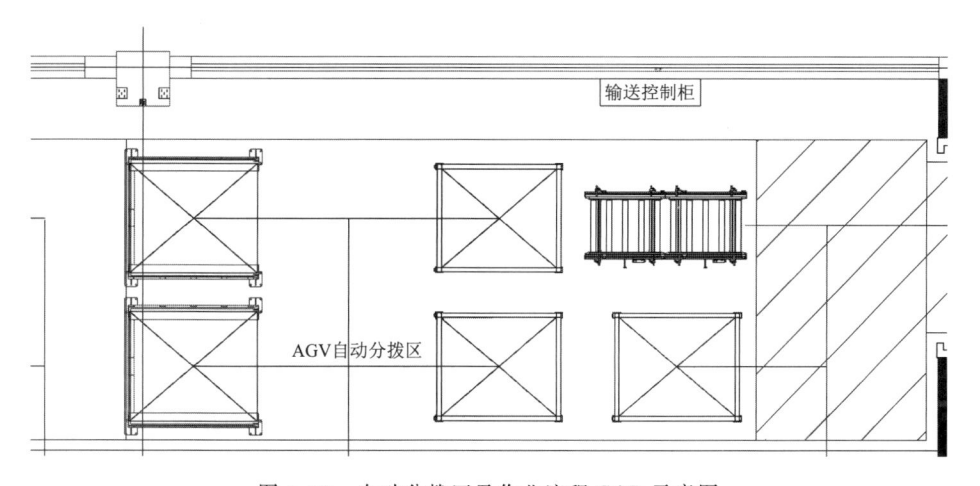

图 5.24　自动分拨区及作业流程 CAD 示意图

其中，托盘接驳站台用于整托盘出库物资的分拨及暂存。整托盘物资出库订单下发后，四向车、提升机将物资搬运至四向穿梭车存储区出库站台，由 AGV 搬运至对应的分拨区托盘接驳站台上，等待出库。

货笼车用于已拣选完成物资的分拨及暂存。KIVA 货到人拣选完成后，货笼车由 AGV 搬运至分拨区相应的位置暂存，等待出库。

整箱出库站台用于整件办公用品的出库，整件办公用品由多层穿梭车、提升

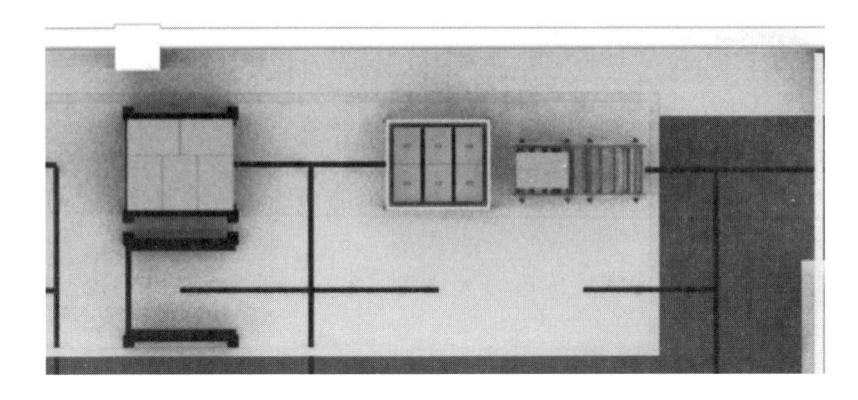

图 5.25 自动分拨区及作业流程示意图

机、输送系统搬运至多层系统的整箱出库站台后,由辊筒 AGV 搬运至分拨区整箱出库站台进行暂存,等待取货人员领取。

5.3.3 自主提货区及作业流程

自主提货区及作业流程如图 5.26 所示。此区域为拆零拣选办公用品自助提货区,共配置了 2 个货笼车暂存位。

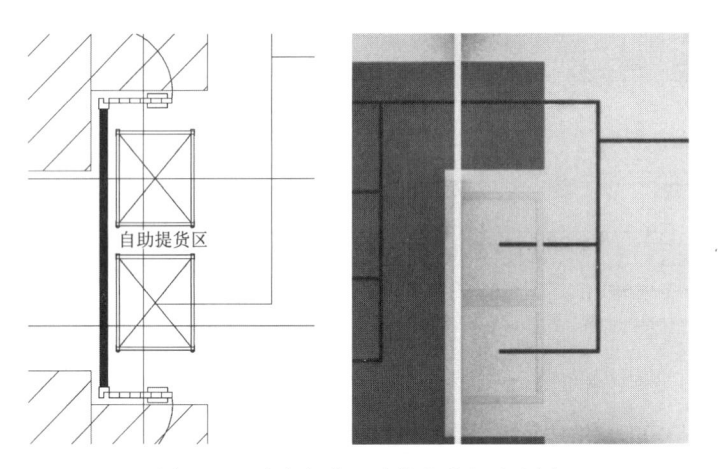

图 5.26 自主提货区及作业流程示意图

办公用品需要拆零出库时,经过 KIVA 拣选完成后放置于货笼车内,货笼车由 AGV 搬运至自主提货区进行暂存,等待取货人员领取。

5.3.4 料箱及货笼车暂存区及作业流程

料箱及货笼车暂存区及作业流程如图 5.27、图 5.28 所示。此区域为空订单箱、货笼车暂存区域,共设置了 6 个货笼车暂存位、2 个周转箱空箱暂存位。其中货笼车在主题任务结束后,通过 WCS 系统调度,通过 AGV 将货笼车搬运至该区域进行暂存；空订单箱在出库完成后，由人工将订单箱码盘至该区域接驳站台上的空托盘上。

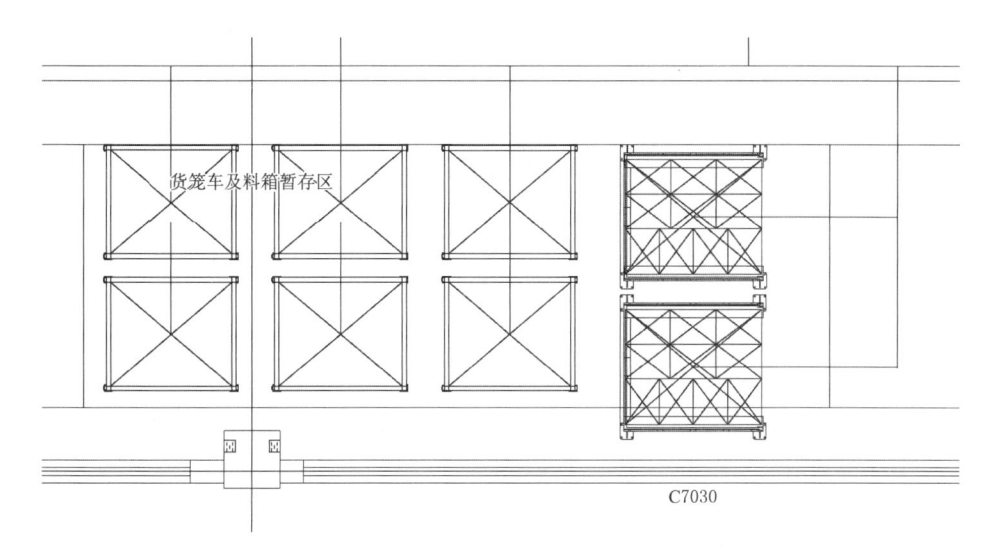

图 5.27　料箱及货笼车暂存区及作业流程 CAD 示意图

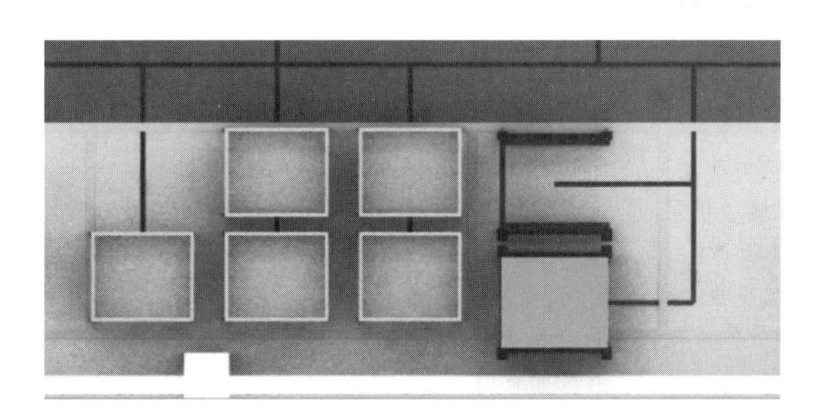

图 5.28　料箱及货笼车暂存区及作业流程示意图

5.4　主题任务：智慧仓储作业实验

物流系统实验须知

(1) 按预约实验时间准时进入实验室，不得无故迟到、早退、缺席。

(2) 实验前要认真预习实验指导书，明确实验目的、要求及内容。指导教师要对预习情况抽查提问。

(3) 进入实验室后，不得高声喧哗和擅自乱动实验室各类设备。注意保持实验室卫生、整洁。

(4) 实验过程中，严格遵守操作步骤和注意事项。实验时，设备发生故障，学生要立即报告教师，及时检查，排除故障后，方能继续实验。

(5) 外来电子存储设备（U盘、硬盘等）在连接实验室计算机时一定要先查杀病毒，做好防毒杀毒工作以确保计算机正常运行。

(6) 计算机使用时，注意开关机顺序。开机时，先开显示器和外设电源，然后开主机电源。关机时，先关主机电源，再关显示器和外设电源。禁止私自打开计算机机箱。禁止擅自删除计算机上不属于自己的文件。

(7) 上完课后及时打扫卫生，并注意关好实验室的窗户、窗帘，关掉电灯并切断电源。

(8) 公共用具使用完毕后应及时归还原处，未经允许不得擅自将设备带出实验室使用。

(9) 负责人（班长或学习委员）在实验室老师检查设备、卫生、实验室使用情况无误后方可离开。

5.4.1 收货作业实验

5.4.1.1 实验目的

(1) 熟悉收货作业的基础知识。
(2) 了解收货作业的基本流程。
(3) 使用管理系统软件完成验收收货。

5.4.1.2 预习要求

(1) 了解收货作业的基本流程。
(2) 预习《物流实验室 WMS 用户手册》的收货管理部分的内容。

5.4.1.3 实验准备

(1) 按照操作规程，打开系统电源。
(2) 打开并登录 WMS 仓储管理系统软件。

5.4.1.4 实验步骤

1. 生成收货单

(1) 打开电脑上的仓储管理系统软件，输入用户名和密码登录系统，如图 5.29 所示。

(2) 首先点击【收货管理】中的【收货单管理】，可以根据时间查询当前收货单，如图 5.30 所示。

(3) 增加收货单：点击右上角【增加】按钮，填写收货单信息，增加收货单。收货单示例如图 5.31 所示。

【入库类型】下拉框选择：【采购入库】。

【供应商名称】下拉框选择：如【南阳金冠电气有限公司】。

【物资名称】下拉框选择：如【笔记本 B4】。

5.4 主题任务：智慧仓储作业实验

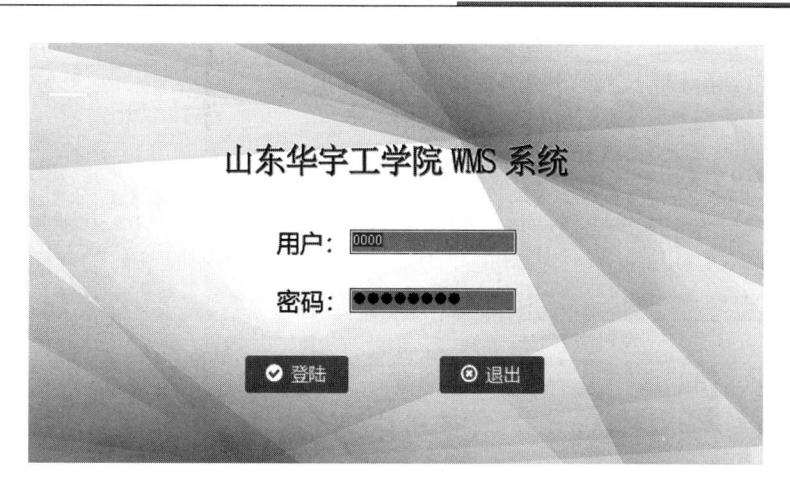

图 5.29 登录系统

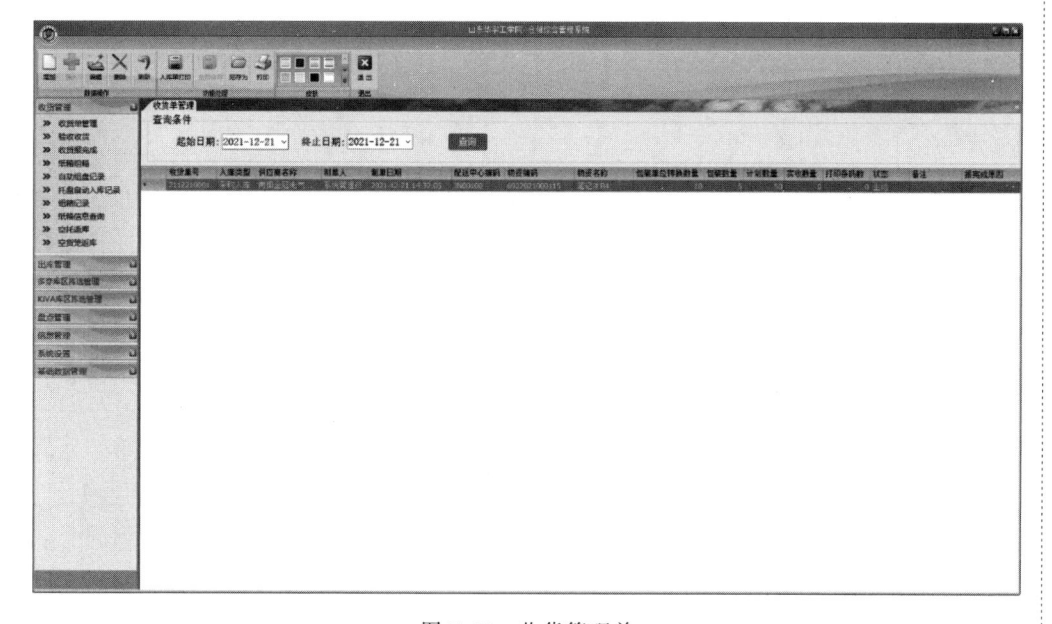

图 5.30 收货管理单

图 5.31 收货单增加

【包装单位数量】自动生成。

填写【包装数量】，如"5"，请填写大于零的整数。

【备注】选填。

点击【确定】按钮，新增一条收货单（图 5.32）。

图 5.32　新增收货单

增加的收货单可在收货单管理页面中查询。

2. 验收收货

（1）收货增加：点击【收货管理】中的【验收收货】，如图 5.33 所示。在弹出的验收收货窗口中，下拉框选择【收货单号】，系统自动填写【物资名称】【计划数量】【已收数量】。输入【本次数量】，点击【增加】按钮，完成验收收货。

图 5.33　收货增加

（2）收货调整：点击【收货管理】中的【验收收货】，如图 5.34 所示。本功能适用于较少收货的情况。在弹出的验收收货窗口中，下拉框选择【收货单号】，系统自动填写物资名称、计划数量、已收数量。输入【本次数量】，点击【调整】按钮，完成调整验收收货数量。

3. 收货报完成

在验收收货过程中，如果实际收货数量与收货单收货数量不一致时，也可以通过【收货管理】菜单中的【收货报完成】功能完成验收收货，其中收货单号可以在收货单管理页面中查询，如图 5.35 所示。

4. 纸箱组箱

对到货验收的货物需换装至标准的纸箱内，并对纸箱与货物信息进行绑定。

点击【收货管理】菜单中的【纸箱组箱】功能，选择收货单号，系统自动填入货物编码、货物名称及可组箱数；用户输入或扫描可组箱的纸箱编号及组箱数量，点击组箱即可组箱操作（图 5.36）。

图 5.34　收货调整

图 5.35　收货报完成

图 5.36　组箱操作

5. 空托返库

对于已经在 AGV 存放位置的空托盘进行返库操作，返回四向车库进行存储。

首先，打开 AGV 监控系统，使得系统处于联机状态；然后，点击【收货管理】菜单中的【空托返库】功能，选择托盘存放的起始位置，点击【申请返库】，完成空托返库申请（图 5.37）。

图 5.37　空托返库申请

6. 空货笼返库

对于已经在 AGV 存放位置的空货笼进行返库操作，返回货笼车暂存区进行存储。

首先，打开 AGV 监控系统，使得系统处于联机状态；然后，点击【收货管理】菜单中的【空货笼返库】功能，选择空货笼车存放的起始位置，点击【确定返库】，完成空货笼车返库申请（图 5.38）。

图 5.38 空货笼车返库申请

5.4.1.5 实验注意事项

(1) 注意 AGV、货架、托盘等设备，保证人身安全。

(2) 收货流程有顺序性，无法进行乱序操作。

5.4.1.6 实验报告要求

(1) 报告清晰完整，清楚地报告自己的操作和实验的结果。

(2) 报告应对实验结果进行必要的分析，通过实验结果分析进一步理解设备的工作原理和系统的运行过程。

(3) 学生应独立完成实验报告的书写，严禁抄袭、复印。

5.4.2 出库作业实验

5.4.2.1 实验目的

(1) 熟悉出库的基本知识。

(2) 了解各种出库形式。

(3) 熟悉出库作业的基本流程。

(4) 了解设备的运行原理。

5.4.2.2 预习要求

(1) 了解出库作业的基本流程。

(2) 预习《物流实验室 WMS 用户手册》出库部分。

(3) 熟悉 WCS 监控系统、AGV 任务调度系统的相关内容。

5.4.2.3 实验准备

(1) 按照操作规程，打开系统电源。

(2) 打开仓储管理系统软件。

(3) 打开 WCS 监控系统与 AGV 任务调度系统软件。

5.4.2.4 实验步骤

打开 WCS 监控系统、AGV 任务调度系统至【联机工作】状态。

根据不同的出库形式，进行不同的实验操作。

1. 整托出库

整托出库主要是对四向车库区存放的货物进行整托出库作业。

（1）点击【出库管理】菜单中的【整托出库】功能，点击工具栏上的【增加】按钮，弹出新增整托出库单窗口（图 5.39）。

图 5.39　新增整托出库单

（2）选好【制单日期】、选择【出库货位】后的按钮，然后弹出如图 5.40 所示界面。

（3）选中要出库的出库货位信息后，点击【确定】，会自动填充货位信息，此时会返回到新增整托出库单界面（图 5.41）。

（4）然后点击【确定】，即可产生一条整托出库单信息，出库单信息状态为生成（图 5.42）。

图 5.40　出库货位信息（整托出库）

图 5.41　自动填充货位信息（整托出库）

第 5 章 智慧仓储作业流程

图 5.42 整托出库信息

（5）生成出库单后，选中要下发的出库单，然后点击左上角的【下发】按钮，如果成功会弹出提示窗口（图 5.43）。

（6）四向车库操作完成，【作业任务信息】界面中的状态为完成后，查看【出库】界面，出库单的状态更新为出库完成。

图 5.43 下发成功

2. 整箱出库

整箱出库主要是对多穿库区存放的货物进行整箱出库作业。

（1）点击【出库管理】菜单中的【整箱出库】功能，点击工具栏上的【增加】按钮，弹出新增整箱出库单窗口（图 5.44）。

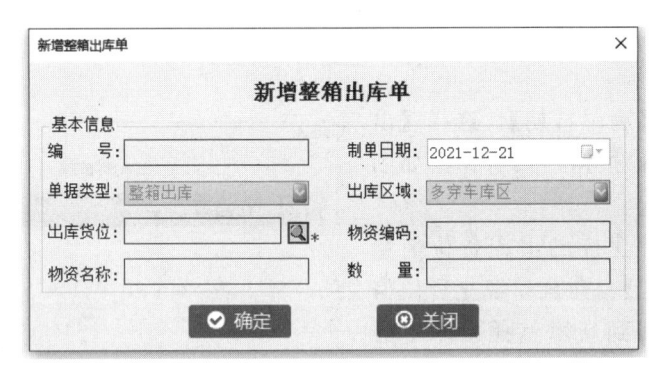

图 5.44 新增整箱出库单

（2）选好【制单日期】、选择【出库货位】后的按钮，然后弹出如图 5.45 所示界面。

图 5.45 出库货位信息（整箱出库）

5.4 主题任务：智慧仓储作业实验

(3) 选中要出库的出库货位信息后，点击【确定】，会自动填充货位信息，此时会返回到新增整箱出库单界面（图 5.46）。

图 5.46　自动填充货位信息（整箱出库）

(4) 然后点击【确定】，即可产生一条整箱出库单信息，出库单信息状态为生成（图 5.47）。

图 5.47　整箱出库单信息

(5) 生成出库单后，选中要下发的出库单，然后点击左上角的【下发】按钮，如果成功会弹出提示窗口。

(6) 当多穿库区操作完成，当前作业任务信息界面中的状态为完成后，查看【整箱出库】界面，出库单的状态更新为出库完成（图 5.48）。

图 5.48　整箱出库单的状态更新

3. 补货出库

补货出库主要是从四向车库区对多穿库区的补货作业。

(1) 点击【出库管理】菜单中的【补货出库】功能，点击工具栏上的【增加】按钮，弹出新增补货出库单窗口（图 5.49）。

图 5.49　新增补货出库单

(2) 选好【制单日期】、选择【出库货位】后的 按钮，然后弹出如图 5.50 所示界面。

图 5.50　出库货位信息（补货出库）

(3) 选中要出库的出库货位信息后，点击【确定】，会自动填充货位信息，此时会返回新增整托出库单界面（图 5.51）。

图 5.51　自动填充货位信息（补货出库）

(4) 然后点击【确定】，即可产生一条补货出库单信息，出库单信息状态为生成（图 5.52）。

图 5.52　补货出库单信息

(5) 生成出库单后，选中要下发的出库单，然后点击左上角的【下发】按钮，如果成功会弹出提示窗口（图 5.53）。

(6) 当四向车库操作完成，【当前作业任务信息】界面中的状态为完成后，查看【补货出库】界面，出库单的状态更新为出库完成（图 5.53）。

图 5.53　补货出库单的状态更新

5.4.2.5　实验注意事项

(1) 注意 AGV 操作安全，保证人身安全。

(2) 注意四向车出入库口的安全问题。
(3) 注意不要接近机械手工作范围。
(4) 实验站在安全区域，避免对 AGV 的定位产生问题。

5.4.2.6 实验报告要求

(1) 报告清晰完整，清楚地报告自己的操作和实验的结果。
(2) 报告时要注意每一步的操作，操作不能颠倒。
(3) 本实验以操作为主，报告详细描述操作步骤并分析操作可操作性及柔性。
(4) 报告应对实验结果进行必要的分析，通过实验结果分析进一步理解设备的工作原理和系统的运行过程。

5.4.3 多穿货到人拣选作业实验

5.4.3.1 实验目的

(1) 了解多穿订单拣选工作原理及特点。
(2) 熟悉订单拣选操作流程。

5.4.3.2 预习要求

(1) 了解订单拣选的基本流程。
(2) 预习《物流实验室 WMS 用户手册》中多穿拣选作业相关内容。

5.4.3.3 实验准备

(1) 按照操作规程，打开系统电源。
(2) 打开仓储管理系统软件。
(3) 打开 WCS 监控系统。

5.4.3.4 实验步骤

打开 WCS 监控系统、AGV 任务调度系统至【联机工作】状态。

1. 多穿订单信息管理

(1) 点击【多穿库区拣选管理】菜单中的【多穿订单信息管理】功能，点击工具栏上的【增加】按钮，弹出多穿区订单增加窗口（图 5.54）。

图 5.54　多穿区订单增加

(2)选择客户名称，填入订单数量点击【增加】生成一条订单信息，再次选择商品名称填写数量可继续添加订单，订单添加完成点击【确定】即可在【多穿订单信息管理】中生成一条新的多穿订单。

2. 多穿拣选单管理

(1)点击【多穿库区拣选管理】菜单中的【多穿拣选单管理】功能，如图5.55所示。

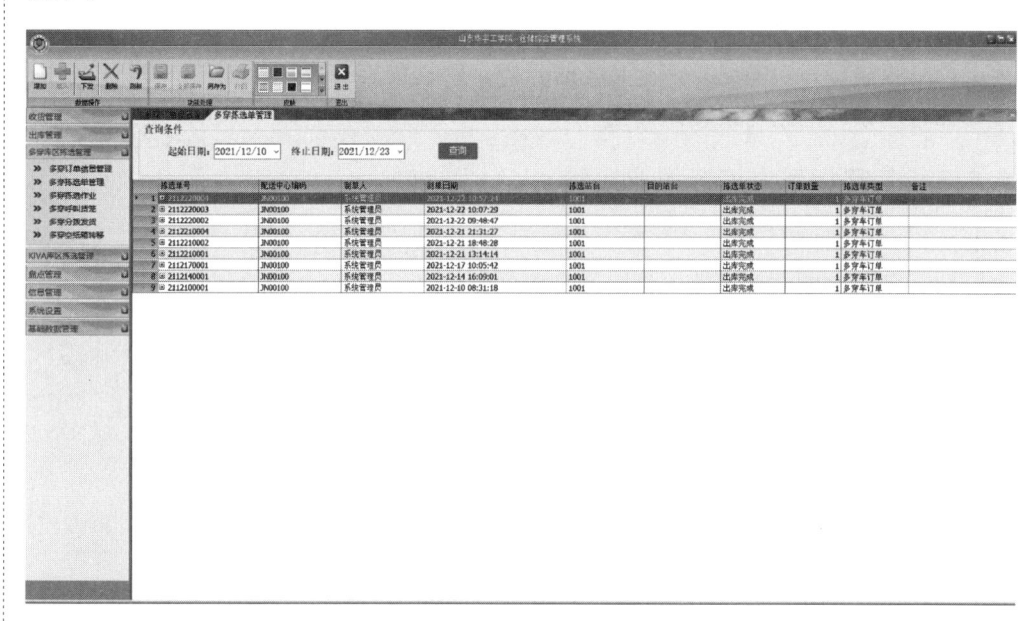

图 5.55　多穿拣选单管理

图 5.56　多穿区拣选单增加

(2)选中相应的订单后，点击【多穿拣选单管理】上方的【增加】按钮，新增多穿区拣选单。确认拣选单信息无误后点击【确定】按钮，完成多穿拣选增加（图5.56）。

3. 多穿拣选作业

(1)多穿拣选单新增成功后，点击【多穿库区拣选管理】菜单中的【多穿拣选作业】功能，出现如图5.57所示界面。

(2)【多穿拣选作业】界面自动更新拣选单号，扫描或输入物资周转箱后点击后，库存明细显示拣选数量及库存明细、拣选位置显示拣选货位信息。

(3)根据拣选位置信息提示，在绑定周转箱的相应位置填入周转箱号，点击【关联】进行绑定，绑定成功显示关联成功（图5.58）。

(4)周转箱关联完成后，人工将拣选的相应物资放至订单墙的订单箱，拍灭相应位置的电子标签拣选按钮（图5.59）。

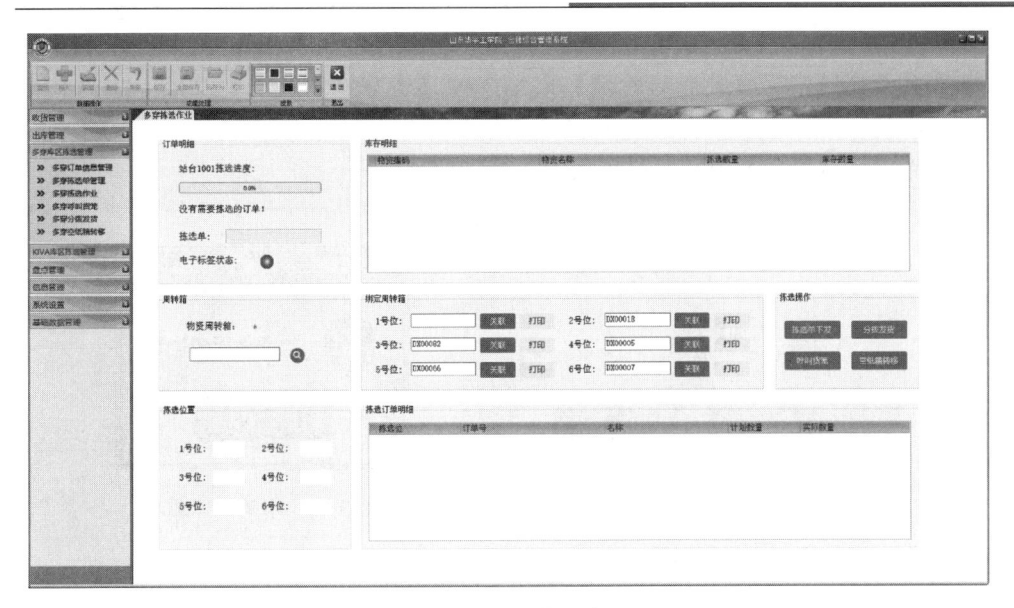

图 5.57 多穿拣选作业

图 5.58 关联成功　　　　图 5.59 电子标签拣选按钮

（5）当前拣选单拣选完成后，点击绑定周转箱操作相应位置的【打印】按钮，打印面单粘贴至订单箱，拣选人员将订单箱码垛至货笼车，货笼车准备分拨发货出库（图 5.60）。

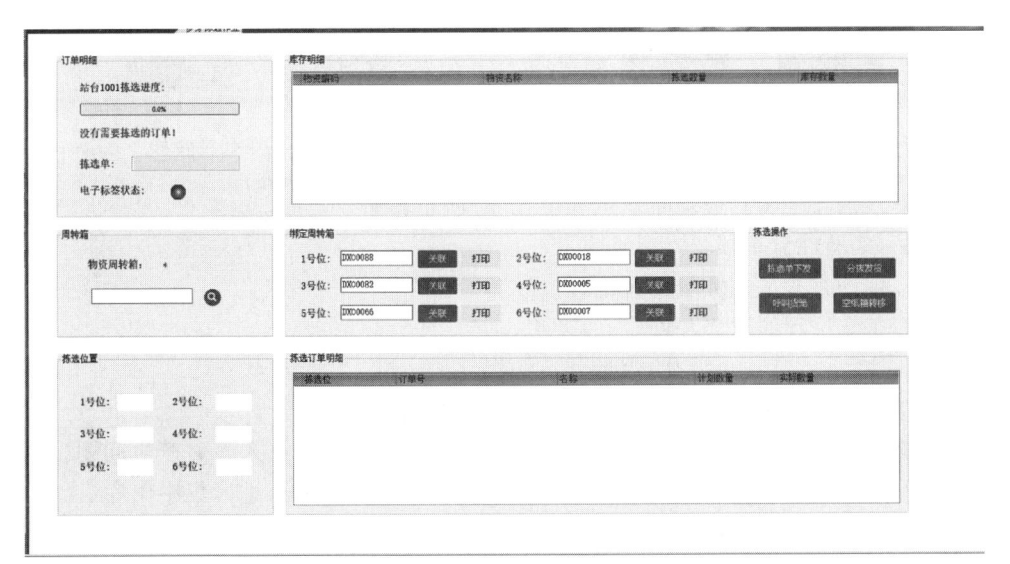

图 5.60 绑定周转箱—打印

4. 多穿呼叫货笼

(1) 点击【多穿库区拣选管理】菜单中的【多穿呼叫货笼】功能，出现如图 5.61 所示界面。

(2) 点击【呼叫】成功时显示如图 5.62 所示界面。

图 5.61　多穿区呼叫货笼　　　　图 5.62　申请入库成功

5. 多穿分拨出库

(1) 点击【多穿库区拣选管理】菜单中的【多穿出库分拨】功能，出现如图 5.63 所示界面。

(2) 点击【呼叫】成功时显示如图 5.62 所示界面。

6. 多穿空纸箱转移

(1) 点击【多穿库区拣选管理】菜单中的【空纸箱转移】功能，出现如图 5.64 所示界面。

图 5.63　多穿区分拨发货　　　　图 5.64　空纸箱转移

(2) 点击【呼叫】成功时显示如图 5.62 所示界面。

5.4.3.5　实验注意事项

(1) 保证每次拣选数量的正确性。

(2) 拣选过程注意人身安全。

包装注意包装箱中货物的数量。

拣选前，应先采用工具将纸箱胶带划开，注意人身安全。

拣选完成纸箱回库前，应使用胶带将纸箱粘贴完整，防止入库时产生问题。

空纸箱产生后，应放置拣选台一侧，待空闲时间将空纸箱进行集中出库。

5.4.3.6　实验报告要求

(1) 报告清晰完整，清楚地报告自己的操作和实验的结果。

(2) 报告时要注意每一步的操作,操作不能颠倒。

(3) 本实验以操作为主,报告详细描述操作步骤并分析其可操作性及柔性。

5.4.4 KIVA 货到人拣选作业实验

5.4.4.1 实验目的

(1) 了解 KIVA 订单拣选及补货工作原理及特点。

(2) 熟悉订单拣选操作流程。

5.4.4.2 预习要求

(1) 了解订单拣选的基本流程。

(2) 预习《物流实验室 WMS 用户手册》中订单拣选作业、补货作业和 AGV 任务调度系统的相关内容。

5.4.4.3 实验准备

(1) 按照操作规程,打开系统电源。

(2) 打开仓储管理系统软件。

(3) 打开 WCS 监控系统。

(4) 打开 AGV 任务调度系统软件。

5.4.4.4 实验步骤

1. KIVA 订单信息管理

(1) 点击【KIVA 库区拣选管理】菜单中的【KIVA 订单信息管理】功能,点击工具栏上的【增加】按钮,弹出新增出库单窗口。

(2) 选择客户名称,填入订单数量点击【增加】生成一条订单信息,再次选择商品名称填写数量可继续添加订单,订单添加完成点击【确定】即可在【多穿订单信息管理】中生成一条新的多穿订单(图 5.65)。

图 5.65 KIVA 订单增加

2. KIVA 拣选单管理

(1) 点击【KIVA 库区拣选管理】菜单中的【KIVA 拣选单管理】功能,如图

5.66所示界面。

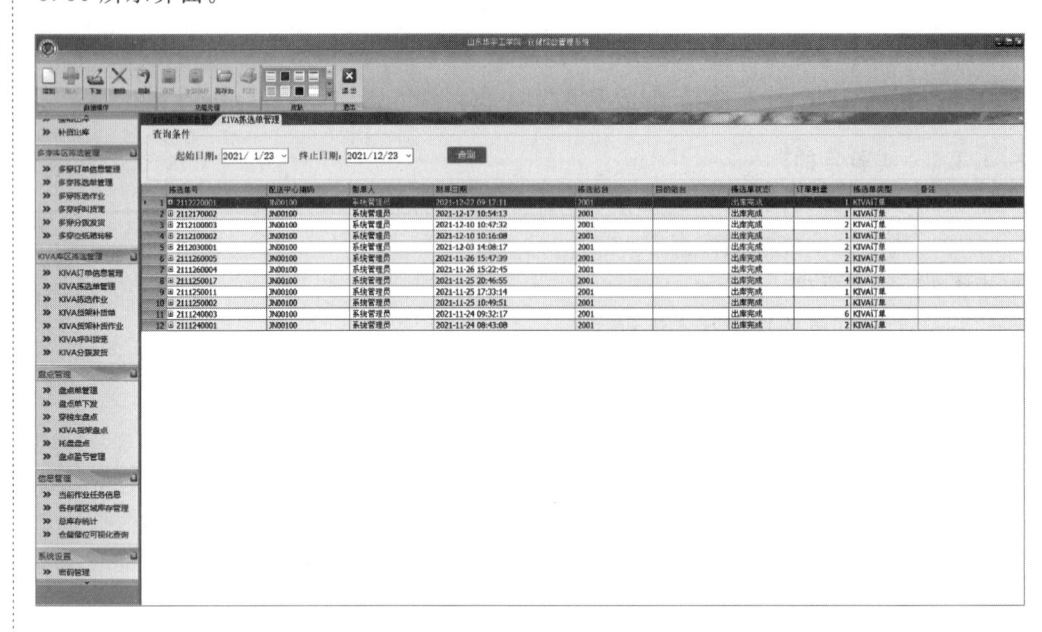

图 5.66　KIVA 拣选单管理

（2）点击左上角的【增加】按钮，会弹出 KIVA 拣选单增加的提示窗口。选择拣选站台，点击【确定】添加成功（图 5.67）。

图 5.67　KIVA 拣选单增加

（3）KIVA 拣选单管理中生成一条 KIVA 拣选信息。点击【下发】按钮确认下发，任务状态修改为下发，完成拣选订单的下发（图 5.68）。

3. KIVA 拣选作业

（1）点击【KIVA 库区拣选管理】菜单中的【KIVA 拣选作业】功能，如图 5.69 所示界面。

（2）扫描货架号后对 6 个订单进行周转箱绑定关联，如果位置已经有建立关联的周转箱，可以选择更换。左下角绑定周转箱框中包含 6 个绑定位置，选中相应的光标，扫码绑定，如果该周转箱绑定其他位置或者周转箱中的货物还没有包装完成，则不能绑定（图 5.70）。

图 5.68　KIVA 拣选单管理生成信息

（3）扫描或输入货架号，系统会在拣选位置显示红色，并将拣选数量标注于红

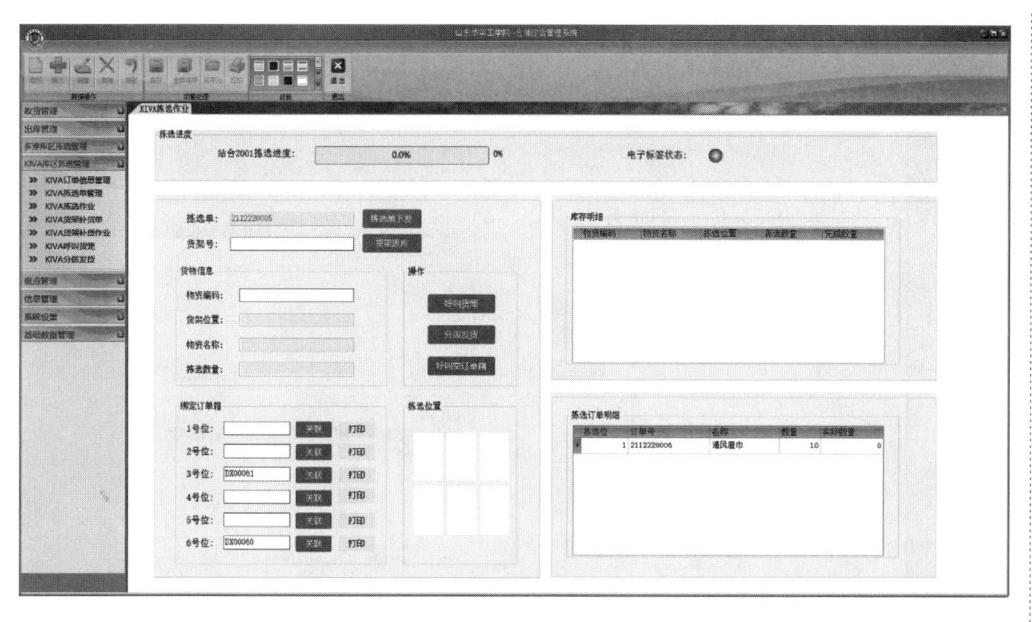

图 5.69　KIVA 拣选单作业

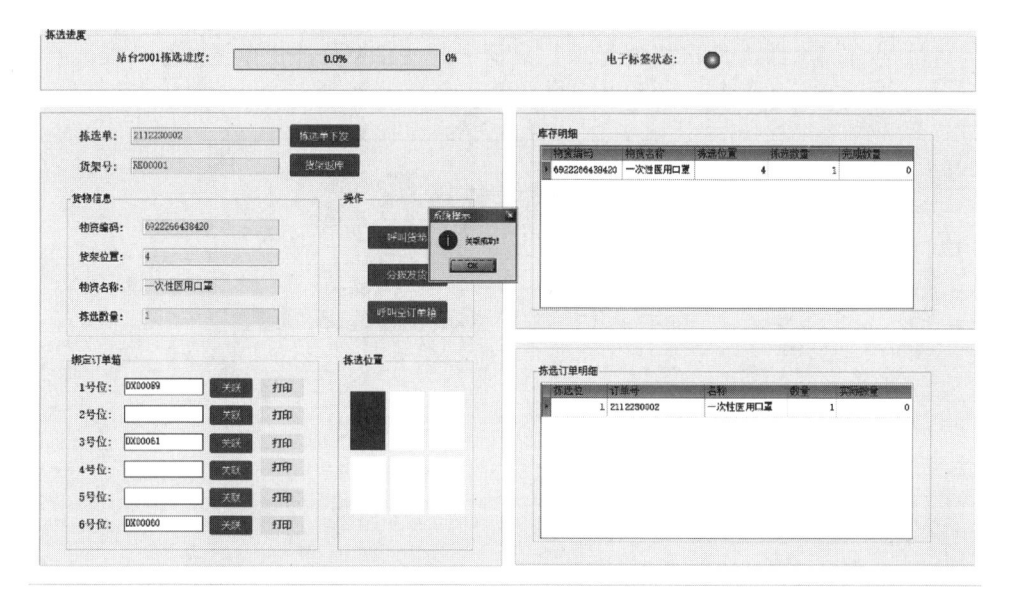

图 5.70　对订单绑定关联

色色块上。拣选人员根据显示终端的提示，从相应的位置拣选相应数量的物资，扫描物资条码进行确认，并放置电子标签亮灯的订单箱中，并拍灭电子标签。

（4）电子标签拍灭后，【KIVA 拣选作业】界面如图 5.71 所示。

（5）当前拣选单拣选完成后，点击绑定周转箱操作相应位置的【打印】按钮，打印面单粘贴至订单箱，拣选人员将订单箱码垛至货笼车，点击【货架返库】按钮，货笼车准备分拨发货出库。KIVA 库区拣选作业完成。

第 5 章 智慧仓储作业流程

图 5.71　KIVA 拣选作业（电子标签拍灭）

4. KIVA 货架补货单

（1）点击【KIVA 库区拣选管理】菜单中的【KIVA 补货单增加】功能，点击工具栏上的【增加】按钮，弹出新增补货单窗口（图 5.72）。

图 5.72　KIVA 补货单增加

（2）点击【增加】按钮，弹出满足补货需求的货架货位（图 5.73）。

（3）双击或者选中某项后【确定】按钮，可以将选中的数据填充到补货单明细中。每条明细单填写实际需要的补货数量（图 5.74）。

（4）在补货单管理页面会更新一条生成状态的补货单信息。点击左上角【下

图 5.73 在 KIVA 补货单增加界面点击【增加】

图 5.74 KIVA 补货单增加成功

发】按钮，显示补货单下发成功，【KIVA 货架补货单】的补货单状态变为正在执行。若多穿区货物库存数量不足，则提示下发失败，需先向多穿库补货。

5. KIVA 货架补货作业

（1）点击【KIVA 库区拣选管理】菜单中的【KIVA 货架补货作业】功能，出现如图 5.75 所示界面。

（2）在物资周转箱中扫描或填入周转箱号，点击 如图 5.76 所示。

（3）根据补货位置提示，人工将补货的货物放在货架相应位置上，确定补货，点击【确定】按钮，补货单状态显示补货完成，点击【返库】按钮，AGV 搬运货架至 KIVA 库区，补货操作完成。

6. KIVA 呼叫货笼

（1）点击【KIVA 库区拣选管理】菜单中的【KIVA 呼叫货笼】功能，出现如

图 5.75　KIVA 货架补货作业

图 5.76　扫描或填入周转箱号后界面

图 5.77 所示界面。

（2）点击【呼叫】成功时显示如图 5.62 所示界面。

7. KIVA 分拨发货

（1）点击【KIVA 库区拣选管理】菜单中的【KIVA 分拨发货】功能，出现如图 5.78 所示界面。

（2）点击【呼叫】成功时显示如图 5.62 所示界面。

图 5.77　KIVA 库区呼叫货笼　　　　图 5.78　KIVA 库区分拨发货

5.4.4.5　实验注意事项

(1) 保证每次拣选数量的正确性。

(2) 拣选过程注意人身安全。

(3) AGV 操作时远离设备避免出现安全问题。

(4) 包装注意包装箱中货物的数量。

5.4.4.6　实验报告要求

(1) 报告清晰完整，清楚地报告自己的操作和实验结果。

(2) 报告时要注意每一步的操作，操作不能颠倒。

(3) 本实验以操作为主，报告详细描述操作步骤并分析其可操作性及柔性。

(4) 报告应对实验结果进行必要的分析，通过实验结果分析进一步理解设备的工作原理和系统的运行过程。

(5) 学生应独立完成实验报告的书写，严禁抄袭、复印。

5.4.5　盘点作业实验

5.4.5.1　实验目的

(1) 熟悉按货位盘点与按物资盘点作业的基础知识。

(2) 了解盘点作业的基本流程。

(3) 分别通过上位机软件进行盘库作业生成，通过上位机和手持扫码枪进行盘点作业。

5.4.5.2　预习要求

(1) 了解按货位与按物资盘点作业的基本流程。

(2) 预习《物流实验室 WMS 用户手册》的盘点部分的相关内容。

5.4.5.3　实验准备

(1) 按照操作规程，打开系统电源。

(2) 打开仓储管理系统软件。

(3) 打开 WCS 监控系统。

(4) 打开 AGV 任务调度系统软件。

5.4.5.4 实验步骤

打开 WMS、WCS 系统、AGV 任务调度系统至【联机工作】状态。

1. 盘点单管理

(1) 点击【盘库管理】菜单中的【盘点单管理】功能，点击工具栏上的【增加】按钮，弹出新增盘库单窗口，如图 5.79 所示。

图 5.79　盘库单增加

(2) 选择需要进行盘点的库区及出库站台，点击【增加】按钮，打开物资明细窗口（图 5.80）。

图 5.80　在盘库单增加界面点击【增加】

(3) 勾选需要进行盘库的货物，点击【确定】。此时会将选择的货物填充到增加盘库单增加页面的盘库明细中（图 5.81）。

(4) 点击【确定】按钮可以保存盘库单信息，保存成功后显示。

(5) 显示增加成功后，【盘点单管理】界面新增一条盘库单（图 5.82）。

2. 盘点单下发

(1) 点击【盘库管理】菜单中的【盘点单下发】功能，出现如图 5.83 所示界面。

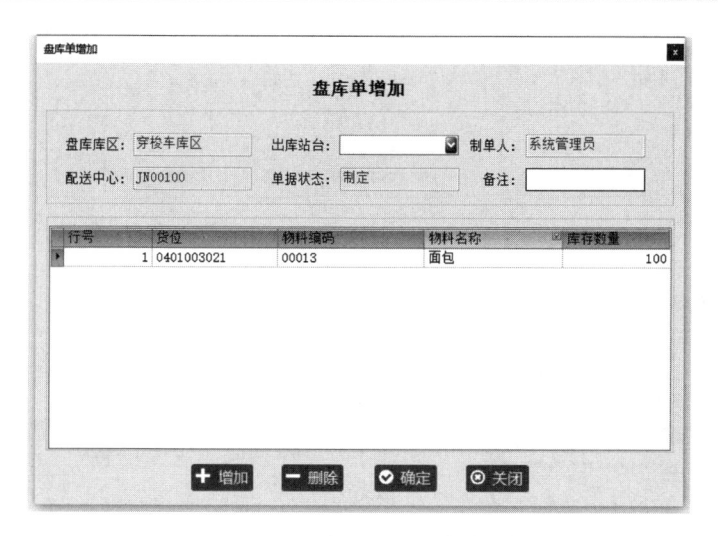

图 5.81　盘库单增加成功

图 5.82　盘库单管理

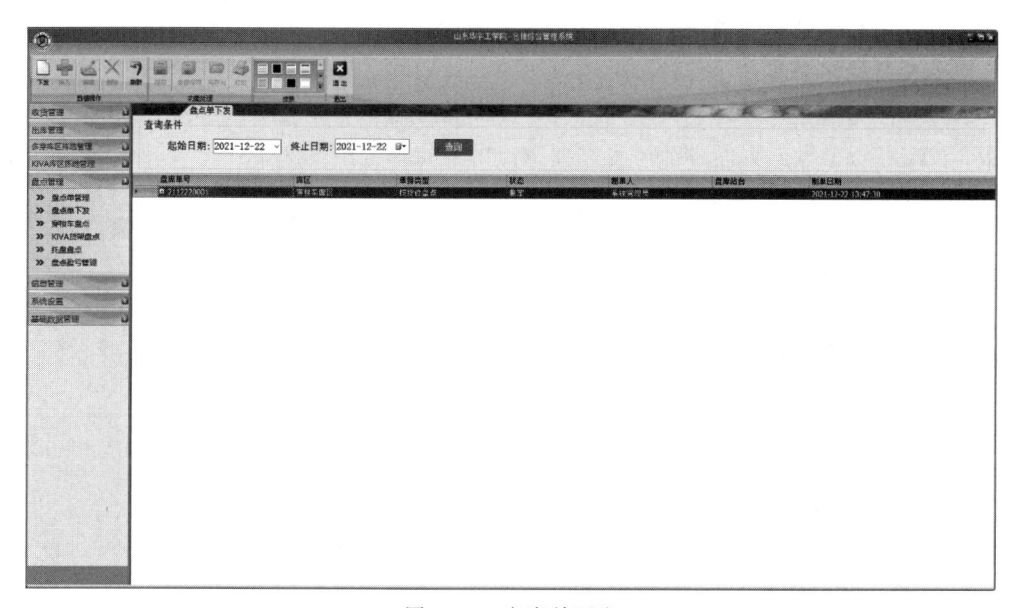

图 5.83　盘库单下发

（2）点击工具栏上的【下发】按钮，弹出如图 5.84 所示界面。

（3）选择【是】即可下发盘点单。

3．托盘盘点

（1）点击【盘库管理】菜单中的【托盘盘点】功能，扫描或填写出库托盘条码，该托盘内相关的信息会自动填充到页面中（图 5.85）。

图 5.84　在工具栏点击【下发】　　　　图 5.85　托盘盘点

（2）清点托盘上存放纸箱的纸箱号与系统记录是否一致，勾选实际存在纸箱号，清点完成后点击【完成】会自动清空。

4. 穿梭车盘点

（1）点击【盘库管理】菜单中的【托盘盘点】功能，扫描或填写出库纸箱号，该箱内相关的信息会自动填充到页面中（图 5.86）。

（2）填写该纸箱中货物的实际盘点数量，后点击【完成】会自动清空。

5. KIVA 货架盘点

（1）点击【盘库管理】菜单中的【KIVA 货架盘点】功能，生成货架盘库任务后，KIVA 货架盘点页面自动填入需要盘点的盘点单（图 5.87）。

图 5.86　穿梭车盘点　　　　图 5.87　KIVA 货架盘点

（2）点击【执行任务】进行出现盘点明细界面，填写货物盘点实际数量后点击【下一页】，重复盘点明细任务直至盘点完成（图 5.88）。

6. 盘点盈亏管理

（1）点击【盘库管理】菜单中的【盘点盈亏管理】功能，点击工具栏上的【审

图 5.88　盘点任务

核】按钮，弹出盈亏单审核窗口，如图 5.89 所示。

（2）填入审核意见后，点下方的【审核】按钮，审核成功提示（图 5.90）。

图 5.89　盘点单审核

图 5.90　盘点单审核

5.4.5.5　实验注意事项

（1）注意设备操作，保证人身安全。

（2）注意高位货架安全。

5.4.5.6　实验报告要求

（1）报告清晰完整，清楚地报告自己的操作和实验的结果。

（2）报告时要注意每一步的操作，操作不能颠倒。

（3）本实验以操作为主，报告详细描述操作步骤并分析操作可操作性及柔性。

复 习 思 考 题

1. 智慧仓储入库作业的要求有哪些？
2. 智慧仓储在库储存作业的要求有哪些？
3. 智慧仓储出库储存作业的要求有哪些？
4. 智慧仓储作业与仓储规划布局有什么逻辑关系？

第 6 章　智慧仓储运营管理

> 学习目标与要求

1. 知识目标

(1) 了解智慧仓储的需求，对商品情况、库存情况及订单进行分析。

(2) 能够精确分析企业情况并确定适合企业的智慧仓储类型。

(3) 能够灵活运用 ABC 分析法、EIQ 分析法制定合理的存储策略。

(4) 掌握智慧仓储的拣选策略、补货策略。

2. 能力目标

(1) 具备根据企业实际情况和需求，选择合适的智慧仓储系统和经营模式的能力。

(2) 能够熟练掌握智慧仓储的经营管理流程和方法，包括自动化仓储管理、智能分拣管理、库存优化管理等。

(3) 能够运用先进的信息技术和管理手段，提高仓储运营效率、降低运营成本、提升客户满意度。

(4) 具备深入了解客户需求的能力，能够根据客户的不同需求定制个性化的仓储管理方案。

(5) 能够熟练掌握仓储管理的关键步骤和方法，确保方案的实施效果和客户满意度。

(6) 能够持续优化仓储管理方案，以适应市场变化和客户需求的变化。

3. 素质目标

(1) 具有良好的思想政治素质、行为规范，培养学生民族自豪感、爱国精神。

(2) 具备社会责任感、具有良好的职业道德和职业素养，培养学生踏实肯干、精益求精的"工匠精神"。

(3) 掌握创新方法，增强创新意识，具备物流学科的基本学术素质，培养学生"创新创业"素质。

> **导入案例**

华为的智慧供应链物流中心

华为技术有限公司于1987年成立于中国深圳,是全球领先的电信解决方案供应商。在30多年的时间里,华为基于客户需求持续创新,在电信网络、全球服务和终端三大领域都确立了端到端的领先地位。凭借在固定网络、移动网络和IP数据通信领域的综合优势,华为已成为全IP融合时代的领导者。2011—2013年度的财务报告,单从库存周转率角度,这几年是有很大的提高,2011年为4.8次,2012年为6次,2013年为5.7次,比十几年前,华为在实施ISC之前的3.6次,是有大幅度的提高,提高比例在60%以上,这在供应链管理上,已经是非常了不起的了。据IBM顾问介绍,华为在重整供应链之前,其管理水平与业内其他公司相比存在较大的差距。华为的订单及时交货率只有50%,而国际上其他电信设备制造商的平均水平为94%;华为的库存周转率只有3.6次/年,而国际平均水平为9.4次/年;华为的订单履行周期长达20~25天,国际电信设备制造商平均订单履行周期为10天。重整供应链的目的就是为了设计和建立以客户为中心、成本最低的集成供应链,为华为早日成为世界级企业打下良好的基础。

案例讨论:从华为案例中提炼出对其他企业或行业具有普遍意义的启示和经验教训。

6.1 智慧仓储需求分析

> **学习目标:**

1. 知识目标

(1) 了解智慧仓储市场需求现状。

(2) 熟悉仓储商品情况。

(3) 掌握仓库的吞吐能力、周转率、库存能力等。

2. 能力目标

(1) 具备数据分析能力。

(2) 具备科学的逻辑思维能力。

3. 素质目标

(1) 具备高度的责任心和敬业精神,对待工作认真负责,能够积极应对各种挑战和压力。

(2) 具备良好的团队合作精神和领导能力,能够与团队成员共同协作,推动智慧仓储项目的顺利实施。

(3) 具备持续学习和创新的能力,能够不断跟踪最新的仓储技术和管理方法,为智慧仓储的发展贡献力量。

（4）遵守职业道德和法律法规，保守商业秘密，确保仓储作业的安全和合规性。

任务驱动：

选择一家拥有智慧仓储的企业，分析其智慧仓储的当前状况和需求，设计并展示一个解决方案。

知识解析：

6.1.1 智慧仓储市场需求分析

智慧仓储在产品多样化、个性化的趋势下，智能仓储物流承担着提升效率、客户体验和企业核心竞争力的重任，随着大数据、物联网、机器人、传感器等技术的不断进步，智慧仓储作为以上技术的载体，智慧仓储有望迎来高速发展。

智慧仓储利用5G模组＋5G专网实现AGV在智能仓储和物料配送中的应用，解决了传统AGV采用WiFi网络控制存在的信号干扰大、稳定性差以及覆盖不足的弊端，作业效率大幅提升。

我国物流行业的总收入占物流总费用的比例约为70%，物流总费用的增长会直接带来物流行业整体的收入表现较弱。以2020年为基数，分别假设未来五年中国GDP的复合增速为5.0%、5.5%、6.0%，且2025年物流总费用占GDP的比例为12%，则2025年我国智慧仓储总费用为15.56万亿元、15.93万亿元、16.32万亿元。

随着我国工业和经济的发展，仓储业的现代化要求也在持续攀升。智能仓储物流系统规模从2001年的不足20亿元，迅速增长至2015年的600亿元。2018年已超过1000亿元市场空间，到2021年达到300万亿元，年均增长速度超过20%。目前，我国正处于智慧仓储升级阶段，由机械化向自动化和智能化不断升级，因此智慧仓储有很大的发展空间。

6.1.2 商品情况分析

仓储的对象是各种商品，不同的商品规格尺寸等都不一样。如果企业有多个仓库，就要做出如下决策：是否所有仓库都储存产品；是否每个仓库具有某种程度的专用性；是否将专门存储与通用存储相结合等，这些决策对于提高仓库运作效率十分重要。所以在进行仓储布局规划之前，先需要决策仓储对象。

1. 商品的品种数目

库存量单位或最小存货单位SKU（Stock Keeping Unit），即库存进出计量的单位。定义为保存库存控制的最小可用单位，以件、盒、托盘等为单位。例如，根据仓储规模的不同，一箱12瓶的矿泉水是一个SKU，单独一瓶矿泉水也是一个SKU。单品与传统意义上的"品种"不同，用"单品"这一概念可以区分不同商品的不同属性。

在仓储运营管理中，SKU 包含了 3 个方面的信息。

(1) 业务管理角度：SKU 含有货品包装单位的信息。

(2) 信息系统和货物编码角度：SKU 只是一个编码。不同的商品就有不同的编码，而这个编码与被定义的商品做了对应的关联，可依照不同 SKU 的数据来记录和分析库存及销售情况。

(3) 货品管理角度：SKU 是指单独一种商品，其货品属性已经被确定。只要货品属性有所不同，那么就是不同的 SKU。属性包括很多方面，比如品牌、型号、配置、等级、花色、成分、用途等。即同样的货品只要在其保存、管理、销售、服务上有不同的方式，就会被定义为不同的 SKU。

2. 商品的特性

主要通过对商品的包装特性、商品自身属性分析，用来初步确定商品适合的存储货架类型及存储方式。

(1) 商品包装特性：根据商品包装样式、包装材料、规格尺寸等判断商品适合的货架类型。

(2) 商品自身属性：根据自身货物的规格和特点来选择合适的货架形式，并判断商品适合的存储方式，这样才能提高货架的利用率，同时提高仓库使用的效率。

3. 商品的计量单位

商品实物的计量单位非常重要，常见的有实物计量单位、重量单位、体积单位。物流设计过程是从实物流通的角度来的，因此物流活动的计量一般分为件数、箱数、或托盘数，三者之间存在一定的换算关系。

4. 商品的外形尺寸

仓储中心的货物品种数量较大，且每个商品外形尺寸各不相同，但大部分商品的外形尺寸都在合理范围之内。通常将尺寸过大、过长、过宽，或形状不规则的商品称为异形商品。

5. 商品的相关性分析

"货到人"模式下的商品相关性包括品项相关性和货架相关性。

品项相关性是指在一个订单中，如果两个品项同时出现在一个订单中，那么这两个品项相关，出现的次数越多，相关性越强。货架相关性是指订单拣选中，如果完成一个订单需拣选两个货架，那么这两个货架相关，两组货架共同完成的订单数量越多，相关性越强。

关联分析又称关联挖掘，就是在交易数据、关系数据或其他信息载体中，查找存在于项目集合或对象集合之间的频繁模式、关联、相关性或因果结构。

商品之间的相关性是货物储位分配的重要影响因素之一，可以通过商品在不同销售时段的历史订单数据所反映和挖掘。分析的结果可以用来优化商品在货架内部的存储方式，或提升仓储订单拣选作业的效率。

6.1.3 库存情况分析

在进行仓储规划设计过程中，需要弄清楚仓库的吞吐能力、周转率、库存能力等基本情况，然后才能科学合理地进行布局规划。

6.1.3.1 吞吐能力

仓库的吞吐能力，主要指的吞吐量。吞吐量是衡量吞吐规模的量化指标，是指一段时期内进、出仓库的货物数量，以实物箱数、件数为计量单位。吞吐能力体现了一个物流系统的内向聚集与外向发散的能力。

与吞吐量相关的统计数据主要包括：一段时期的入库总量与日均量，出库总量与日均量，以及该时期内出入库量的峰值。

在仓库的规划中，仓库的吞吐需求在一定程度上等于其销售出库需求，只需要推算销售的趋势变化，就可以得出仓库吞吐量的估值。即估计销售金额与平均销售价格在将来一段时期内所取得的值，从而估计出库数量的取值，得到吞吐能力目标值。计算公式为

$$出库量 \approx 销售数量 \approx 销售金额/平均销售价格 \quad (6.1)$$

在衡量仓库吞吐量时，日均值通常比一段时期的出库总数更具有量化意义，即

$$日均出库数量 \approx 出库量/出库日 \quad (6.2)$$

出库日为周期内实际发生出库作业的天数，销售日为发生销售业务的天数。

6.1.3.2 库存周转

库存周转是指商品从入库到出库所经过的时间和效率，库存周转在仓储管理中被广泛地应用。衡量一个仓库库存周转情况的量化指标是：库存周转次数和库存周转天数。库存量越大，流动资金占用越多，产生的库存成本越高。反之，库存量越小，产生的库存成本越小，但库存量过小，难以保证供应。

1. **库存周转次数**

库存周转次数是指一定周期内商品的库存能够周转几次。在物流仓储管理中，分析库存周转的目的在于分析实物的周转情况，因此需要使用销售数量与库存数量的数量计量方式来计算周转次数。计算的一般公式为

$$周转次数 = 全年销售总量/平均库存数量 \quad (6.3)$$

平均库存数量指一定时期内某种物资的平均库存数量。物资库存量反映一定时间节点上实际结存的某种物资数量，一般为月末库存量、季末库存量及年末库存量。

$$月均库存量 = \frac{月初库存量 + 月末库存量}{2} \quad (6.4)$$

2. **库存周转天数**

周转天数表示库存周转一次所需的天数，计算的一般公式为

$$周转天数 = 全年实际工作日/周转次数 \quad (6.5)$$

$$周转天数 = \frac{全年实际工作日 \times 平均库存数量}{全年商品销售总量} \approx \frac{平均库存数量(箱)}{日均商品销售量(箱)} \quad (6.6)$$

周转天数表示了商品的平均在库天数，周转天数越长则表示商品的平均在库天数越多。因此在实际描述中，周转天数比周转次数更容易理解和描述。

在制造业中，周转天数与企业生产经营周期有关，生产经营周期短，表示无需

储备大量存货，周转天数相应也少。在直接面向消费者的电商行业中，因各类促销活动或季节因素，要保证商品的供应需求，则商品的在库时间短，周转天数小。而对于一些客户需求相对平稳的行业，商品的在库时间相对较长，周转天数也自然较大。

6.1.3.3 库存能力

库存规模体现另一个物流系统的存储能力，库容量是衡量库存规模的量化指标。库存量可以以货物数量作为计量，在物流分析中更多地使用货物箱数或件数作为计量。库存能力大小取决于预期库存需求的大小。

库容量是静态的，而库存量是动态的。某个时间点的库存可能因为大量备货而极高或因大量销售而极小。因此，需要统计一段时期的每日平均库存，用日平均库存代表库存的水平，某一天或短暂时期的高库存或者低库存并不影响全局。

库存需求同吞吐需求随物流系统的改变而发生变化一样，库存需求也会随外部条件的变化而极度缩小增加。在推算预期库存需求时，需要考虑那些能使库存发生变化的因素，以及这些因素所产生的作用与影响。

在出库量一定的情况下，商品周转速度快则所需的库存较少，周转速度慢则需要较大的库存量。两者之间的关系可以用函数关系来表示，即

$$周转次数 \times 平均库存量（箱）= 全年出库总量（箱） \tag{6.7}$$

或

$$周转天数 \times 日均商品出库数量（箱）= 平均库存数量（箱） \tag{6.8}$$

预测今后的预期库存需求，也就是估计平均库存在将来某一时间的取值。可通过估算周转天数与日均商品销售量等变量在将来时间可取得的值，将估值代入，即可推算仓库平均库存的取值。

6.2 智慧仓储订单分析

学习目标：

1. 知识目标

（1）掌握 EIQ 分析（订单件数 Entry、货品种类 Item 和数量 Quantity）的基本原理和方法，用于仓储规划的理论依据。

（2）熟悉订单数据的统计、整理和分析技巧，能够运用数据分析工具（如 Excel、SPSS 等）对订单数据进行处理和分析。

2. 能力目标

（1）根据订单数据，能够独立完成订单的审核、分类和优先级确定等工作。

（2）能够运用数据分析工具对订单数据进行处理和分析，得出有价值的结论和建议。

（3）能够灵活调整订单处理策略，以适应市场变化和客户需求的变化。

3. 素质目标

（1）在团队中积极参与讨论，共同制定订单处理策略和优化方案。

(2) 具备创新思维，不断探索新的订单处理策略和优化方法，提高订单处理效率和质量。

(3) 具备耐心细致的工作态度，对订单处理任务认真负责，确保订单处理的准确性和及时性。

任务驱动：

"优车智脑"是以神州优车集团旗下出行、电商和金融三大业务板块海量真实数据为基础，运用大数据、云计算和人工智能等前沿科技，独创的人车生态智能系统，为神州优车各板块业务高效协同发展提供技术保障，也为智慧交通建设提供数据模型和解决方案，推动中国智慧城市的创新发展。研究表明，神州专车响应每个订单耗时平均不到 1ms。试分析订单响应时间与仓储的处理能力、客户满意度之间的关系。

订单分析主要指根据订单数据，对订货单位、订货频率、订单响应时间、订单拆零情况等进行分析。根据订单数据，对订单进行 EIQ 分析，可以为仓储规划提供理论依据。

知识解析：

6.2.1 订货单位分析

订货单位指客户向零售配送中心订购的单位，商品的订货单位不等于其最小可销售单位。常见的订货方式主要有：按托盘订货、按大包装箱订货、按小包装箱订货、按单件订货。

订货单位分析可以帮助仓库确定拣选方式。根据某商品在不同业态中的订货单位不同，该商品的拣选方式可设计为拆零拣选或者整箱拣选，也可设计为支持单存储形态拣选或多存储形态拣选。同时，还可以帮助仓库确定拣选点数目。商品的拣选方式一旦确定后，便可帮助确定拣选点的数目，拣选点数目设计是智慧仓储规划的主要内容之一。

6.2.2 订货频率分析

简单而言，订货频率就是多长时间订一次货。客户订货频率规范后，结合仓储物流中心需要配送的客户数，可以估算每天配送客户数量。同时，可以利用订货频率确定集货区域的大小。分批次拣选时，集货区应当可以摆放每一批次客户的待发货商品；不分批次拣选时，集货区域应当可以摆放这些客户的待发货商品。

6.2.3 订单响应时间分析

订单响应时间指从客户下单到货物配送到达之间的间隔时间。订单响应时间的长短影响仓库的安全库存水平，因此需要根据订单响应时间，从整体来确定物流系统所能够达到的水平。订单响应时间越短，仓储的处理能力越强，反之，订单响应时间越长，仓储的处理能力越弱。

6.2.4 订单拆零情况分析

拆零作业指配送中心在拣选出库时将整箱商品拆散，选取一件货、多件货进行出库的作业。用散件出库占总出库的比例来衡量拆零作业的比例。

在物流中心拆零作业情况可通过 3 种指标综合判断。

1. 拆零商品品种比例

拆零商品品种比例是描述拆零情况最为主要的衡量指标。通过拆零商品品种的分析，可以确定是否需要设置拆零拣货区。没有拆零或拆零商品品种较少时，不需要设置专门拆零拣货区；若某商品既有整箱出库又有单件拆零出库时，必须设置整箱拣选区与零货拣选区。同时，还可以帮助确定拣选点数目。整箱拣选区域的拣选点数目应当超过预期的整箱拣选出库商品 SKU 数；拆零拣选区域的拣选点数目应当超过预期的拆零拣选出库商品 SKU 数。它表达了需要拆散出库商品 SKU 占总出库商品 SKU 的比例。

$$拆零商品品种比例 = \frac{拆零出库商品\ SKU\ 数}{总出库商品\ SKU\ 数} \times 100\% \quad (6.9)$$

2. 拆零订单比例

拆零订单比例指订购散件商品的订单占总订单的比例。通过拆零订单分析，可以帮助确定零货的分拣方式。少量客户存在拆零订货时，分拣方式可设计得较为简单；大量客户存在拆零订货时，快速、高效地对拆零周转箱分拣将成为必须。同时，拆零订单分析可以帮助确定零货包装台的数目。零散货物一般放置于周转箱或额外包装的纸箱出库。若放置于纸箱出库，则需要设置包装台。包装台的数量取决于包装的快慢与订单的数量。

$$拆零订单比例 = \frac{订购散件商品的订单数}{订单总数} \times 100\% \quad (6.10)$$

订单数据需要统计的信息包括：

(1) 全部总出库订单（单据数）：全部订单的总数目。

(2) 仅拆零出库订单（单据数）：仅订购零货的订单数目。

(3) 仅整箱出库订单（单据数）：仅订购整箱的订单数目。

(4) 整/零出库订单（单据数）：既订购零货又订购整箱的订单数目。

3. 拆零量比例

拆零量比例指商品以零货形式出库的出库量占总出库量的比例。通过拆零量分析，可以帮助确定拣选作业模式。一般情况下，若以拆零形式出库的量若超过了总出库量的 5%，则应该为这部分拆零出库商品设计独立的零货拣选作业区域。同时，可以帮助确定零货作业区域的设备。拆零量的大小可以决定了搬运设备、存储设备、分拣设备的选择；比如拆零量过大，则需要设计自动化搬运设备。

$$拆零量比例 = \frac{零货形式出库商品量(箱)}{出库总商品量(箱)} \times 100\% \quad (6.11)$$

计算拆零量需要统计的信息包括：

(1) 总出库量（箱）：订单数据中商品出库量的合计。

(2) 拆零出库量（箱）：以拆零形式出库的折合整箱合计。

(3) 整箱出库量（箱）：以整箱形式出库的箱数合计。

6.3 智慧仓储存储策略

学习目标：

1. 知识目标

(1) 了解货物存储方法。

(2) 熟悉货物储位分配。

(3) 掌握商品存储策略。

2. 能力目标

(1) 深入理解智慧仓储的核心概念与技术架构，掌握存储策略的优化方法与实施技巧。

(2) 具备智慧仓储作业硬件、软件运行维护、应急处理的能力。

(3) 具备根据企业实际情况和需求，选择合适的智慧仓储存储能力。

3. 素质目标

(1) 具备耐心细致的工作态度，对存储任务认真负责，确保存储过程的安全和准确。

(2) 关注环境保护和可持续发展，在存储过程中注重节能减排和资源利用。

(3) 能够积极倾听他人的意见和建议，尊重他人，共同推动智慧仓储存储策略的优化和改进。

任务驱动：

随着电子商务与线上到线下模式（Online to Offline，O2O）的发展，企业和消费者也越来越重视前后端的客户体验。电商企业如何才能把货物又快又好地送到客户的手中呢？

传统仓储储存的货物品类是相对单一的，而云仓是多品类的集中。以往接到企业的订单后，可能需要到不同的仓库去分别取货，最后集中到一起，这样的结果是取货出库的时间即流通的时间比较长。而电商仓则不同，它是将货物集中在同一仓库的不同库位上。思考传统仓储储存和云仓储存有何不同？

知识解析：

存储策略是根据货物的特点和规划的储存区域而定，不同的存储策略产生不同类型的拣选环境。合理的货位存储策略能够充分利用存储空间，减少货物出入库移动的距离，进而提高货物拣选效率。

6.3.1 存储方法

货物入库进行存储，存储方法有很多，确定企业仓库管理应用哪种存储方法需要选择适合自己的，在此基础上，既可以合理安排储位，提升仓储作业效率，降低物流成本，同时也能为整个物流供应链带来效益。常用的存储方法有5种。

1. 定位存储

定位存储指每一项商品都有固定的储位，商品在存储时不可互相窜货位。在采用这一存储方法时，必须注意每一项货物的储位容量必须大于其可能的最大在库量。

定位存储适用于：不同物理、化学性质的货物须控制不同的保管存储条件，或防止不同性质的货物互相影响；重要物品须重点保管；仓库空间大；多品种少批量货物的存储。

采用定位存储方式易于对在库商品管理，提高作业效率，减少搬运次数，但需要较多的存储空间。

2. 随机存储

随机存储指每个物品被分配存储在一个随机的位置中，这个位置可以经常改变，也可以说任何物品都可以存储在任何可用的位置。根据库存货物及储位使用情况，随机安排和使用储位，各种商品的储位是随机产生的。随机原则一般由仓管员按照先进先出、周转率等原则，结合存储习惯和经验对货物进行随机的存储。

随机存储较适用于：仓库空间有限，需要尽量利用存储空间；少品项或多数量的商品存储。

此策略由于共同使用储位，可提高储区空间的利用率。缺点是增加货物出入库管理及盘点工作的难度。周转率高的货物可能被储放在离出入口较远的位置，可能增加出入库搬运的工作量；有些可能发生物理、化学影响的货物在相邻货位上存放，可能造成货物的损坏或发生危险。

3. 分类存储

分类存储是指所有的存储商品按照一定特性加以分类，每一类货品都有固定存放的位置，而同属一类的不同货品又按一定的规则来分配储位。分类储放通常按产品相关性、流动性、产品尺寸或重量、产品特性来分类。

分类存储适用于：商品相关性大，进出货比较集中；货物周转率差别大；商品体积相差大的情况。

分类存储便于按周转率高低来安排存取，具有定位储放的优点；分类后各存储区域再根据货物的特性选择存储方式，有助于货物的存储管理。分类存储的缺点是储位必须按各类货物的最大在库量设计，因此储区空间平均的使用率仍然低于随机存储。

但是在"货到人"智慧仓中可能会出现某类商品被频繁拣选的情况，造成AGV仓储机器人的局部拥堵。

4. 分类随机存储

分类随机指每一类商品有固定存放位置，但在各类的存储区内，每个储位的指派是随机的。分类随机存储的优点为：既有分类存储的可区分不同存储区域货物的优点，又可节省储位数量提高储区利用率。因此，可以兼有定位存储和随机存储的特点。其缺点为在库商品的出入库管理及盘点工作的进行困难度较高。

5. 共同存储

共同存储指在确定知道各商品的进出仓库时刻，不同的商品可共用相同储位的方式。共同存储在管理上虽然较复杂，但仓库里的存储空间大，有效面积利用率高，搬运成本低，总体来说其存储空间及搬运时间更经济。

6.3.2 储位分配

储位分配就指在存储空间、存储设备、存储策略、储位编码等一系列前期工作准备就绪之后，用什么方法把货品分配到最佳的货位上。储位分配包含两种：一是为了出入库的原料分配最佳储位（因为可能同时存在多个空闲货位），即入库货位分配；二是要选择待出库物品的储位（同种物品可能同时存放在多个货位）。

1. 储位分配的原则

存储策略必须与货位分配原则有机结合起来才能决定物资存储作业模式。为了科学合理地进行物资的存储作业，在进行物资货位分配时需要遵循以下原则：

（1）货架受力情况良好。较重物品存于货架底层，较轻的物品存放在高处的货位，使货架受力稳定。分散存放，物品分散存放在仓库的不同位置，避免因集中存放造成货架受力不均匀。

（2）加快周转，先进先出。同种物品出库时，应先进先出。以加快物品周转，避免因物品长期积压产生锈蚀、变形、变质及其他损坏造成的损失。按照商品在仓库的周转率来安排储位。商品按照周转率进行排序，然后将其分为若干段，同时储位也根据周转效率分为若干段，将不同区间段周转率的商品指派到固定周转效率段的储位，该法则一般与定位存储策略、分类（随机）存储策略配合使用。

（3）提高可靠性，分巷道存放。仓库有多个巷道时，同种物品分散在不同的巷道进行存放，以防止因巷道堵塞影响某种物品的出库，造成生产中断。

（4）提高效率，就近出入库。为快速响应出库请求，一般将物品就近放置在出库台附近。即将入库的商品指派到离出库口最近的空储位上。该储位指派法则一般与随机存储策略、共用存储策略相配合使用。

（5）相关性法则。将商品相关性高的商品尽量存放在相邻位置，商品的相关性是指被同时订购的频次高低。该策略一般与分类（随机）存储策略配合使用，并且该方法一般适用于商品的拣选作业区。

（6）同一性法则。把同一种商品存储在同一个保管位置的法则。这种方法有利于商品的管理和盘点，适用于商品种类少的仓库。

（7）互补性法则。将具有互补性的商品放于邻近的货位上，以便缺货情况下的另一种商品的快速替代。

（8）尺寸特性法则。在仓库布置时需要考虑商品尺寸和形态，根据商品的存储数量和尺寸对商品安排合理的储位，可以有效地减少搬运时间。

2. 储位分配的要素

储位分配时要考虑的基本要素包括供应商、商品特性、进货规定、数量、品种、储位空间，以及存储、搬运设备等。

(1) 商品的供应渠道，是本公司生产还是外购，有无行业特性及影响等。

(2) 商品的体积、重量、单位、包装、周转快慢、季节性分布，及自然属性、温湿度要求、气味的影响等。

(3) 进货规定中的采购前置时间、采购作业特殊要求等。

(4) 商品的生产量、进货量、库存决策、安全库存等。

(5) 商品的种类类别、规格大小等。

(6) 除此之外，还要考虑如何摆放。

(7) 储位单位：即储位商品的单位是单品、箱，还是托盘。

(8) 储位策略：即定位存储、随机存储、分类存储，还是分类随机存储，或者其他的分级、分区存储。

(9) 储位分配原则：即靠近出口，以周转率为基础。

3. 储位分配的方式

(1) 人工分配。以人工分配货位，所凭借的是管理者的知识和经验，其效率会因人而异。要求仓管人员必须熟记储位分配原则，并能灵活应用；仓储人员必须按分配单证将商品放在指定储位上，并做好详细记录；实施动态管理，因补货或拣货作业时，仓储人员必须做好登记消除工作，保证账物相符。人工分配货位需要其他设备，费用较少，但人工分配效率较低，出错率高，且需要大量人力。

(2) 计算机辅助分配。这种货位分配方式是利用图形监控系统，收集货位信息并显示货位的使用情况，提供给货位分配者实时查询，为货位分配提供参考，最终还是由人工下达货位分配指示。

(3) 计算机自动分配。利用图形监控储位管理系统和各种现代化信息技术（条形码扫描器、无线通信设备、网络技术、计算机系统等），收集货位有关信息，通过计算机分析后直接完成货位分配工作，整个作业过程不需要人工分配作业。

6.3.3 存储策略

1. ABC 分类法

(1) A 类货物管理方法：尽可能缩短订货提前期，对交货期限加强控制。科学设置最低定额、安全库存和订货点报警点，防止缺货发生；与供应商和用户共同研究替代品，尽可能降低单价；制定应急预案，补救措施。每天都要进行盘点和检查。

(2) B 类货物管理方法：采用定量订货方法，前置期时间较长；应该每周进行盘点和检查。

(3) C 类货物管理方法：大量采购，获得价格上的优惠。由于所消耗金额非常小，即使多储备，也不会增加太多金额。简化库存管理。每月循环盘点一遍。常用的是"双箱法"，就是将某项库存货物分装两个货箱，当第一箱用完时，就意味着必须马上提出订货申请，以补充仓库中已经出库和即将出库的部分。

储位安排方面，货物需求总量大但使用托盘的数量却很少，将其放在普通货架区，降低设备运营成本；对于拣货区储位安排，将其放置在电子标签拣货区，以便于加快拣货速度。对于存储区储位安排，将销量大的 A 类、B 类产品存放于立体仓库货架，加快出库效率；将销量相对较小的 C 类产品放置于普通货架区，降低设备运营成本。

2. EIQ 分析法

EIQ 分析法是日本权威物流专家铃木震先生通过 40 多年的实战经验积累，所独创的一种分析方法。所谓 EIQ 即是订单件数 Entry，货品种类 Item 和数量 Quantity。即利用 E、I、Q 这 3 个物流关键要素，从客户订单的品项、数量与订购次数等观点出发，来研究配送中心的需求特性，为配送中心提供规划依据。EIQ 的基本思想：在订单出库资料取样的基础上，运用柏拉图、次数分布图及 ABC 分析工具等，对其订单进行订单量（EQ）、订货品项数（EN）、品项数量（IQ）、品项受订次数（IK）等的统计分析，以获取规划信息。

（1）柏拉图分析。在一般物流的作业中，如将订单或单品品项的出库量先进行排序，然后绘制 EQ、IQ 二维分布图，并将它的累积量以曲线的形式表示出来，即为柏拉图，这是最基本的数量分析工具。

（2）次数分布。绘制出 IQ、EQ 等柏拉图分布图后，若想进一步地分析商品出货量的分布情形，可以将出货量的范围进行适当的分组，并计算各种商品的出货量出现在各组范围的次数。

（3）ABC 分析。在绘制 EQ、IQ、EN、IK 等统计分布图时，除了可以采用次数分布图找出分布趋势外，还可以采用 ABC 分析法将某一特定范围内的订单或产品找出，对其进一步分析和重点管理。一般情况下，先按商品的出货量排序，选出占前 20% 和 50% 的品项数（或订单件数）的商品，计算其出货量占总出货量的比例，并将结果作为重点分类的依据。如果出货量集中在少数的产品（或订单），则可针对这些商品（少数的品项数而占有重要出货比例）做更详细的分析和规划，从而达到事半功倍的效果。相对而言，对于产品种类很多但出货量很少的商品组群，在规划过程中，可分类分区规划方式处理或暂不考虑，从而简化系统的复杂度，还能提高设备的利用率和可行性。

（4）交叉分析。在进行 EQ、IQ、EN、IK 等 ABC 分析后，除了能够分别对订单资料进行分析外，也可以根据其 ABC 的分类进行交叉组合分析。如将单日和全年的数据资料进行交叉分析，或 EQ 与 EN、IQ 和 IK 等均可以进行交叉分析，从而得到有利的分析结果。

6.3.4 储位优化

储位优化时通过一定的分配原则、合适的存储策略为每种品项制定储位，减少拣选时间、路程，从而提高拣选效率。储位优化的目标是最大化货架内品项的相关性和订购频次，减少货架的搬运次数，同时最大化货架间的相关性，减少 AGV 在货架间的行走路程。

AGV 小车作业过程中执行的是双循环作业命令，因此货位优化中要尽可能最大化同一个货架中的品项的相关性和订购频次，对商品进行聚类，将订购频次高、相关性强的品项存储于同一货架上，使得每个货架的内聚度（内部相关度）最大，减少货架的搬运次数。

储位优化的步骤如下：

第一步：计算不同商品品类在不同销售时段内被订购的频率，即每类商品的周转率。然后计算商品品类 i 和 j 之间在不同销售时段 t 的相关性系数、商品品类之间的距离。

第二步：根据货架容量等约束以及商品品类之间的关联关系，对商品进行聚类。

第三步：在商品的存储过程中考虑货架的稳定性，即将聚类后的商品按照体积大小和重量存放在货架不同的货格内。

第四步：计算每个货架的周转率，等于该货架内部所存储商品的最大周转率。对货架按照周转率由高到低进行排序。

第五步：计算两个货架内部商品依次被同时订购的频率总和得到每两个货架之间的相关性。

第六步：按照仓储区域的货架摆放数量要求，分组摆放货架。利用坐标的形式对存储区域当中的每一个存储位置进行定位。

第七步：在货架周转率顺序的基础上，将货架进行分散存储，从靠近拣选站的一侧开始依次向存储区域后方分配货架储位，即在存储区域中货架交叉分散存储。

6.4 智慧仓储拣选策略

学习目标：

1. 知识目标

（1）深入理解智慧仓储拣选策略的定义、重要性及其在仓储物流体系中的作用。

（2）了解拣选策略与仓储布局、设备配置、人员安排等因素之间的相互影响。

（3）掌握拣选策略的工作流程，包括订单处理、库存查询、拣选路径规划等关键环节。

2. 能力目标

（1）分析订单数据，识别拣选需求，制定合适的拣选策略。

（2）考虑产品特性、客户需求、库存水平等因素，对拣选策略进行优化和调整。

（3）能够灵活地选择拣选策略，以适应市场变化和客户需求的变化。

3. 素质目标

（1）树立"降本增效"的工作意识。

(2) 培养学生技术创新精神。

(3) 培养学生精益求精的工匠精神。

任务驱动：

电商仓库和其他传统物流存储仓库相比有其特殊性，每单量小且杂，出库频率快，物流公司多，针对这种特征，请思考采用什么拣货方式，才能提高员工操作效率？

知识解析：

6.4.1 拣选方法

拣选方法有摘果法、播种法和复合。在不同的仓库中和不同的订单类型，选择有效的拣选方法可有效地提高拣选效率。

1. 摘果法

摘果法，也叫拣选法，是针对单个订单，分拣人员按照订单所列商品及数量，将商品从储存区或分拣区拣取出来，然后集中在一起的拣货方式。摘果式拣选作业方法简单，接到订单可立即拣货，作业前置时间短，作业人员责任明确；但当商品品项多时，拣货行走路径加长，拣取效率低下。摘果法拣选方式适合订单大小差异较大，订单数量变化频繁，商品差异较大的情况，如化妆品、电器、家具等。摘果法拣选作业流程如图 6.1 所示。

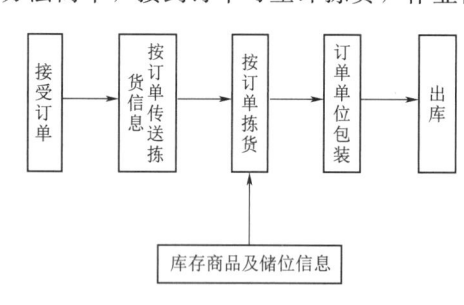

图 6.1 摘果法拣选作业流程

2. 播种法

播种法，也叫分拣式法，是将多张订单集合成一批，按照商品品种类别加总后再进行拣货，然后依据不同的客户或不同订单分类集中的拣货方式，也成为批量拣取。播种法可以有效缩短拣选商品的行走时间，但是需要订单累积到一定数量才可一次性处理，存在停滞时间。播种法适合订单变化量小，订单数量庞大，商品外形规则且固定的情况。播种法拣选作业流程如图 6.2 所示。

智慧仓储拣选货物时，大部分都配套使用货到人拣选系统，采用播种法的形式完成货物的拣选工作。

"货到人"拣选具有十分明显的优势，随着人工成本的不断攀升，实现"货到人"不仅可以有效节约人工成本，也可有效地降低作业难度，提高作业效率。"货到人"拣选技术主要有以下优势：

(1) 拣选高效。"货到人"拣选技术具有高效的优势。首先，"货到人"拣选作业的效率一般是人工拣选的 8～15 倍；其次，"货到人"拣选具有极高的准确性，系统通过配合电子标签、RFID、拣选站台、称重系统等辅助拣选系统，有效地降

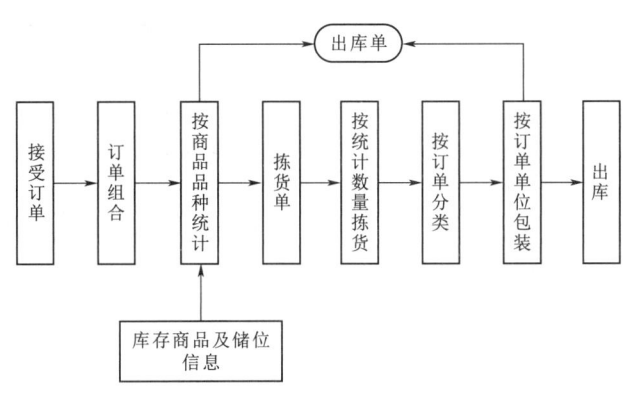

图 6.2 播种法拣选作业流程

低拣选的出错率,"货到人"拣选的准确率一般在 99.5%~99.9%。同时,通过拣选站台系统、称重系统等辅助复核,减少了人工复核的强度。

(2) 存储高效。"货到人"拣选系统通过密集存储或移动货架进行存储,其存储密度也大大提高。其中密集存储货架去掉了多余的巷道空间,提高了货架的密度,移动货架根据不同货物的包装规格设计了多种规格货格,通过不同规格货格的组合,有效提高了货架空间的使用率。

(3) 降低劳动强度。"货到人"拣选通过智能搬运设备或自动输送设备搬运货物,大幅地降低了作业人员的劳动强度。在多层穿梭车系统中,一个巷道对应 1 个拣选站台,1 个拣选分配 1 个工作人员,整个仓库仅需少量工作人员即可实现全部的拣选作业;在智能搬运机器人系统中,一个偌大的仓库仅需少量的工作站台即可完成商品的拣选,主要的搬运工作均由智能机器人来完成。

3. 复合拣选

为综合摘果法和播种法的优劣,复合拣选法是采取将订单摘果拣选和播种拣选综合起来的复合拣选方式。复合拣选根据订单的品种、数量和出库频次等确定哪些订单适用于摘果拣选,哪些适用于播种拣选,进行分别处理。电商物流中心每天的客户订单数量较大,商品规格较为固定,商品种类虽然繁多但也较为固定,适用于播种式拣选方式。

6.4.2 拣选策略

拣选策略是影响拣选作业效率的重要因素,对不同的订单需求应采用不同的拣选策略。拣选策略主要有 4 个关键因素:分区、订单分割、订单分批和分类。根据这 4 个关键因素的交互作用,可产生不同拣选策略。

1. 分区

分区指将拣选作业场地区域划分,按分区原则的不同有以下分区方式:

(1) 货品特性分区。货品特性分区就是根据货品的原有的特性将需要特别存储搬运或分离存储的商品进行分区存放。

(2) 拣选单位分区。将拣选作业区按照拣选单位进行划分区域,如箱拣选、单品拣选、特殊商品拣选等，其目的是将存储单元和拣选单元分类统一，便于分拣和搬运，使拣选作业简单化。

（3）拣选方式分区。根据不同的拣选方式，将拣选作业区进行分区。通常以商品销售的 ABC 分类为原则，按照 ABC 分类结果确定拣选方式后确定拣选分区。其目的是使拣选作业单纯一致，减少不必要的重复行走时间。

（4）工作分区。在相同的拣选方式下，将拣选作业场地再做划分，由固定的组员进行负责分拣固定区域的商品。工作分区有利于组员对储位的记忆并减少运动距离，减少拣选时间，但是需要投入大量的人力，并且在一张订单需要多区拣选时，还需要二次合并，手续较为烦琐。

在电商物流中心中，拣选区根据拣选单位不同分为大件拣选区和小件拣选区，大件拣选区商品单箱单件，以箱为拣选单位；小件拣选区的商品以单箱多件，以件为拣选单位。

2. 订单分割

订单分割指当订单上订购商品较多或拣选系统要求及时快速处理时，为使其能在短时间内完成拣选处理，可将订单分成若干个子订单交由不同拣选区域同时进行拣选作业的订单分拣过程。订单分割一般与拣选分区相对应，订单到达物流中心后，首先要根据商品的储存区域进行订单的分割，各个拣选区域再根据分割后的子订单进行进一步处理或直接拣选，在拣选后进行汇总或直接分批出库。

3. 订单分批

订单分批是为了提高拣选作业效率而把多张订单集合为一批进行批次处理的过程，通过订单分配可缩短分拣平均行走搬运的距离和时间。在批次处理的过程中，可将批次订单中的同一商品进行统计并统一拣选，然后再通过分拨将该商品分给各个订单，这样可减少分拣作业的平均搬运距离，减少重复寻找货位的时间，提高拣选效率。订单分批策略如下：

（1）总合计量分批。合计拣选作业前累计的所有订单中每一种商品的总量，再根据这一总量进行分拣以减少拣选路径，但该方法需要强大的分类系统支持。该方法适合固定点之间的周期性配送，可在固定时间段来完成订单收集、订单分批、订单分拣和分类。

（2）时窗分批。时窗分批指订单按照短时间并且固定的到达时窗进行分批，如 5min、10min 等，将此时窗内所到达的所有订单何为一个批次，进行批量分拣。该方法适用于订单比较紧急或时效性较高的商品，一般与分区策略、订单分割策略联合运用，尤其适用于到达时间短且平均，单次订购量和商品种类数较少的订单形态。

（3）固定订单量分批。订单分批按先到先处理的基本原则，当累计订单量达到设定的数量时，再进行拣选作业。适用于到达时间平均且订购数量和商品种类较少的订单形态，其订单处理速度较时窗分批较低，但其作业效率稳定性较高。

（4）智能分批。智能分批是将订单汇总后经过复杂的计算机计算，将其分拣路径相近的订单分为一批同时处理，可大大减少拣选搬运行走距离。该方式一般适用于订单不紧急,可进行累计汇总后进行处理的订单形态,对于紧急插单的情况处理困难。

4. 分类

采用播种拣选作业方式时,拣选后的商品需要按照订单进行分类。分类方式按照分类时间大致可分为两种:

(1) 分拣时分类。在分拣的同时将商品按照订单分类,这种方式通常与固定订单量分批和智能分批进行联合使用,一般需要分拣台车或播种货架作为拣选设备,并通过计算机系统辅助完成快速分拣,适用于量少品项数多的订单形态。

(2) 分拣后集中分类。分批按照合计数量拣选后再集中进行分类。该方式可采用人工分类,也可使用分类输送机系统进行集中分类,一般采用后一种。当订单商品种类数多时,一般采用分类输送机系统进行分类,可减少分类出错率。

5. 拣选策略应用

拣选系统中,拣选策略尤为重要。拣选策略的 4 个主要元素之间相互关联,相互影响。如图 6.3 所示,为拣选策略组合图,通过不同元素的相互配合形成不同策略。

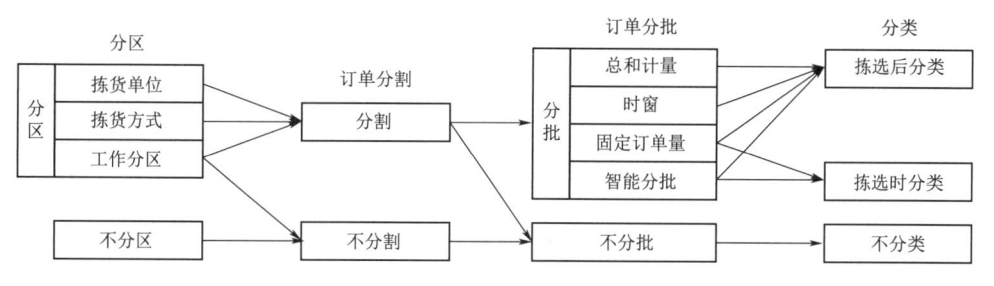

图 6.3 拣选策略组合图

6.5 智慧仓储补货策略

学习目标:

1. 知识目标

(1) 了解补货策略在智慧仓储管理中的重要性。

(2) 深入了解各种补货策略的工作原理和适用场景。

(3) 掌握常见的补货策略类型。

2. 能力目标

(1) 分析库存数据,识别补货需求。

(2) 结合产品特性、市场需求等因素,制定合适的补货策略。

(3) 熟练操作智慧仓储管理系统。

(4) 能够灵活调整补货策略,以适应市场变化和库存波动。

3. 素质目标

(1) 在团队中积极参与讨论,共同制定补货策略和优化方案。

(2)具备创新思维，不断探索新的补货策略和优化方法，提高补货效率。
(3)具备耐心细致的工作态度，对补货任务认真负责。

任务驱动：

补货就是将拣货区缺货的商品，从存储区移动到拣货区，这是字面意义上的描述，可以想象，如果在超市，商家发现消费者要买的东西在货架上已经没有了才去补货，那是不是有可能就会因为消费者等待的时间太久，而错过了一次销售呢？

同样的道理，在仓储的拣货作业中，如果是到了拣货的时候发现这件商品缺货了才去通知补货，是不是也会影响拣货的效率呢？

这时候，如果通过一个任务，把即将缺货的商品统一生成补货的任务进行补货，是不是就可以解决拣货区缺货而导致的拣货效率降低的问题了呢？

知识解析：

补货通常是将货物从保管区移到拣货区的作业过程，保证拣货区有货可拣。补货时可以整件补到流动式货架上，供人工拣货；也可以拆开外包装零货补到自动分拣机上，保证自动分拣机有货可拣。

6.5.1 补货作业目的

补货作业的目的是向拣货区补充适当的货物，以保证拣货出库作业的顺利进行，通常以托盘或箱为单位，从商品的保管区（或称为存储区）将货物移到拣货区的作业过程，如图6.4所示。

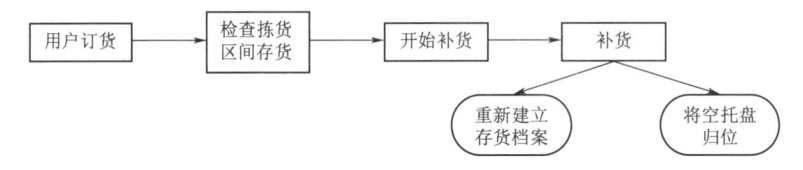

图6.4 存储区到拣货区基本流程图

6.5.2 补货作业方式

补货作业前一定要仔细地计划，不仅为了确保存量，也要将其安置于方便存取的位置。补货方式取决于货物的物品特性以及场地、设备等。主要的补货方式有拼/整箱补货、托盘补货和货位补货（整栈补货）。补货作业所需的设备主要为拣选搬运设备，如堆高机、电动式拖板车等。

1. 拼/整箱补货

这种补货方式是由货架保管区补货到流动货架的拣货区，这种补货方式的保管区为料架储放区，而动管拣货区为两面开放式的流动棚拣货区。拣货人员在流动棚拣货区拣取单品放入浅箱（篮）中之后把货物放入输送机并运到发货区。当动管区的存货低于设定标准时，则进行补货作业。

2. 托盘补货

这种补货方式是以托盘为单位进行补货。根据补货的位置不同,又分为两种情况:一种是地板至地板;另一种是地板至货架。

3. 货位补货

此种补货方式为保管区与动管区属于同一货架,也就是将一货架上方便拿取之处(中下层)作为动管区,不容易拿取之处(上层)作为保管区。进货时将动管区放不下的多余货箱放至上层保管区。对动管拣取区的物品进行拣货,而当动管区的存货低于设定标准之下时,则可利用叉车将上层保管区的物品搬至下层动管区补货。此保管、动管区存放形态的补货方式适合体积不大、每品项存货量不高且出货多属中小量(以箱为单位)的物品。

4. 其他补货方式

(1) 直接补货。与前面介绍的方式不同,直接补货方式是补货人员直接在进货时将物品运至拣选区,物品不再进入保管区的补货方式。

(2) 复合式补货。在复合式补货情况下,拣选区的物品采取同类物品相邻放置的方式,而保管区采取两阶段的补货方式。第一保管区为高层货架;第二保管区位于拣选区旁,是一个临时保管区。补货时先将物品从第一保管区移至第二保管区。当拣选区存货降到设定标准以下时,再将物品从第二保管区移到拣选区,由拣选人员在拣选区将物品拣走。

(3) 自动补货。在一些自动仓库中,通过计算机发出指令,物品被自动从保管区送出,经过扫描物品及容器条码后,将物品装入相应的容器,然后容器经输送机被运送到旋转货架处进行补货。

6.5.3 补货作业时机

补货作业的发生与否应视拣货区的货物存量是否符合需求,因而究竟何时补货需检查拣货区存量,以避免拣货中途才发觉拣货区的货量不足,而造成影响整个拣货作业。补货时机主要有批次补货、定时补货和随机补货 3 种方式,配送中心应视具体情况选择适宜的补货作业方式。

6.5.4 补货技术

仓库内部常用的补货技术各有特点,既可以在补充存货时单独使用,也可以将几种技术结合起来使用。只要能够适合仓库的具体情况,就能取得很好的效果。

1. 人工视觉检测补货技术

人工视觉检测补货技术相对简单,它通过直接检查现有存货的数量决定是否补货。使用这种方法,只要对存货进行定期的视觉检查,并事先确定补货的规则,就可以进行补货了。如补货规则规定存货箱半空或只有两盘存货时就应补货,那么在定期检查过程中首先将符合补货规则的存货种类挑出来,然后系统生成订货购置单,交给采购部门审核采购。

2. 双箱补货系统技术

双箱补货系统技术是一种固定数量的补货系统。将存货放到两个箱子(或其他形式的容器）里。其中，一个放在分拣区，另一个放到库房存储区保存起来。当分拣区的箱子空了，库存区的箱子就被提到前面来满足顾客需求。空箱子起到了补货驱动器的作用。每箱所要求的数量是在等待补货到达期间服务于所必需的最小库存。

3. 定期检测补货系统

在定期检测订购系统中，每一种产品都确定有一个固定的检测周期，检测结束时做出下一步的产品补货订购决策。只要能够满足产品需求检测周期就可以按天、周、月或季度确定。这种方法被称作固定周期/可变订购量系统。

4. 配送需求计划 DRP 系统

配送需求计划（Distribution Requirements Planning，DRP）以优先序列、时间阶段的方法，通过接触顾客并预测需求来对存货进行规划。这种技术也被称为时间阶段订购法。DRP方法的最大优势在于能及时地将供给与预期需求相匹配，以此决定订购行为。当需求超过供给的时候，系统会提醒规划者根据预先确定的批量规模订购产品，并使之在预期发生缺货的时候能保证够用。此外，DRP系统运行过程中，系统将不断重新调整供给与需求的关系，为订购者提出一套新的需求订购方案。

6.5.5 补货作业流程

补货作业是拣货作业的前提保障。补货作业环节主要流程包括确定现有库存水平和补货作业方式、确定补货点、制定补货计划和补货作业，如图 6.5 所示。

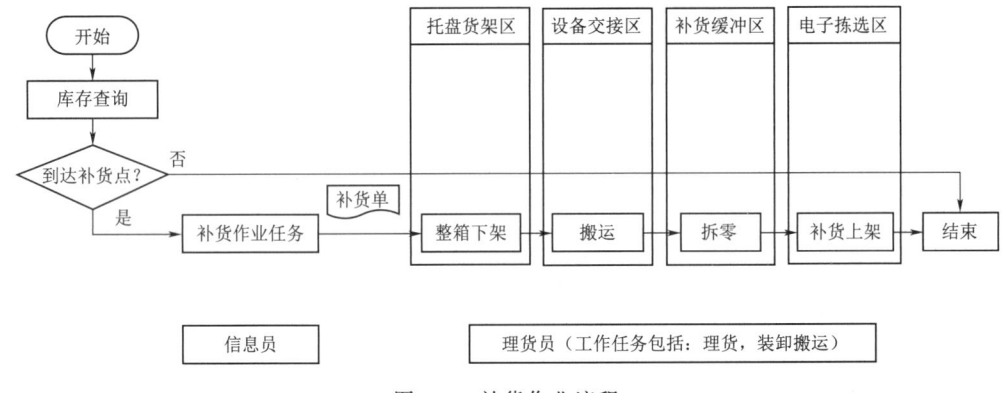

图 6.5 补货作业流程

6.6 主题任务：智慧仓储运营管理的调研

1. 调研背景和目的

随着物流行业的快速发展和技术的不断进步，智慧仓储运营管理已成为提升仓储效率、降低运营成本、增强企业竞争力的关键手段。通过引入智能化技术和管理模式，企业可以实现对仓储流程的精准控制、对库存的实时监控以及对资源的优化配置。

本次调研旨在深入了解智慧仓储运营管理的现状、挑战与机遇，分析其在提升仓储效率、降低运营成本、增强客户满意度等方面的实际效果，并为企业制定智慧仓储运营管理策略提供科学依据和参考建议。

2. 调研内容

(1) 智慧仓储技术现状。

1) 自动化仓储设备（如堆垛机、AGV、输送带等）的应用情况。

2) 物联网、大数据、人工智能等技术在仓储管理中的应用案例。

3) 智能仓储管理系统的功能、性能及用户评价。

(2) 智慧仓储运营管理模式。

1) 自动化仓储作业流程（入库、存储、出库、盘点等）的优化措施。

2) 库存控制策略（如JIT、EOQ等）在智慧仓储中的应用效果。

3) 客户化仓储管理方案的设计与实施情况。

(3) 智慧仓储运营管理的成效与挑战。

1) 企业在实施智慧仓储运营管理后取得的成效（如成本降低、效率提升、客户满意度提高等）。

2) 面临的挑战与问题（如技术难题、人才短缺、资金投入等）。

3) 行业最佳实践与案例分析：国内外智慧仓储运营管理的成功案例及其经验总结。失败案例的剖析与反思，提取教训与启示。

3. 调研方法

(1) 文献研究。收集并梳理国内外关于智慧仓储运营管理的相关文献、报告和资料，了解行业发展趋势和前沿动态。

(2) 实地调研。走访具有代表性的智慧仓储运营管理企业，进行实地考察和调研，了解其实施情况、成效与挑战。

(3) 问卷调查。设计并发放智慧仓储运营管理相关问卷，收集企业、员工、客户等多方面的意见和建议。

(4) 访谈交流。与智慧仓储领域的专家、学者和企业高管进行访谈交流，获取深入的行业洞察和宝贵建议。

4. 调研步骤

(1) 准备阶段。明确调研目的和内容，制定调研计划和方案，准备调研工具和材料。

(2) 实施阶段。按照调研计划进行文献研究、实地调研、问卷调查和访谈交流等工作，收集并整理相关数据和信息。

(3) 分析阶段。对收集到的数据和信息进行统计分析、归纳总结和对比分析，提炼出有价值的结论和观点。

(4) 总结阶段。撰写调研报告，总结调研成果和发现的问题，提出针对性的建议和改进措施。

5. 预期成果

(1) 调研报告。形成一份全面、客观、深入的智慧仓储运营管理调研报告，为企业制定智慧仓储运营管理策略提供科学依据和参考建议。

（2）问题清单。梳理出智慧仓储运营管理中存在的主要问题和挑战，为企业后续改进工作提供方向和目标。

（3）改进建议。针对调研中发现的问题和挑战，提出具体的改进建议和优化措施，帮助企业提升仓储运营效率和管理水平。

复 习 思 考 题

1. 简述5种存储方法的优缺点和适用范围。
2. 储位分配的原则是什么？常用的储位分配方式有哪些？
3. "货到人"拣选的特点有哪些？
4. 智慧仓储的拣选策略有哪些？
5. 补货作业的方式有哪些？什么时候补货最为合适？

第 7 章 智慧仓储库存管理与控制

学习目标与要求

1. 知识目标
(1) 能够知悉智慧仓储环境下库存的内涵及库存的重要性。
(2) 能够明确库存管理的概念及内容，明确库存控制的概念及作用。
(3) 能够阐述智慧仓储库存管理的目的，归纳并区分几种不同的库存管理方法。
(4) 能够灵活运用 ABC 库存管理方法解决实际问题。
(5) 能描述常见的库存控制模型，会运用 EOQ、定量订货法、定期订货法等库存控制方法解决实际问题。
(6) 能适应现代物流技术的发展，学会供应链思想下的现代库存控制技术。

2. 能力目标
(1) 会运用 ABC 管理法对企业库存进行分类管理。
(2) 能灵活运用定量订货法、定期订货法等库存控制方法控制企业库存。
(3) 具备供应链管理的思想，能将现代库存控制技术应用于企业库存管理中。
(4) 具备基本的库存控制与管理的能力。

3. 素质目标
(1) 培养学生敏感的数据处理、决策素养。
(2) 培养学生精益求精、细致认真的职业素养。
(3) 培养学生科学创新的思维、严谨踏实的工作态度。

导入案例

某药店的库存控制

J 女士是某药店的主管，在接到总公司要求消减库存的通知后，她开始着手这方面的工作。面对店里销售的几百种药品，J 女士非常了解，盲目的动作会对销售产生不良的影响，所以她打算从店里销售比较好的乐敦眼药水着手进行试验，并把取得的经验加以总结推广。根据去年的情况，该眼药水的年销售量约在 2400 盒，扣除节假日等，日平均销售量在 8 盒左右，每盒的进价为 5 元。每次订货的完成周期平均是在 10 天，而从配送中心发 1 辆车送货的费用为 300 元。在与其他员工的协商中，大家提出了 3 种不同的方案，订货量分别为 80 盒、40 盒、480 盒，订货间隔为 10 天、5 天、60 天，这 3 种方案看上去又各有利弊，J 女士感到很困惑。

案例讨论：

假设 J 女士来找你咨询哪个方案好，你将给出怎样的建议？你觉得应如何策划并实施这项工作？

调研任务：

在智能仓储时代，企业应如何进行库存管理与控制？请通过网络或者访问调查的方式进行调研。

从某种意义上讲，仓储管理在物流管理中占据着核心的地位。从物流的发展史可以看出，物流的研究最初是从解决"牛鞭效应"开始的，即在多环节的流通过程中，由于每个环节对于需求的预测存在误差，因此随着流通环节增加，误差被放大，库存也就越来越偏离实际的最终需求，从而带来保管成本和市场风险的提高。

解决这个问题的思路，从研究合理的安全库存开始，到改变流程，建立集中的配送中心，以改变生产方式，实行订单生产，将静态的库存管理转变为动态的 JIT 配送，实现降低库存数量和周期的目的。

在这个过程中，尽管仓库越来越集中，每个仓库覆盖的服务范围越来越大，仓库吞吐的物品越来越多，操作越来越复杂，但是仓储的周期越来越短、成本不断递减的趋势一直没有改变。从发达国家的统计数据来看，现代物流的发展历史就是库存成本在总物流成本中所占比重逐步降低的历史。

库存的最优控制部分是确定仓库的商业模式的，即要确定本仓库的管理目标和管理模式，如果是供应链上的一个执行环节，是成本中心，多以服务质量、运营成本为控制目标，追求合理库存甚至零库存。

7.1 智慧仓储库存管理与控制概述

学习目标：

通过学习，能够知悉库存的内涵，正确分辨库存的种类，能归纳出库存的重要性，能够阐述库存管理、库存控制的含义，明确库存管理的内容、库存控制的作用；具备基本的库存管理能力；培养科学创新的思维、严谨认真的工作态度。

任务驱动：

在企业生产经营过程中，各个环节都会涉及库存，库存作为保证企业生产经营的重要保障，要占用大量的资金，库存管理的好坏对企业的经营效益和正常运转都会产生重大影响。因此，库存管理与控制在企业的生产经营中发挥着举足轻重的作用。请各组同学分工协作，调研当前国内外企业库存管理与控制的现状及发展趋势，完成综述，课上共同探讨交流。

知识解析：

7.1.1 库存的内涵及重要性

现今越来越多的企业经营者，特别是物流经营者和管理者非常重视库存的作用，有的学者甚至把物流管理定义为静止的或运动的库存管理。库存是一项巨大、昂贵的投资，需要支付巨额的成本。努力减少库存并降低库存成本，甚至追求零库存是库存管理乃至物流管理的终极目标。

1. 库存的内涵

库存是指一系列储存的物料。库存中的每一种物品都代表众多物料种类中的具有某种特性的物品种类。

库存具有整合需求和供给、维持各项活动顺畅进行的功能。当顾客订货后要求收到货物的时间（交货周期）比企业从采购材料、生产加工到运送货物至顾客手中的时间（供应链周期）要短的情况下，为了弥补这个时间差，就必须预先储存一定数量的商品。

例如，某零售商直接向生产厂家订购一定数量的商品并要求第二天运送到货，而生产厂家生产该商品需要5天时间，运送需要花1天时间。如果生产厂家预先生产一定数量的这种商品并储存在仓库的话，则可立即满足顾客的要求，避免发生缺货或延期交货的现象。一般来说，企业在销售阶段，为了能及时满足顾客的需求，避免发生缺货或延期交货现象，需要有一定的成品库存。在采购和生产阶段，为了保证生产过程的连续性，需要有一定的原材料、零部件库存。

2. 库存的重要性

企业需持有一定数量的商品库存，但是库存商品要占用资金，发生库存维持费用，并存在库存积压而产生损失的可能。因此，企业既要防止缺货，避免库存不足，又要防止库存过量，避免发生大量不必要的库存费用。在二者之间寻求最佳的平衡是非常重要的，合理库存对企业的重要性主要体现在以下几方面：

第一，合理库存可以实现企业生产经营成本的极大降低，如JIT生产方式下的零库存大大地降低了浪费、消除了多余库存。

第二，在现代信息技术支持下，缩短库存周期，提高快速响应能力，及时满足消费者的需求，可以使消费者的满意度得到大大提高。

第三，通过即时供应系统、零库存系统、POS系统等手段，使企业获得更加长远的战略发展能力。

第四，在经济全球化的背景下，通过库存物流的全球配置对企业市场的占领和扩张更是具有非常重要的作用。

第五，通过库存物流的合理化，提高装备和运输系统的利用效能，减少污染、改善环境，降低企业和政府的社会成本。

企业通过其高效、合理的库存管理活动和物流管理行为，不仅能够使企业降低经营成本，而且会为客户提供优质的服务。

7.1.2 库存管理概述

7.1.2.1 库存管理的含义

所谓库存管理是指对库存的各种物品及其储备进行科学严格的管理，即根据外界对库存的要求、企业订购的特点、预测、计划和执行一种补充库存的行为，并对这种行为进行控制，重点在于确定如何订货、订购多少、何时订货。一般认为，库存管理就是库存控制，它们的主要内容基本上是相同的。但从管理层次上看，库存管理主要针对策略层，而库存控制主要针对作业层。

7.1.2.2 库存管理的内容

不同类型的企业库存管理标准是不同的，所以确定库存管理方法前要了解库存所属类型，清楚影响库存管理的因素，再确定相应的库存管理内容。

1. 库存的分类

（1）按库存的作用和目的划分。

1）周转库存。为满足企业生产经营，按周期性批量购入形成的库存称作周转库存。周转库存涉及两个概念：一个是订货周期，即相邻两次订货之间的间隔时间；另一个是经济订货批量，即每次订货的最佳数量。

2）安全库存。客户需求和订货提前期等方面具有不确定性，企业为保证生产经营需持有超过周转库存的安全库存。安全库存是用来应对客户需求、生产周期或订货周期等不确定性变化发生而设置的缓冲库存。

3）在途库存。在途库存是尚未到达目的地，正处于运输状态或等待运输状态而储备在运输工具中的库存。在途库存的数量取决于在途运输时间以及在运输期间发生的需求量。

4）预期库存。预期库存又称调节库存，是为等待一个高峰销售季节，一次市场营销推销计划或一次工厂关闭期而预先建立起来的库存，用来调节需求或供应不均衡、生产速度与供应速度不均衡、各个生产阶段的产出不均衡等情况。

5）投机性库存。投机性库存又称屏障库存，指企业对需要经常性大量使用的、价格易于波动的物料，采用在价低时大量购进而实现客观的节约，或对预计以后将要涨价的物料进行额外数量的采购，在这些情况下所持有的库存叫投机性库存。

（2）按用户对物料的需求特性划分。

1）单周期库存。单周期库存指在一定时期内不会重复订货，其主要特征是物品生命周期短和需求的偶发性，例如月饼、报纸和鲜花等。此类商品如果订货太少，就会失去销售机会，减少利润；如果订货太多，只能降价销售，甚至造成亏损。

2）多周期库存。多周期需求，指在较长时间内对某种物品的重复的、连续的需求，库存需要不断补充。在实际生活中这种需求现象十分普遍。

多周期需求又分为独立需求和相关需求。独立需求指客户需求不受其他库存影响，主要受消费市场影响，是一种非确定性需求；相关需求指与其他需求有相关性的需求，通过相互之间的关系推算出需求量，是一种确定性需求。

（3）按库存的参数特性划分。

1）随机型库存。随机型库存指物品的市场需求和订货提前期中至少存在一个是随机变量，若可根据统计资料得出在任意给定时期内需求量的概率分布，则称为概率型库存模型。

2）确定型库存。确定型库存模型的参数是确定的，即物品的需求量是已知且确定的，订货提前期是固定的，并与订货批量无关，只有当这两个条件同时得到满足时才称为确定性库存。

2. 影响库存管理的因素

库存在企业的经营中占有重要地位，库存管理作为物流管理的一个重要组成部分，一般情况下，库存控制系统贯穿于商品选择、采购、入库、保管直到出库配送等一系列工作之中，因而库存管理的难易程度与物流的其他环节有紧密的联系，可以概括为二律背反的关系，影响因素主要有以下几方面：

（1）仓储系统地址与服务内容。仓储系统的地址影响着库存管理的难度，仓库数目的集约化发展导致库存总量的降低，能大大降低库存成本，但是此情况下仓储系统的选址离客户距离远，对单个仓库而言库存管理要求高。服务对象、出库频率、仓储成本等仓储服务的内容影响着仓储系统的库存水平。

（2）订货。仓储系统的库存量的多少与订货方式有很大关系，订货包含订货数量和订货次数两个重要因素。调整订货次数和数量可以直接影响到库存管理水平，订货次数增多导致库存数量变少，管理内容也少，客户服务水平提高。

（3）运输。订货工作完成之后，货物的交付至签收过程均由运输工作来完成。运输能保证订货计划的实施，也便于仓储系统更精确地控制库存水平。运输路线、运输车辆的安排、运输频率的规划、运输成本的控制及运输服务水平的确定是整个库存控制系统的核心问题。

（4）信息。信息的准确性、传递速度影响库存水平的高低，信息畅通，才能使库存管理更迅速、更准确。

3. 库存管理的内容

库存管理往往被误认为只是对库存货物数量的控制，保持一定的库存量，其实这只是库存管理的一项重要内容。具体来说，库存管理包括以下内容。

（1）库存信息管理。库存信息既包括库存货物本身的信息，也包括市场、客户对库存货物的需求信息，又包括与库存业务有关的信息，如入库和出库日期、存货数量、库存成本等。

（2）库存决策。库存决策主要决定与库存有关的业务如何进行，如库存货物的购入或发出时间、地点，以及库存货物的种类、数量、质量、构成、订货方式的确定等。

（3）库存管理水平的衡量。企业应对一定时期内采用的库存管理方法是否恰当给予评价、衡量，便于决策者及时调整决策。这不仅关系到企业的经济效益，也关系到企业下一阶段所采用的库存管理策略。

7.1.3 库存控制概述

1. 库存控制的含义

库存控制（Inventory Control）是对制造业或服务业生产、经营全过程的各种物品、产成品以及其他资源进行管理和控制，使其储备保持在经济合理的水平上。库存控制的范围包括原材料库、中间库、零件库和成品库。原材料库控制各种原材料的储备量；中间仓库控制半成品的储备量；零件库控制为制造、装配成品所需储存的外购零件的储备量；成品库控制各种已制造装配完毕的成品储备量。通过库存控制，可使各种库存物品保持合理的储备量。

库存控制包括确定产品的储存数量与储存结构、订货批量和订货周期、库存动态调整等。在企业资源有限的约束下，在达到满意的客户服务水平前提下，尽量减少库存水平是很多企业追求的目标，是企业之间竞争的重要环节。

库存控制的有效性受许多条件的制约，其中主要有：需求的不确定性，偶发性的大批量需求会使库存管理受到制约；订货周期，订货周期的波动会制约库存控制、运输、资金、管理水平，管理水平是库存控制的直接制约条件。在智慧仓储时代，有效的库存控制需利用现代信息化手段，依据生产计划和订货周期安排采购，记录每次采购订货情况，掌握库存情况，使库存品在市场波动时保值增值等。

2. 库存控制的作用

库存控制在企业的生产经营中主要有以下几方面的作用：

（1）平衡供需关系，维持生产稳定。掌握库存量以及市场需求的动态，适时、适量地提出订货，维持生产经营的持续进行。

（2）降低库存成本。保持合理的库存，减少库存不合理带来的库存持有成本、订货成本、缺货成本，加快资金周转，为企业创造经济效益。

（3）规避风险。做好日常记录，做到账实相符，以达到财务保护的目的。减少呆料、断料的发生，减少存货因过期、变质、缺货所带来的经济损失。

值得注意的是，库存控制对于整个供应链上的企业而言都具有极其重要的战略意义。企业如何实现既满足生产经营的需要，又要增加收入、降低成本、提高盈利能力，还要提高客户服务水平、赢得竞争力呢？在经济全球化的大趋势下，企业不再是完全独立的存在，企业开始面向全球经营，进行协调的生产运作方式，这些都离不开库存控制技术的支持。

7.2 智慧仓储库存管理

学习目标：

通过学习，能够知悉库存管理的目的，能够归纳并区分几种不同的库存管理方法，能够熟知智慧库存管理系统的应用，明确库存管理系统的组织结构与各岗位职责；会运用 CVA、先进先出等库存管理方法，具备灵活运用 ABC 分类法进行库存管理的能力；培养科学创新的思维、爱岗敬业的职业素养。

任务驱动：

库存管理是企业运营中非常重要的一环，它直接关系到企业的生产、销售和利润。库存管理的好坏直接影响到企业的经济效益和市场竞争力。因此，库存管理的重要性不容忽视。

7-1 任务内容

知识解析：

7.2.1 库存管理的目的

库存对企业来说是一项巨大的投资，但作为一切社会再生产中必然的经济现象和物流业务的主要活动，它对于促进国民经济发展和物流的顺利进行具有重要的作用，库存在企业的生产和营销中的目的主要表现为以下几方面：

（1）使企业达到规模经济。库存是企业达到规模经济的保证，所以企业应意识到采购、运输或制造中的规模经济问题。例如，企业要进行一些大型的建设项目，某些物资需集中消耗，如果靠临时生产显然是不行的，只有靠平时一定量的物资储存才能保证大规模建设的需要。

（2）平衡市场需求和供给的关系，保持物料价格稳定。季节性的供应或需求可能使企业必须持有库存。例如，巧克力的销售在圣诞节、情人节、母亲节均会增加，对生产巧克力的厂家来说，为应付这些销售高峰期而扩建的生产能力所花的成本将会非常大。为满足高峰期市场需求，季节性库存必不可少。另外，有些产品的需求可能在一年之中较为稳定，但原材料只能在一年的某段特定时间获取（例如各种水果罐头和时令蔬菜），这就要求企业在能够获得原材料的时候多生产产品并将其保存。

（3）调节生产与消费之间的时空差异。库存的实质是由生产与消费之间的时空距离而引起的一种经济行为，库存的首要作用就在于消除这种距离。动态的库存用于弥补空间的距离，静态的库存用于弥补时间的距离。静态、动态的库存具有弥补商品品种、规格、数量之间差异的功能，是任何一种经济活动都不能取代的。

（4）有效防止企业由于需求和订货周期不确定性造成的影响。企业持有库存可防止不确定性因素的影响，即在需求变动或补货周期变动的情况下防止缺货。例如，延迟送货和意料之外的需求增长都将增加缺货风险，延迟的发生可能是由于气候条件、供应商缺货、质量问题等。

（5）调节运输的功能。物流过程中的中转库存可以解决在运输过程中由于运输方式的改变、运输能力与需求之间的矛盾而引起的待运物资的保管问题。

（6）在企业分配渠道中起缓冲的作用。由于库存存在于企业经营过程的各个环节，即处在采购、生产、销售的不断循环过程中，因此，它可以调节各环节之间由于供求品种及质量的不一致而发生的变化，起到润滑剂的作用。

7.2.2 库存管理方法

7.2.2.1 ABC库存分类管理法

ABC分类管理法的基本思想源自意大利经济学家维尔弗雷多·帕累托发现的"80/20法则"（也叫"二八定律"）。19世纪末20世纪初，维尔弗雷多·帕累托在研究社会财富分布时发现，20%的人口掌握了80%的社会财富，而余下80%的人口只拥有20%的财富。这种现象在其他领域也是普遍存在的，如大多数企业中80%的销售额来自20%的大客户，20%的货物或者服务创造了企业80%的利润。

由此看出，ABC分类管理法的理论基础是"重要的少数和次要的多数"。因此，对企业进行库存管理时，不能一视同仁，应分清主次。ABC分类管理法的基本原理为：按照不同的分类标准和要求判断库存的重要程度，将其分为不同的类别，并实施区别化的库存管理措施。"重要的少数"即重点库存，其一般特征表现为库存价值高，占用资金多，周转速度快，供应风险大，利润贡献大，而品种、数量却较少，应实施重点的库存管理；"次要的多数"即次要库存，其一般特征表现为库存价值低，占用资金少，周转速度慢，供应风险小，利润贡献小，而品种、数量却较多，应实施简单的库存管理。

1. ABC分类管理法的分类依据

在库存管理中，ABC分类管理法一般是以库存价值为基础进行分类的，但它并不能反映库存对企业利润的贡献程度，也不能反映缺货带来的损失和影响。因此，在实际运用ABC分类法时，分类的依据并不唯一，需具体、灵活地根据实际情况操作。ABC分类法的目的是把重要的物资与不重要的物资区别开来，除了库存价值外，还有库存风险、缺货影响、利润贡献度、储存期长短等判断标准。

（1）库存价值。按照存货物资的价值占比将库存分为三类：A类库存，其商品价值占库存总价值的60%～80%，品种数则占总品种数的5%～15%；B类库存，其商品价值占库存总价值的20%～30%，品种数则占总品种数的20%～30%；C类库存，其商品价值占库存总价值的5%～15%，品种数则占总品种数的60%～80%。具体分类情况及管理方法见表7.1。

表7.1　　　　　依据库存价值的ABC分类情况及管理方法

库存类型	重要程度	占库存总价值的百分比	占库存总品种数的百分比	控制程度	存货检查频率	安全库存量
A类	特别重要	60%～80%	5%～15%	严格控制	频繁	低
B类	一般重要	20%～30%	20%～30%	一般控制	一般	较高
C类	不重要	5%～15%	60%～80%	简单控制	较少	高

（2）库存风险。库存在满足客户需求和提高服务水平等方面有积极作用，同时也给企业带来风险。根据存货面临的风险程度，库存可分为三类：A类库存，为风险大的存货；B类库存，为风险居中的存货；C类库存，为风险小的存货。这种分

类方法在实施过程中,需要建立合理的库存风险评估指标体系,采用科学的评估模型将风险程度值量化处理。

(3) 缺货影响。如果某些物品的缺货会给企业经营运作带来严重的损失,那么可以依据缺货影响进行分类,这类库存应该具有较高的优先级别,需要重点对待。如果存货的缺失对企业影响不大,可以将其归为 C 类库存。

(4) 利润贡献度。依据某种存货在一段时期内产生的利润占总利润的百分比对库存实施分类,利润贡献度大的为 A 类库存,利润贡献度小的为 C 类库存。

(5) 储存期长短。某些企业的存货具有典型的时间特征,存在季节性、易变质、易过时等现象,如食品、农产品等。因此,可按储存期长短对存货实施 ABC 分类,那些储存期短、过时过期变化更易发生的为 A 类库存,而储存期长、出入库频率低的为 C 类库存,介于二者之间的为 B 类库存。

2. ABC 分类管理法的实施步骤

以库存价值为分类依据,ABC 分类可按以下步骤进行:

(1) 数据收集。收集库存物品相关信息,包括库存物品每一品种的平均库存量和每一物品的单价等。

(2) 数据处理。对收集的信息进行整理和汇总计算,用平均库存乘物品单价,计算各种物品的平均资金占用额,分析库存物品的资金占用比重、品种比重,以便进行分类管理。

(3) 绘制 ABC 分类表。ABC 分类表由九栏构成,见表 7.2。按数据处理计算得出的平均资金占用额由高到低填入表中第六栏,再以此栏为准,分别填写其他栏目。

表 7.2 ABC 分 析 表

物品名称	品种数累计	品种数累计百分比	物品单价	平均库存	平均资金占用额	平均资金占用额累计	平均资金占用额累计百分比	分类结果

(4) 确定 ABC 分类。观察 ABC 分类表中第三栏"品种数累计百分比"和第八栏"平均资金占用额累计百分比"的数值,参考表 7.1 确定 A、B、C 三类库存商品。

(5) 绘制 ABC 分类管理图。以品种数累计百分比为横坐标,以平均资金占用额累计百分比为纵坐标,按 ABC 分类表第三栏和第八栏所提供的数据,在坐标图上取点,并连接各点曲线,绘制成 ABC 分类曲线图,如图 7.1 所示。

3. ABC 分类库存管理策略

将库存进行 ABC 分类,其目的在于根据分类结果对每类物品采取适宜的库存控制措施。

(1) A 类库存的管理策略。A 类库存应尽可能从严控制,保持完整和精确的库存记录,给予最高的处理优先权等,具体管理措施可参照以下要求:

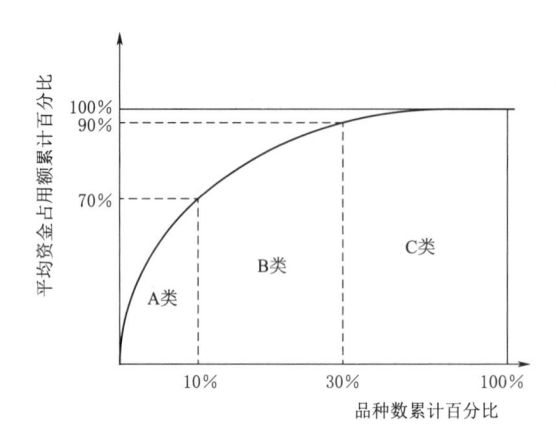

图 7.1 ABC 分类曲线图

1）随时监控需求的动态变化，遵循按需、准时采购原则，安排物资小批量、多批次采购入库，避免库存积压或损耗，提高资金周转率。

2）增加检查和盘点次数，以提高对库存量的实时、精确掌握。

3）科学设置最低库存量、安全库存量和订货点，防止缺货发生。

4）提高货物的机动性，尽可能把货物放在便于出入库的位置上。

5）货物包装尽可能标准化，以提高仓库利用率。

（2）B 类库存的管理策略。正常控制，采用比 A 类商品相对简单的管理措施。

（3）C 类库存的管理策略。对于 C 类库存，原则上应实施简单的管理措施。

1）对于低价值、数量大的货物可规定最少出库批量，以减少处理次数。

2）为防止缺货，安全库存量可设置得高一些，或减少订货次数以降低费用。

3）使用简单化订货手段，甚至不设订货点，减少盘点次数。

4）给予最低的优先作业次序。

7.2.2.2 CVA 库存管理法

CVA 库存管理法又称关键因素分析法，该方法比 ABC 库存管理法具有更强的目的性。CVA 是将库存划分为最高优先级、较高优先级、中等优先级和较低优先级并根据不同特点采用特定管理措施的一种管理方法。

在使用时，CVA 管理法强调合理数量的高优先级物品，原因是高优先级物品的数量过多会导致非高优先级物品的重视程度降低，不利于最高优先级以外物品的管理。在实际工作中提倡把 ABC 分类法和 CVA 管理法结合起来使用，会取得更理想的效果。表 7.3 为 CVA 管理法库存品种划分及其管理策略。

表 7.3　　　　CVA 管理法库存品种划分及其管理策略

库存类型	特　点	管理措施
最高优先级	生产经营中的关键物品或 A 类重点客户的存货	不允许缺货
较高优先级	生产经营中的基础性物品或 B 类客户的存货	允许偶尔缺货
中等优先级	生产经营中比较重要的物品或 C 类客户的存货	允许合理范围内缺货
较低优先级	生产经营中需要，但可替代的物品	允许缺货

7.2.2.3 "先进先出"库存管理法

"先进先出"是一种保证每种存货的储存期不至于过长的管理方法。采用有效的"先进先出"方式，有利于避免储物堆积和存货自身特性造成的损失。正是因为"先进先出"法是一种有效的库存管理方式，经过长期的实践检验，"先进先出"法成了仓储管理的重要准则之一。以下是 4 种常用的"先进先出"实现方式。

1. 特殊货架法

特殊货架法利用货架的每层,从一端存入物品,从另一端取出物品,形成贯通的通道。特殊货架法的优点表现在物品在通道中自行按先后顺序排队,不会出现越位等现象。特殊货架法经常采用的特殊货架有重力货架、贯通货架和流利式货架等。其中,重力货架系统能非常有效地保证先进先出。

2. 双仓法和两箱法

双仓法强调给每种存货都准备两个仓位或货位,轮换进行存取。双仓法应用时应注意规定:必须在一个货位中取光才可补充货物。一般情况下,严格遵守双仓法的规定进行作业可以保证实现"先进先出"。

两箱法(Two Bin System)指在订货点法的基础上,设定订货量等于安全库存量的一种库存补充方法。两箱法的补充库存模式可以说是订货点法的一种变形应用。简单理解,两箱法的"箱"就是容器,当用尽 A 容器中物料时,开始使用 B 容器内的物料,原 A 容器中开始补充物料,直至 B 容器中物料用尽,再开始用 A 中物料,如此循环,两个容器交替使用。两箱法通常用于供应提前期短、价值低的物料,如螺钉、螺母和垫圈等紧固件。两箱法示意图如图 7.2 所示。

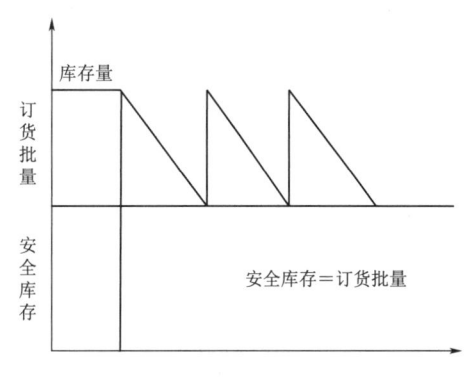

图 7.2 两箱法

两箱法在装配车间里应用广泛。有些装配车间经常会放置一种专用料架,相同的物料(如螺钉、螺母、垫圈之类的紧固件)放置在两个料斗里,一个料斗里物料用完了,就到仓库去补充,并开始用另一个料斗里的物料。仓库针对相同的物料也备有两个料箱,当物料短缺时交替采购进行补充。

3. 计算机控制法

计算机控制法的基本原理是采用计算机管理,在入库时向计算机输入时间记录,编入一个简单地按时间顺序输出的程序,取货时计算机就能按时间给予指示,以保证"先进先出"。采用计算机控制法还能将短周期的储存和快进快出结合起来,即在保证一定先进先出前提下,将周转快的物资随机存放在便于存储之处,从而实现加快周转速度,减少劳动消耗的目的。

4. 颜色区分法

颜色区分法强调视觉上的区分度,其基本原理是一年分成 12 个月,每两个月用一种颜色表示,一年用 6 种颜色制作物料标签,这样做的效果是发料时信息详细,一目了然。同一个月的又以标签上送货日期为先后顺序,便于查找。

7.2.3 智慧库存管理系统的应用

随着市场竞争进入微利时代,面对运营资金超过总成本 50% 的库存,企业必须将其作为第三方利润源进行挖掘。智能时代的到来为库存管理提供了新的库存管理策略及方法。在完善的组织结构设计赋能下，智慧库存管理系统将成为供应链竞争的重要支撑。

库存的有效控制源自库存管理系统的协同运作。这要求企业要做好组织结构的设计，并明确每个岗位的职责。只有如此，库存管理系统才能在分工协作中发挥出应有的效用。

7.2.3.1 库存管理系统的组织结构

要想强化企业的库存管理系统，使之形成规范，企业就必须结合自身实际，设计出库存管理系统的组织结构，确保库存管理的各项工作有效进行。

1. 组织结构的设计原则

企业可以安排库存经理或其他专业人员负责库存管理系统组织结构的设计。在赋予相关人员责任的同时，企业还要明确组织结构的设计原则，尤其是其职责要求和目的。

(1) 职责要求。设计人员的职责要求主要有4点。

1) 根据工作任务需要确立工作岗位的名称、层级及数量。
2) 根据工作岗位确立岗位职务范围。
3) 根据工作性质确立岗位所带的设备、工具及应有的工作质量和效率。
4) 根据岗位目标明确岗位的对应责任。

(2) 职责目的。设计库存管理系统组织结构的目的主要有6点。

1) 最大限度地实现人力资源的科学配置。
2) 确立职责分工，防止出现职务重叠。
3) 建立激励机制，更好地发现和利用人才。
4) 形成组织考核的依据。
5) 提高工作效率和工作质量。
6) 减少违规行为和违规事故。

2. 常见的组织结构

根据设计思路的不同及企业的实际情况，各个企业的库存管理系统的组织结构也有所不同。

常见的组织结构可以分为两类，分别对应商贸型企业和生产型企业。

(1) 商贸型企业。由于商贸型企业的产品出入库较为频繁且需要严格的出入库核查，以避免出库产品与订单不符的情况，因此，其组织结构的设计根据商品的出入库流程主要分为3个部分，如图7.3所示。

由图7.3可以看出，该组织结构的前两部分分别对应库存管理的出入库环节，第三部分则负责订单管理、稽查以及其他文书工作。

(2) 生产型企业。由于生产型企业的存货涉及原材料、半成品与辅料、成品等多种货物，其用途区分明显，且涉及不同的储运工作，因此，其库存管理系统的组织结构的设计根据存货的类型主要分为3个部分，并设立独立的储运部门，如图7.4所示。

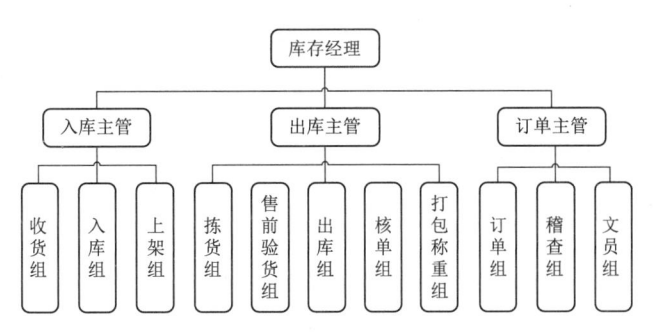

图 7.3　商贸型企业库存管理系统组织结构

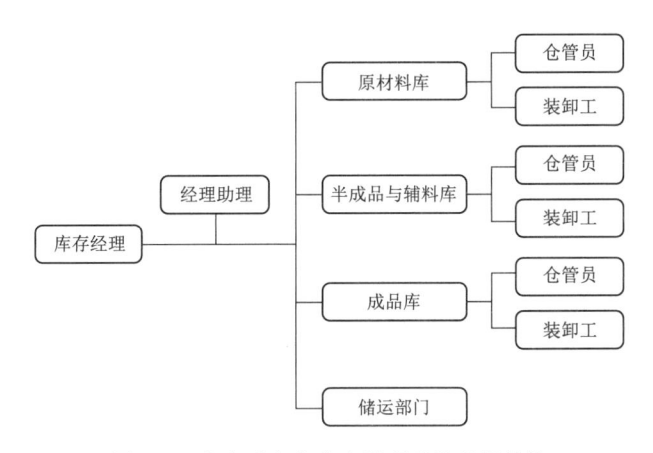

图 7.4　生产型企业库存管理系统组织结构

值得一提的是，此类组织结构通常需要经理助理协助库存经理处理稽查、订单及其他文书工作。此外，在每种库存的仓库里，企业都要安排专门的仓管员和装卸工负责仓库的日常管理。

7.2.3.2　库存管理系统中各岗位职责

设计好库存管理系统的组织结构之后，企业还需确定每个岗位的工作职责，以确保库存管理能够在职责明确的前提下顺利地进行。

前文所述的两类组织结构中，各岗位的职责也有所区别。

1. 商贸型企业库存管理系统中各岗位的职责

（1）库存经理。负责库存管理的整体运作，具体职责主要有 7 点。

1）负责整体库存管理工作的统筹与安排。

2）负责库存工作的规划与进度控制，并合理调配人力资源，使各项工作能够有效开展。

3）负责与企业内外部各部门的沟通与协调。

4）负责下属的技能培训和工作指导。

5）负责库存安全与配送管理。

6）负责处理突发性事件。

7）负责企业安排的其他工作。

(2) 入库主管。主要负责处理收货入库的相关工作及人员安排，下辖收货组、入库组和上架组，这些组分别处理以下事务。

1）收货组。其主要负责对收到的货物进行验收，核对货物型号、数量等细项，对不符合要求的货物进行拒收。

2）入库组。其主要负责将验收完的货物入库，并录入企业 ERP 系统。

3）上架组。其主要负责将录入 ERP 系统的货物摆放在货架的相应位置。

(3) 出库主管。主要负责处理出库过程中的相关工作及人员安排，下辖拣货组、售前验货组、出库组、核单组、打包称重组，这些组分别处理以下事务。

1）拣货组。其主要负责根据订单组的拣货单进行拣货，拣货单上需注上拣货员的编号。

2）售前验货组。其主要负责对拣货员所拣货物进行检验，尤其是质量、数量等要素。

3）出库组。其主要负责将验完的货物在 ERP 系统中进行出库操作，如有缺货则要做好备注。

4）核单组。其主要负责对出库货物的拣货单号和寄送单号进行核对。

5）打包称重组。其主要负责按照寄送要求对产品进行打包和称重。

(4) 订单主管。其主要负责处理库存管理的订单、稽查工作以及其他文书工作，是库存管理系统的后勤和监控环节，下辖订单组、稽查组和文员组，这些组分别处理以下事务。

1）订单组。其主要负责按照库存及客服提供的订单信息打印销售单、拣货单、快递单等。

2）稽查组。其主要负责对库存管理各环节进行监控，并负责库存盘点工作，如发现错误，要及时上报并纠正。

3）文员组。其主要负责库存管理日常报表的统计汇总，以及日常文件的分类管理和交接。

2. 生产型企业库存管理系统中各岗位的职责

在该类型的组织结构中，每个仓库都可以看作一个独立的管理单元，因此，除管理货物不同外，各岗位的职责大致相同。

(1) 库存经理。与商贸型企业相同，库存经理负责库存管理的整体运作，其具体职责主要有 7 点。

1）负责整体库存管理工作的统筹与安排。

2）负责库存工作的规划与进度控制，并合理调配人力资源，使各项工作能够有效开展。

3）负责与企业内外部各部门的沟通与协调。

4）负责下属的技能培训和工作指导。

5）负责库存安全与配送管理。

6）负责处理突发性事件。

7）负责企业安排的其他工作。

（2）经理助理。经理助理的职责与商贸型企业的订单主管类似，负责协助库存经理处理订单、稽查以及其他文书工作。

（3）各仓库单元。每个仓库都可以看作一个独立的管理单元，分别负责对应货物的出入库管理，一般分为原材料、半成品与辅料、成品三部分。每个仓库单元中主要有仓管员和装卸工两个岗位，分别负责处理不同的事务。

1）仓管员。其主要负责各类物资的出入库管理，并对各类物资进行盘点与管理。

2）装卸工。其主要负责各类物资的装卸、搬运、搬移，并对仓库叉车等工具进行管理。

（4）储运部门。其主要负责处理物资的储存和运输工作，即合理利用仓容储存和保管，并对各类物资进行配送管理。

7.3 智慧仓储库存控制

智慧仓储中的库存控制与实时数据采集和历史数据收集密不可分，根据实时数据建立 BI 看板（商业智能看板），实现数据的集中统一展示，实现物流设备参数、设备状态数据等信息的集中呈现。同时，对仓库内部的报表进行整合，实现系统的集中统一呈现，在信息化展示大屏集中显示。根据 WMS 预设的数学算法发出相关补货提示。

学习目标：

通过学习，能够明确库存控制的目标，归纳库存控制涉及的相关因素，能够明确定量订货法、定期订货法等库存控制方法的适用情形，准确进行库存需求预测；具备采用 EOQ 模型确定订货批量的能力，并能灵活运用定量订货法、定期订货法控制企业库存，具备现代库存控制管理的能力；培养踏实认真的职业素养及创新思维。

任务驱动：

智慧仓储的库存控制不仅需要具备科学的库存控制方法，还需要应用现代信息技术手段，并对库存商品进行准确的需求预测，才会使库存水平控制在合理范围内，从而提升客户满意度，降低企业运营成本。M 企业是一家大型家具生产企业，小杨作为刚刚入职的新人，被分配在该企业的仓储岗位，负责海星 1 号库中的货物管理。为了维持适当的库存，保证库存总成本最低，请各小组分工协作，采用网络或实地调研的方式，找出有效的库存控制方法，为小杨出谋划策。

知识解析：

7.3.1 库存控制的目标及因素

库存控制需要考虑物资使用量、采购周期、到货周期、季节性波动等各类因素，因此，为了提高库存控制管理的效率，企业应当引入信息化手段，对每次物资的采购、使用及价值盘点进行分析核算。

1. 库存控制的目标

在设计库存控制方法之前，企业首先要明确库存控制的目标。一般而言，库存控制的目标主要表现在以下几个方面：

（1）在保证生产、经营需求的前提下，使库存水平经济合理。

（2）动态监控库存量变化，适时、适量地提出订货。

（3）控制库存占用资金，提高资金周转率。

（4）减少库存占用空间，提高仓库利用率。

2. 库存控制的因素

为了实现上述目标，库存控制管理实际上就是解决3个核心问题，即多久检查一次库存量、何时提出订货（订货点）、订多少货（订货量）。由此可见，库存控制系统的主要控制因素有两个，即时间和数量。企业可通过调整订货的时间和订货数量实现库存控制。

（1）在订货数量一定的条件下，订货时间过迟将造成物资供应脱节，生产停顿；订货时间过早将造成物资存储时间过长，存储费用和损失增加。

（2）在订货时间一定的条件下，订货数量过少会使物资供应脱节，生产停顿；订货数量过多会使存储成本上升、存储损耗增大。

7.3.2 库存控制技术

7.3.2.1 定量订货法

定量订货法（订购点法）指事先确定一个订货点和订货批量，当库存量等于或低于订购点时，按规定数量（一般以经济批量 EOQ 为标准）进行订货补充的一种库存控制方法。

定量订货法的原理是根据客户需求及订货周期，预先确定企业的最低库存量（订货点），经常进行库存检查和盘点，当库存降至订货点时，立即发出订货通知，执行订货任务，采购的物品到达时，库存品的数量得到补充。

1. 经济订货批量模型

经济订货批量（Economic Order Quality，EOQ）指库存总成本最小时的订购量，用以解决独立需求的库存控制问题。

（1）模型假设条件。

1）企业能及时补充存货，即需求订货时便可立即取得存货。

2）没有在途物资，能集中到货，而不是陆续入库。

3）不允许发生缺货，即无缺货成本。

4）已知连续不断的需求速率，需求量稳定且能预测，即需求量为已知常量。

5）与订货数量和时间保持独立的产品价格不变。

6）企业现金充足，不会因为现金短缺而影响进货。

7）所需存货市场供应充足，不会买不到需要的存货。

在经济订货批量下，库存成本是指一定时期内（通常以年为单位，也叫年总库存成本）购买成本与维持存货相关成本之和，其中，维持存货相关成本包括两大类，即订货费和库存保管费。订货费指每次订货时所发生的费用，主要包括差旅费、通信费、手续费及跟踪订单发生的费用等。订货费与每次的订货量无关，年订货费越高，分摊后每次的订货费也越高。库存保管费指因保管存储物资而发生的费用，包括存储设施的成本、搬运费、保险费、折旧费、税金及因物资变质、损坏等支出的费用。库存保管费随库存量的增加而增加。因此年总库存成本公式为

$$年总库存成本 = 购买成本 + 订货费 + 库存保管费$$

即

$$TC = PD + \frac{DK}{Q} + \frac{Q}{2}K_c \tag{7.1}$$

式中　TC——年总库存成本；

　　　P——单位货物的价格；

　　　D——库存货物的年需求量；

　　　K——单次订货费用；

　　　Q——订货量；

　　　$Q/2$——年平均存储量；

　　　K_c——单位货物单位时间的保管费用。

（2）EOQ 基本模型分析。随着订货批量的增加，订货费逐渐减少，库存保管费不断增加，购买成本不变，总成本在数值上等于购买成本、订货费和库存保管费之和，因而总成本在图形上表现为先减少后增加，如图 7.5 所示。

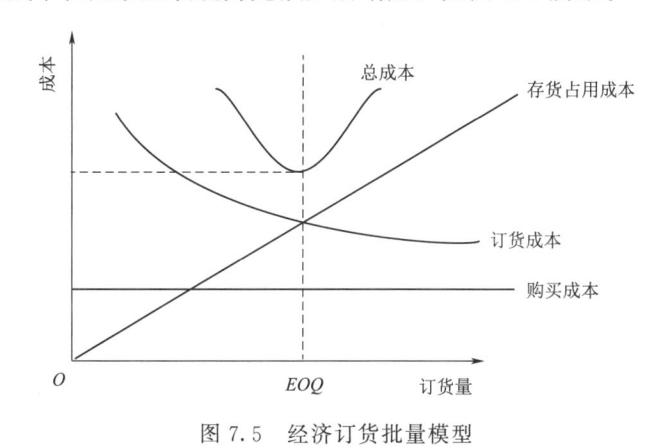

图 7.5　经济订货批量模型

根据式（7.1）推导出经济订货批量的计算公式为

$$EOQ(Q^*) = \sqrt{\frac{2DK}{K_c}} \tag{7.2}$$

这一公式称为基本经济订货批量模型，求出的每次订货批量可使 TC 达到最小值。

在此订货批量下的总成本最优值为

$$TC=\sqrt{2DKK_c}+PD \tag{7.3}$$

【例 7.1】 某企业每年需要购买某物资 1200 个，单价是 10 元/个，年保管费率是单价的 20%，每次订货成本是 300 元。求经济订购批量 EOQ。

解：$D=1200$ 个，$K=300$ 元/次，$K_c=10\times 20\%=2$ 元/(年·个)。

采用经济订货批量公式为

$$EOQ=\sqrt{\frac{2DK}{K_c}}=\sqrt{\frac{2\times 300\times 1200}{2}}=600(个)$$

2. 定量订货法的控制参数

定量订货法是一种以物料数量为基础的订货法，其实施主要靠控制两个参数：一个是订货量，即每次订购的数量；另一个是订货点，即订货时的库存量。

(1) 订货批量的确定。订货批量确定的方法有两种：一是企业根据库位计划定一个订货批量，也叫固定数量法；二是采用前面描述的经济订货批量。

(2) 订货点的确定。订货点确定的制约因素有三个：订货提前期、需求速率和安全库存量。相应地，定量订货方法有 3 种，其订货点的计算方法如下：

1) 确定型定量订货法。在企业生产经营的过程中，随着物料出库的进行，库存量会逐渐减少。当库存量下降到一定程度时，就应该及时发出订货通知补充库存，否则就会导致缺货的发生。如何确定应该发出订货通知时的库存量水平？一般而言，企业发出订货通知后，仓库中持有的剩余库存量应为订货提前期内出库消耗的物品量。即剩余库存可以维持企业正常的生产经营的连续就是确定订货点的思想。

需求确定的订货点。即在需求和订货提前期均确定的情况下，不需设置安全库存，则订货点的计算公式为

$$订货点=\frac{订货提前期(天)\times 全年需求量}{360} \tag{7.4}$$

【例 7.2】 某公司每年出库商品业务量为 36000 箱，订货提前期为 20 天，求订货点。

解：
$$订货点=\frac{订货提前期(天)\times 全年需求量}{360}$$
$$=20\times \frac{36000}{360}$$
$$=2000(箱)$$

所以，订货点为 2000 箱。

2) 随机型定量订货法。需求不确定的情况下，为保证生产的连续性，满足客户需求，需要设置安全库存，从而确定订货点：

安全库存量＝(预计每天最大耗用量－每天正常耗用量)×订货提前期　　　(7.5)

订货点＝平均每日需要量×订货提前期＋安全库存量　　　(7.6)

安全库存（又称保险库存）是为了应对订货提前期的需求量波动而设立的，它包括延期到货时间段内的需求量，也包括订货提前期内偶发的需求及需求速率加大而增加的需求量。需求速率越大，订货提前期越长，安全库存越大，出现缺货的可能性越小；但库存太大，会导致库存过剩现象的出现。企业应根据不同物品的类型及需求，允许一定程度的缺货现象存在，将缺货维持在适当的范围内。

【例 7.3】 某企业甲种物资的经济订购批量为 750t，订货提前期为 10 天，平均每日正常需要量为 25t，预计日最大耗用量为 40t，求订购点。

解：　　　　　安全库存量＝(40－25)×10＝150(t)

订购点＝10×25＋150＝400(t)

所以，订购点是 400t。

3）概率型定量订货法。当企业面临订货提前和需求期都不确定的情况时，需要用到概率型定量订货法。概率型定量订货法使用的前提是订货提前期的需求量是一个随机变量，并且受到需求速率（R）和订货提前期长度（T_k）的影响。

需求速率（R），指单位时间的需求量，即库存下降的速率或每天（或周、月、年等为单位）仓库物料的出库消耗量。应当注意的是，需求速率与订货提前期都是随机变量。日总需求量可能时大时小，因为需求速率的确定是基于需求次数和每次需求量的大小而得到的。

订货提前期长度（T_k），提前期的长度由于受人员、车辆、运力、路况、天气等具体情况变化的影响，也可能是时长时短的。

通过以上分析，安全库存需要用概率论统计方法求出，公式为

安全库存＝安全系数×$\sqrt{最大订货提前期}$×需求变动值　　　(7.7)

其中，安全系数可根据缺货概率得到，最大订货提前期是指超过正常的订货提前期时间。

需求变动值的计算方法如下：

a. 统计资料期数较少时

$$需求变动值=\sqrt{\frac{\sum(y_i-\overline{y})^2}{n}} \quad (7.8)$$

式中　y_i——各期需求量实际值；

$\overline{y}$——各期需求量实际均值。

b. 在统计资料较多的情况下时

$$需求变动值=\frac{R}{d_2} \quad (7.9)$$

式中　R——资料中最大需求量与最小需求量之差；

d_2——随统计资料期数（样本大小）而变动的常数，见表 7.4。

表 7.4　　随统计资料期数而变动的 d_2 值

n	2	3	4	5	6	7	8	9
d_2	1.128	1.693	2.059	2.326	2.534	2.704	2.847	2.970
$1/d_2$	0.8865	0.5907	0.4857	0.4299	0.3946	0.3098	0.3512	0.3367
n	10	11	12	13	14	15	16	17
d_2	3.078	3.173	3.258	3.336	3.407	3.472	3.532	3.588
$1/d_2$	0.3249	0.3152	0.3069	0.2998	0.2935	0.2880	0.2831	0.2787
n	18	19	20	21	22	23	24	
d_2	3.640	3.689	3.735	3.778	3.820	3.858	3.896	
$1/d_2$	0.2747	0.2711	0.2677	0.2647	0.2618	0.2592	0.2567	

3. 定量订货法的优缺点

定量订货法的应用能实现企业的库存控制目标，但是该方法也存在一定弊端。以下是定量订货法的优缺点。

(1) 优点。

1) 控制参数一经确定，实际操作就变得简便了，实际中经常采用"双堆法"来处理。将某物品库存分为两堆：一堆为经常库存，另一堆为订货点库存，当它没有库存时就开始订货，并使用经常库存，不断重复操作。这样可以使经常盘点库存的次数减少，方便可靠。

2) 当订货量确定之后，物品的验收、入库、保管和出库业务可以利用现有规范化方式进行计算，搬运、包装等方面的作业量可以节约。

3) 经济批量的作用被充分发挥，可降低库存成本、节约费用，提高经济效益。

(2) 缺点。

1) 要随时掌握库存动态，对安全库存和订货点库存进行严格控制，占用一定的人力和物力。

2) 订货模式过于机械，缺乏灵活性。

3) 订货时间不能预先确定，对于人员的计划安排具有消极影响。

4) 受单一订货的限制时还需灵活进行处理。

7.3.2.2　定期订货法

定期订货法指按预先确定的订货时间间隔，定期检查库存量，及时补充库存至目标水平的库存控制方法。

定期订货法原理：定期订货法是企业根据过去的经验和经营目标预先确定一个订货周期 T 和最高库存量 Q_{max}，周期性地检查库存，根据最高库存量、实际库存 Q_{ki}、在途订货量 I_i 和待出库商品数量 B_i，计算出每次订货量 Q_i，发出订货通知，实施订货。定期订货法工作原理如图 7.6 所示。

1. 定期订货法的控制参数

定期订货法是基于时间的订货方法，是通过设定订货周期和最高库存量，从而

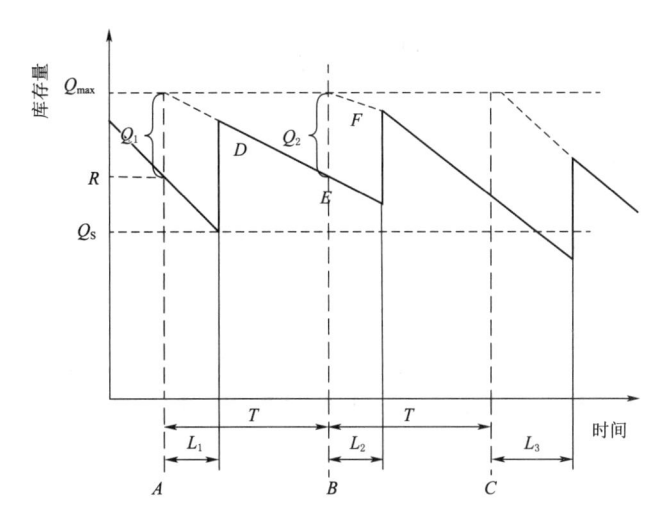

图 7.6 定期订货法工作原理

实现保障需求、合理库存和节约库存成本的库存控制目的。其控制参数主要是订货周期和最高允许库存量。根据库存控制参数是确定型、依概率变动和随机型这三种情况，定期订货法又可以进一步区分为确定型定期订货模型、概率型定期订货模型和随机型定期订货模型。在实际采购管理活动过程中，采用多品种联合订货不失为一种科学有效的可操作方法。

（1）确定型定期订货。在确定型定期订货模型中，首先应明确使用条件：

1) 单位产品的价格固定。
2) 订货周期为 T（单位为年）。
3) 库存需求速率 d 固定。
4) 年需求量为 D。
5) 每次订货的订购成本 S 固定。
6) 不允许发生缺货，所订产品瞬时到货。
7) 存储成本 H 以平均库存为计算依据。
8) 订货提前期 L 固定。
9) 年总成本 TC，年采购成本 DC，年运输成本 KD。

采用经济订货周期的方法来确定订货周期，其公式为

$$T^* = \sqrt{\frac{2S}{DH}} \tag{7.10}$$

式中　T^*——经济订货周期；
　　　S——每次订购成本；
　　　H——单位产品年存储成本；
　　　D——年需求量。

由于产品需求速率的单位是件/年，因此最高库存量为 $Q_{\max} = (L+T)D$，又由于订货周期和订货提前期的单位为日，一年内工作日为 N，则此时最高库存量为

$$Q_{\max}=\frac{L+T}{N}D \tag{7.11}$$

式中 L——订货提前期；

N——一年内的工作日；

T——订货周期。

产品的订货提前期和需求速率是固定不变的，因此不需要设置安全库存 Q_S，即 $Q_S=0$。

【例 7.4】 某企业每年需某商品 10000 件，单价 10 元，每次订购成本为 18 元，每单位每年的储存成本为 4 元。如果前置时间为 9 天，计算经济订货间隔时间、最高库存水平（一年按 365 天计）。

解： $T_0=\sqrt{\dfrac{2S}{DH}}=\sqrt{\dfrac{2\times 18}{10000\times 4}}=0.03$ 年 ≈ 11（天）

$Q_{\max}=\dfrac{L+T}{N}D=\dfrac{10000\times(11+9)}{365}=547.9\approx 548$（件）

所以，经济订货间隔时间为 11 天，最高库存为 548 件。

（2）概率型定期订货。在实际的工作中，概率型定期订货模型更符合实际情况。因为现实中产品的订货提前期和需求速率伴随着企业生产状况和市场变化而变化，每次订货的批量发生变化可能性较大，尽管其他假设不变，订货周期仍然必须根据具体情况来定。概率型定期订货模型如图 7.7 所示。

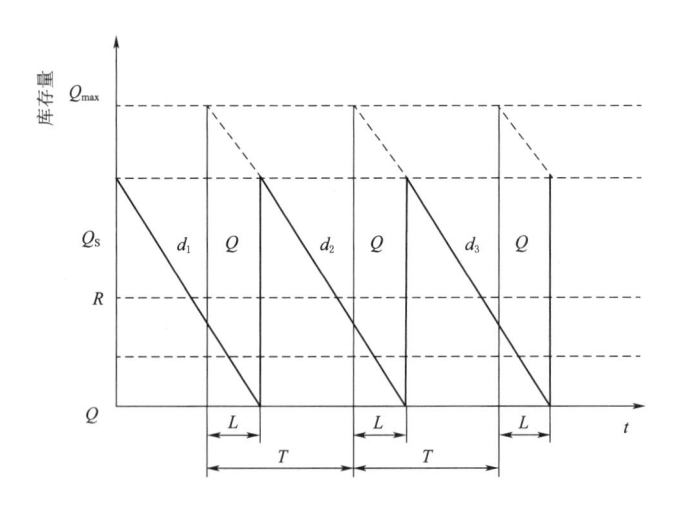

图 7.7 概率型定期订货模型

在概率型定期订货模型中假设了订货周期是一定的，这为利用确定型定期订货模型中的经济订货周期公式来处理这类计算提供了依据，即式（7.10）。

定期订货法的最高库存为了满足订货提前期和订货周期的总需求，在概率型定

期订货模型中还要设置安全库存 Q_S，因为产品需求速率是在不断变化的，因此在该模型中，此时的最高库存为

$$Q_{\max}=Q_S+(T+L)d \qquad (7.12)$$

其订货量为

$$Q_t=\sum_{i=1}^{T}d_i \qquad (7.13)$$

【例 7.5】 某百货公司 A 商品的去年的年需求量为 2000 件，预测今年的年需求量为 2500 件。每年的订货成本为 700 元，每件的年储存成本为 7 元每件。百货国内公司的工作日计 360 天。订货提前期为一周。根据经验缺货概率为 3.6%。预测未来一年的需求量如表 7.5 所示，计算经济订货周期、安全库存、最高库存以及订货量。

表 7.5　　　　　　　　预 测 需 求 量 表

月份	1	2	3	4	5	6	7	8	9	10	11	12	合计
需求量/件	200	211	205	218	220	210	208	205	212	206	201	203	2500

解：经济订货周期 $T^*=\sqrt{\dfrac{2S}{DH}}=\sqrt{\dfrac{2\times 700}{2500\times 7}}=0.08$（年）

查表 7.5，得到需求变动值 $=\dfrac{R}{d_2}=\dfrac{220-200}{3.258}=6.138$（件）

安全库存　　　　$Q_S=1.8\times\sqrt{\dfrac{7}{30}}\times 6.138=5.34$（件）

最高库存 $Q_{\max}=Q_S+(T+L)d=5.34+\dfrac{7+0.08\times 360}{30}\times\dfrac{2500}{12}=253.951$（件）

由于经济订货周期近似等于 1 个月，则 2 月的订货量 Q_2 为 200 件，3 月的订货量 Q_3 为 211 件，因此可知其余月份的订货量 $Q_t=d_{t-1}(t=2,3,\cdots,11,12)$。

按其需求弹性的不同可以对生活中的商品进行分类，一般情况下可分为无弹性商品（必需品）、弹性商品、适度弹性商品。在选择库存控制方法时对于不同弹性的商品应该采用不同的方法。对于无弹性商品，概率型定期订货法更有利于降低库存成本，并且也不会出现由于商品短缺引起商品价格上涨或由于订货不合理、库存商品积压太多引起商品价格下调。因此，根据市场的变化选择合适的库存控制方法是完善库存控制的重中之重。

（3）多品种联合订货。在企业实际采购中，为了降低订购成本，多品种物资的联合订货是一个很好的选择。采用一个科学有效的方法进行订货，使得总费用最小，是仓储工作者改进库存控制的重要途径。

多品种联合订货法是一种定期订货采购战略，其原理是以各品种经济订货周期为基础，将各品种的订货周期都化为某个标准周期的简单倍数，然后以标准周期为单位进行周期运行，在不同的运行周期中实现多品种的联合订购。

设备品种的共同订货费为 S_{00}，各自的订货费为 S_i，保管费为 H_i，单位价格为 P_i，年总需求量为 D_i。

先求出各自的订货周期 T_i，即

$$T_i = \sqrt{\frac{2S_i}{D_i H_i}} \tag{7.14}$$

取 T_i 中最小的作为基准周期，其余都转化为其整数倍，即

$$T_0 = \min\{T_i\} \tag{7.15}$$

$$T_i = [a_i] T_0 \tag{7.16}$$

其中，$a_i = T_i/T_0$，$[a_i]$ 为不大于 a_i 的整数。

计算基准周期 T_0 为

$$C(T_0) = \sum_{i=1}^{n} D_i P_i + \frac{S_{00}}{T_0} + \sum_{i=1}^{n} \frac{S_i}{T_i} + \frac{1}{2} \sum_{i=1}^{n} D_i H_i T_i \tag{7.17}$$

令 $\frac{\partial C(T_0)}{\partial T_0} = 0$，得

$$T_0 = \sqrt{\frac{2S_{00} + \sum_{i=1}^{n} \frac{S_i}{[a_i]}}{\sum_{i=1}^{n} D_i H_i [a_i]}} \tag{7.18}$$

特别地，当 S_i 都等于 S_0 时，则

$$T_0 = \sqrt{\frac{2S_{00} + nS_0}{\sum_{i=1}^{n} D_i H_i}} \tag{7.19}$$

2. 定期订货法与定量订货法的区别

定期订货法和定量订货法是库存控制中运用最广泛的两种方法。定期订货法主要是采用"事件驱动"的控制方法，在定量订货法中，当到达预先规定的再订货水平（即订货点）时，就进行订货，是由事件来驱动的，这种事件有可能随时发生，主要取决于对该物料的需求情况。相比而言，定期订货法是采用"时间驱动"的控制方法，即在定期订货法中，只限于预定时期期末进行订货。

在运用定量订货法时，要求连续监控剩余库存量。企业采用定量订货法时一般采用永续盘存制度，即要求每次从库存里取出物料或者往库存里添加物料时，必须更新出入库记录以确认是否已达到订货点。值得注意的是，在定期订货法中，库存盘点只在盘点期进行。两种方法的比较见表 7.6。

表 7.6　　　　　　　　　定期订货法与定量订货法对比表

订货方法	定期订货法	定量订货法
订货数量	变化（每次订货量不同）	固定（每次订货量相同）
订货时间	定期（订货间隔期相同）	随机（库存量降到订货点）
库存检查	在订货期到来时检查库存	每次出入库都需记录
订货成本	较低	较高

续表

订货方法	定期订货法	定量订货法
订货种类	各品种统一订货	各品种单独订货
订货对象	A类货物；有时B类货物也可以采用	B类和C类货物
适用范围	价值高、需求稳定的A类货物	价值低、需求稳定的C类货物

3. 定期订货法的优缺点

定期订货法的应用能实现企业的库存控制目标，但是该方法也存在一定弊端。以下是定期订货法的优缺点：

(1) 优点。

1) 降低订货成本。

2) 周期盘点比较彻底、精确，减少了定量订货法每日盘存的工作量，提高了工作效率。

3) 库存管理的计划性强，有利于精确、有效地实施工作计划，实现计划管理。

(2) 缺点。

1) 安全库存量较高，增加了库存成本。定期订货法以固定的周期进行订货和盘查存货，因此，设置了较高的安全库存量。

2) 订货的批量具有随机性，无法确定经济订货批量，设施与设备的使用不稳定，因此运营成本较高，经济性较差。

3) 仅适用于ABC物资分类中A类货物，即库存控制中的重点物品。

7.3.2.3 价格折扣下的订货策略

1. 折扣点

供应商为了吸引企业一次性购买大批量的物料，会对达到或超过某一数量标准的购买批量给予一定的价格优惠，这个事先规定的数量标准称为折扣点。价格折扣是根据购买数量确定的，因此又称作数量折扣。在存在数量折扣的条件下，企业在购买产品时，折扣前的单位产品价格与折扣后的单位产品价格不同，因此，经济订货批量的确定就发生了变化，就需要对经济订货批量的公式进行必要的修改。

2. 订货量与折扣点的关系

如果企业通过增加采购批量，以获取供应商提供的数量折扣，就会减少订货次数，降低年订货费用，但是会导致库存保管费用的增加。在应对供应商数量折扣营销策略时，企业应进行计算和比较，从而确定是否有必要增加订货量以获得价格折扣。判断准则为：接受折扣后的订货策略所产生的年总成本是否小于折扣前经济订货批量所产生的年总成本，若小于，则按折扣点的数量进行订购；反之，不予考虑数量折扣，按折扣前的经济订货批量进行订购。

3. 折扣点下的订货策略

采用成本比较法，即比较接受折扣前后的年总成本，以确定是否接受价格折扣。

(1) 只有一个折扣点。

折扣前为

$$C(Q^*)=DP_1+\frac{Q^*}{2}\times H+\frac{D}{Q^*}S \qquad (7.20)$$

折扣后为

$$C(Q_1)=D(1-\beta)P_1+\frac{D}{Q_1}S \qquad (7.21)$$

式中 β——供应商提供的折扣；

$(1-\beta)P_1$——折扣后的价格。

若 $C(Q^*)>C(Q_1)$，则接受折扣，按折扣点数量 Q_1 订货；若 $C(Q^*)<C(Q_1)$，则不考虑数量折扣，仍按经济订货批量 Q^* 订货。

（2）有多个折扣点。首先分别计算按每个折扣点进行批量采购时的年总成本 $C(Q_i)$，再计算出每个折扣区间经济订货批量 Q_i^* 和有效的经济订货批量所对应的年总成本 $C(Q_i^*)$。所谓有效，指的是求出的折扣区间经济订货批量 Q_i^* 落在折扣区间内，即 $Q_{i-1}\leqslant Q_i^*\leqslant Q_i$。

$$Q_i^*=\sqrt{\frac{2DS}{H}} \qquad (7.22)$$

最后，选取两步计算中得出的使成本最小的订货批量作为最佳订货批量。

【例 7.6】 某企业依计划每年需采购 M 零件 1000 件。M 零件的每次订货成本是 5 元，每个 M 零件每年的保管费是单位购买价格的 20%，M 零件的供应商为了促销采取以下的数量折扣：当订货批量不超过 40 件时，单价为 22 元；订货批量在 41~80 件时，单价为 20 元；订货批量超过 80 件时，单价为 18 元。求在此条件下企业的最佳订货批量。

解：（1）订货批量分别取各折扣点时的年总成本为

订货批量 $Q_1=40$ 时，$C(Q_1)=22\times 1000+\dfrac{22\times 0.2\times 40}{2}+\dfrac{1000\times 5}{40}=22213$（元）

订货批量 $Q_2=80$ 时，$C(Q_2)=20\times 1000+\dfrac{20\times 0.2\times 80}{2}+\dfrac{1000\times 5}{80}=20222.5$（元）

（2）各折扣区间的经济订货批量：

$$Q_1^*=\sqrt{\frac{2\times 1000\times 5}{22\times 0.2}}\approx 47.67\approx 48（件）（无效）$$

由于 $Q_1^*=48$，不在折扣区间 [0,40] 内，因此计算的经济订货批量无效。

$$Q_2^*=\sqrt{\frac{2\times 1000\times 5}{20\times 0.2}}=50（件）$$

由于 $Q_2^*=50$，在折扣区间 [41,80] 内，因此计算其对应的年总成本，即

$$C(Q_2^*)=20\times 1000+\frac{20\times 0.2\times 50}{2}+\frac{1000\times 5}{50}=20200（元）$$

$$C(Q_3)=\sqrt{\frac{2\times 1000\times 5}{18\times 0.2}}\approx 52.7\approx 53（件）（无效）$$

（3）对各个订货批量的年总成本进行比较，确定最佳订货批量：

由于 $C(Q_2^*)<C(Q_2)<C(Q_1)$，因此最佳订货批量为 $Q_2^*=50$（件）。

7.3.3 库存需求预测

7.3.3.1 库存控制的制约因素

企业的库存控制水平不仅受到内部因素影响,还受到外部因素的制约。其中,核心的制约因素是信息准确度。

无论采用何种库存控制方法,都要求企业准确地掌握库存需求信息,从而确定库存量。但在供应链运营中,"牛鞭效应"(Bullwhip Effect)导致需求信息扭曲变异,使得企业难以做出准确的需求判断。

"牛鞭效应"是经济学中的一个术语,也被称作长鞭效应,指的是供应链上的一种需求变异被放大的现象,需求信息在从最终消费者到原始供应商的传递过程中,不断扭曲并逐级放大,最终处于越来越大的波动当中。

"牛鞭效应"如图7.8所示。需求信息的变异逐级放大,如同牛仔甩动起来的那条长鞭,虽然牛仔只是轻轻甩,但长鞭的尾端剧烈地甩动起来。也正是因为"牛鞭效应"的影响,处于供应链上游的制造商和供应商,其库存水平往往数倍于供应链下游的分销商和零售商。从供应链的角度来看,对销售商(分销商、零售商)而言,制造商及其上游供应商都可以被看作"供应商"。

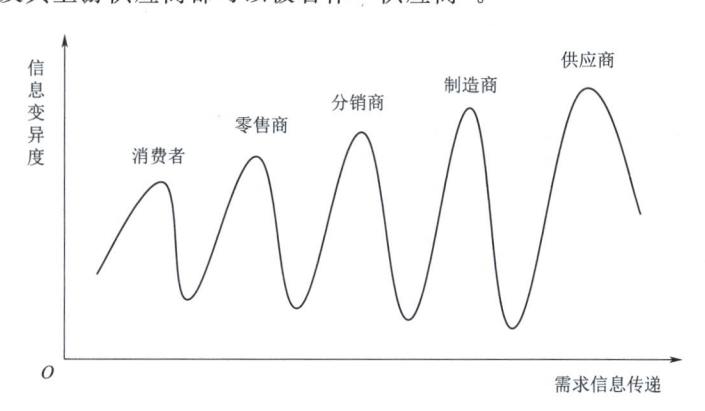

图 7.8 "牛鞭效应"

例如,当计算机市场的需求预测(稍微增长2%)到达戴尔时,该需求增幅则被放大至5%,当其到达英特尔时,则可能进一步被放大至10%,而在英特尔的供应商眼中,市场需求可能存在高达20%的增幅。

在这种情况下,供应链产能就会远超市场需求,造成产能过剩的问题。此时,过剩的产能会以库存的形式积压在供应链的各个环节,进而影响供应链的资金周转,最终全面波及营销、物流、生产等各领域,对供应链运作造成严重影响。

需求信息变异是库存控制的主要制约因素。但在实际管理中,此类变异只能缩小,却难以真正消除。这是因为,除客观存在的需求信息变异之外,有很多零售商、分销商为了拿到更大份额的配给量或获取更优惠的价格折扣,会故意夸大市场需求信息,从而影响供应链上游对市场需求信息的判断。

"牛鞭效应"造成的需求信息变异的加速放大(图7.9),使得需求信息处于不断变异之中，企业难以准确把握市场需求信息。其最终结果就是，当市场需求增加时，供应商往往来不及反应，来不及满足增加的市场需求；而当市场需求放缓时，供应商又可能过量生产，造成大量库存积压。

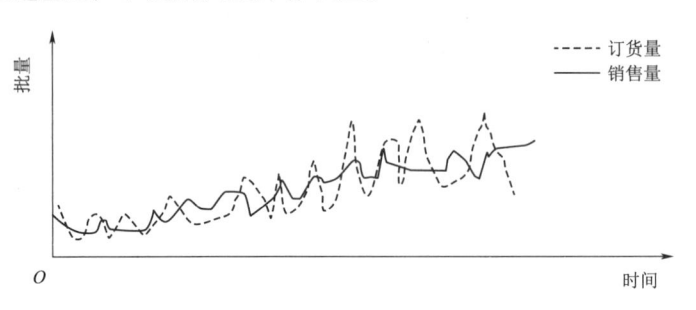

图 7.9　需求变异加速放大

"牛鞭效应"在库存控制管理中极具"杀伤力"，它不仅可能造成大量库存积压，也会导致生产计划频繁波动、交货周期过短等各种问题。具体而言，"牛鞭效应"造成的危害主要有 4 个。

(1) 生产计划失效。在需求信息变异被加速放大的过程中，供应链上游的企业接收到的需求信息与实际需求信息存在较大差距，这使得生产与市场脱节，既定的生产计划变得无效，生产过程也因此进入无序状态。

(2) 库存无效积压。当市场需求出现大幅变动时，在需求信息的逐级传递过程中，企业的库存也难以及时变化，对供应链上游的供应商而言更是如此。无效的库存积压，也进一步导致资金利用率的降低。

(3) 失去整体考虑。供应链上游企业的生产运作，在很大程度上取决于下游企业提供的需求信息。当需求信息处于持续变异中时，供应链上各节点的企业就会放弃对供应链的整体考虑，转而从自身利益出发，单纯追求局部最优。

(4) 短期行为局限。在牛鞭效应的影响下，企业难以相信得到的需求信息，而这又进一步导致供应链各节点企业间的不信任。此时，企业间无法建立长期、稳定的合作关系，而是局限于短期行为，这也将影响供应链的稳定和发展。

7.3.3.2　库存需求预测

库存控制水平的提高，必然需要准确的库存需求预测，而这离不开数据的采集和信息的分析。此时，如果信息出现变异，那么库存控制管理的决策结果同样无法做到精准。

因此，在进行库存需求预测时，企业必须妥善应对供应链的牛鞭效应，弱化其负面影响。整体而言，准确地进行库存需求预测需要掌握 6 种方法，如图 7.10 所示。

1. 订货分级管理

当企业想要满足销售商的所有订货需求时，其需求预测修正造成的信息变异必将进一步放大，由此导致库存需求差异变大。

在供应链运作过程中，客户的地位和作用并不等同，正如"二八法则"说明的那样，20%的客户贡献了 80%的销量。

因此，在解决牛鞭效应时，企业要对客户进行分类，如一般销售商、重要销售商、关键销售商等。在此基础上，企业可对客户的订货实行分级管理。

（1）对一般销售商的订货采取"满足"管理。

（2）对重要销售商的订货采取"充分"管理。

（3）对关键销售商的订货采取"完美"管理。

（4）当货物短缺时，优先满足关键销售商的需求。

（5）定期对销售商进行考核，在合适时机剔除不合格的销售商。

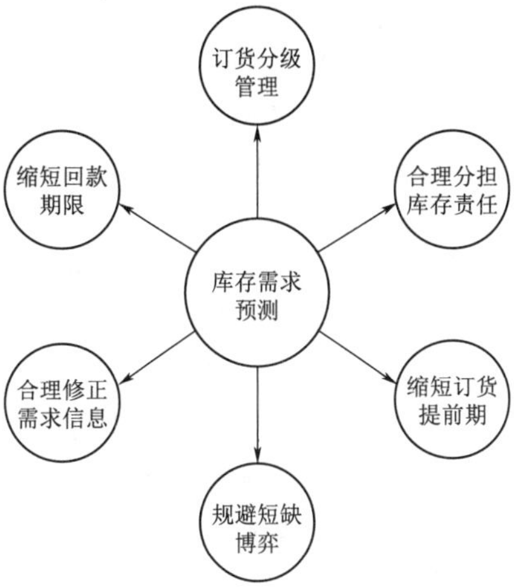

图 7.10　库存需求预测方法

2. 合理分担库存责任

造成牛鞭效应不断加剧的一个重要原因就是库存责任失衡，库存积压风险几乎都由制造商和供应商承担，因而销售商敢于人为夸大需求信息。因此，供应链应当加强出入库管理，让各企业合理分担库存责任，促使下游企业向上游供应商提供真实的需求信息。

基于相同的原始需求资料，供应链上各节点企业也得以协同合作，制订相匹配的供需计划。此时，联合库存管理策略成为应对牛鞭效应的重要方法。

在库存责任失衡的状态下，即使销售商存在库存积压的问题，但由于销售商无须支付预付款，因此不用承担资金周转压力，大库存反而能够发挥融资作用，提高销售商的资本收益率。这背后的代价则是供应商的库存风险异常加大。

因此，供应链应当平衡销售商与供应商的责任，遵循风险分担的原则，在供应商与销售商之间建立合理的分担机制，尤其是在库存成本、运输成本及竞争性库存损失等方面，从而实现成本、风险与效益的平衡。

3. 缩短订货提前期

一般而言，订货提前期越短，需求信息就越准确。

例如，根据沃尔玛的调查，当订货提前期为 26 周时，需求预测误差为 40%；当订货提前期为 16 周时，需求预测误差为 20%；当销售商按照当前需求实时订货时，需求预测误差仅为 10%。

因此，供应商应当鼓励销售商缩短订货提前期，采取小批量、多频次的实需型订货方式，以减小需求预测误差。尤其是在智慧仓储环境下，借助电子数据交换系统等现代信息技术，销售商完全可以及时将需求信息分享给供应商。

4. 规避短缺博弈

在短缺博弈中，销售商为了获取更多的供应份额，倾向于夸大需求信息，进而加剧牛鞭效应。为了规避短缺博弈，供应商应当更改供应策略，以销售商的历史订购数据为基础进行限额供应,而非将订购量作为供应标准。

例如,假设市场总供应量是需求量的50%,如果销售商同期平均销售量为1000件,历史最高销量为1200件,那供应商就应当根据销售商的等级计算供应限额,如一般供应商500件,重要供应商550件,关键供应商600件。

5. 合理修正需求信息

供应链各节点企业对需求预测修正的夸大,是导致牛鞭效应的重要原因。因此,供应商在进行需求预测修正时,忌一味地以订货量为基础进行放大,而应当根据历史资料和当前环境进行合理分析,从而真正发挥需求预测修正的效用。

与此同时,联合库存、联合运输和多批次发货等形式,也有助于供应商在控制成本的同时,满足销售商的需求。

6. 缩短回款期限

牛鞭效应的一个重要的负面影响,就是供应商的库存积压,以及随之而来的资金压力。对此,缩短回款期限是消除牛鞭效应负面影响的有效方法。

回款期限一般是供应链合作谈判的重要内容。具体而言,在合作谈判中,供应商一方面可以适当缩短回款期限,如定为1周或10天;另一方面可以出台价格优惠政策,鼓励销售商积极回款。

在供应链的放大效应下,需求信息变异被加速放大及其造成的短缺博弈或短期行为,都会损害供应链上各节点企业的利益。因此,供应链上各节点企业应当协同合作,借助现代信息技术,高效地整合供应链管理系统,并采用合适的库存控制方法,以消除牛鞭效应的负面影响,做出准确的库存需求预测。

7.4 面向供应链的库存控制思想

学习目标:

通过学习,能阐述零库存、供应商管理库存、联合库存管理、CPFR等现代库存控制技术的基本原理,能适应现代物流技术的发展,学会供应链管理的现代库存控制技术;具备供应链管理的思想,能将现代库存控制技术应用于企业库存管理;培养科学创新的思维、严谨认真的工作态度。

任务驱动:

在企业生产经营过程中,各个环节都会涉及库存,库存作为保证企业生产经营的重要保障,要占用大量的资金,库存管理的好坏对企业的经营效益和正常运转都会产生重大影响。因此,库存管理与控制在企业的生产经营中发挥着举足轻重的作用。针对Acer的零库存管理项目案例,进行小组内的分工合作,完成本组的案例思考题,课上共同探讨交流。

知识解析:

随着市场全球化和竞争的加剧,企业之间的竞争已变成供应链之间的竞争。传

7-2 Acer的零库存管理

统的库存控制思想仅仅停留在企业内部库存,但内部库存的控制效率往往受到供应链上游供应商的供应效率和下游客户的需求变化的影响,如果波动较大,仅从内部进行控制难以达到效果,因此,如果站在供应链的角度进行库存控制,有利于降低库存风险,减少库存费用,并增强企业的市场竞争力。

7.4.1 零库存技术

从物流运动合理化角度来看,零库存概念包含两层意思:其一,库存对象物的数量趋于零或等于零(近乎无库存物品);其二,库存设施、设备的数量及库存劳动耗费同时趋于零或等于零(不存在库存活动)。而后一种意义上的零库存,实际上是社会库存结构合理调整和库存集中化的表现。就其经济意义而言,它远大于通常意义上的仓库物品数量的合理减少。

但是,零库存并不等于不要储备和没有储备。对某个具体企业而言,零库存是在有充分社会储备前提下的一种特殊存储形式,其核心管理在于有效地利用库存材料,尽快地生产更好的产品,并有一个反应迅速的营销系统把它们交到消费者手中,将生产、销售周期尽可能地压到最短,竭力避免无效库存。因此,作为一个生产企业,并不能真正实现所谓的库存为零,只能是库存沉淀为零;或者说,一切库存都是在按照生产计划流动,而"零库存"只是一个"零库存"的思想和"零库存"的管理制度。要全面了解"零库存"的含义,可与传统库存管理进行比较,见表7.7。

表7.7 零库存与传统库存比较

比较项目	传统库存管理	零 库 存 管 理
库存行为认识	认为库存对企业极为重要,保持一定数量的库存有助于企业提高效率	认为库存是一种浪费,是为掩盖管理工作失误提供方便
库存管理区域	只控制企业内部的物流	应对整个供应链系统的存货进行控制
库存管理重点	强调管理库存成本	强调存货质量和生产时机

7.4.1.1 零库存的实现方式

零库存适用于从原材料供应、物流配送到生产销售的整个供应链,从而成为企业降低成本提高经营效率的重要方式。零库存的实现方法有以下几种:

1. 委托保管方式

委托保管方式即委托营业仓库储存保管货物。营业仓库接受用户的委托,代存代管所有权属于用户的货物,使用户不再持有库存,甚至不必持有保险储备库存,从而实现零库存。用户按一定的标准向委托方支付一定数额的费用。

零库存形式优势在于受委托方充分利用其专业化的优势,实现高水平和低费用的库存管理,用户不再持有库存,同时减去了仓库及库存管理的烦琐事务,集中资源于核心业务、实现专业化竞争力。但是,以委托保管方式实现的零库存实质是库存的转移,它并没有降低库存总量。

2. 协作分包方式

协作分包方式即美国的"SUB-CON(Subcontractor,SUB-CON)"方式和

日本的"下请"方式。主要是制造企业的一种产业结构形式，是在协作、配套的生产方式基础上，若干企业以柔性生产准时供应主企业，稳定供应渠道，使主企业的供应库存为零，同时由主企业统一组织产品销售，集中管理销售库存、使若干分包销售企业的销售库存为零。

许多制造型企业的结构设置是以一家大型规模的企业为主导、以数千百计的小型企业为分包的金字塔形结构。主企业主要负责产品的装配和市场的开拓，分包企业负责各自分包的零部件制造、供应或销售等业务。例如，分包零部件制造的企业可采用任意的生产形式和库存调节形式，定时定量地将货物送至主企业指定地点，确保满足主企业的生产需要，从而使主企业不必持有库存，主企业可通过配额、随供等形式，统一组织产品销售，集中管理产品库存来满足各分包者的销售，使分包者实现零库存。

3. 轮动方式

轮动方式也称同步方式，指通过对供应链系统中企业的运作进行详细的设计，实现各企业间完全协调一致的运作速率，从而从根本上消除各企业生产经营库存的一种零库存、零储备形式。这种方式是在传统的传送带式生产方式的思想上，更进一步地延伸和扩展，使供应、生产同步进行，从而实现零库存的形式。

4. 准时制方式

准时制方式是对轮动方式的灵活运用。在企业间采用轮动方式需要巨大的投资，实现轮动管理也具有很大的难度，并且许多产业也不适合采用轮动方式。因此，具有灵活性的准时制方式被广泛地采用。从企业生产的角度看，准时制方式通过实行生产同步化，使在制品在工序间不设库存，即前一道工序加工结束后，立即转入下一道工序的生产，从而实现零库存；从供应链的角度看，准时制方式是通过企业之间的协作，供应商能够按时、按量地将正确的产品送到指定的地点，从而实现生产企业的零库存。

5. 看板方式

看板方式是准时制方式的简单有效的实施，由日本丰田公司在 20 世纪 60 年代成功应用后闻名于世。看板方式是通过在企业的各工序之间、企业之间或在生产企业与供应者之间，采用固定格式的卡片为凭证，由下一级工序或企业根据其生产工艺流程，逆生产运作流程方向向上一级工序或企业提供供给，从而协调各工序或企业间关系，做到准时同步。

6. 水龙头方式

水龙头方式，顾名思义就是要获得水只需拧开自来水管的水龙头即可。这种方式随着技术的发展已演变成为即时供应制度，用户可随时根据自己的需求向供应商提出购买要求，供应商以自己的库存和有效供应系统承担即时供应的责任，从而使用户实现零库存。适合采用水龙头方式实现零库存的物品主要是工具及标准件。

7. 无库存储备

国家战略储备的物资往往是重要物资，战略储备在国民经济发展以及国家战略发展等诸多方面都发挥着极其重要的作用，因此，几乎每个国家都持有不同名义的战略储备。有些战略储备的物资，必须保存在条件良好的仓库中，以防止毁损，延长其保存年限。因而，实现零库存是完全不必要且不可想象的。可通过无库存储备的物资，仍然需要保持储备，但不采取库存的持有形式，以此达到零库存目的。

7.4.1.2 零库存的实现条件

产品从原材料到在制品再到最终成品，是以将供应商、制造商、分销商、零售商直到最终客户连成整体的供应链网络为基础的。因此，要实现零库存，应该形成供应链管理的全局思想，而不是简单地将库存压力转移给供应商或分包公司。

要真正实现零库存，必须具备以下条件：

（1）整条供应链的上下游协同配合，建立相互信任、相互合作、相互协调的战略伙伴关系。

（2）供应链上下游企业拥有高度相同的信息，只有实现合作伙伴间的信息交流，做到信息共享，才能最终实现供应链伙伴间的零库存。

（3）提高物流设施与设备的技术含量，为零库存的实现提供物流系统支撑。

7.4.2 供应商管理库存

1. 供应商管理库存概述

供应商管理库存（Vendor Managed Inventory，VMI）指在供应链环境下，由供应链上的制造商、批发商等上游企业对众多分销商、零售商等下游企业的流通库存进行统一管理和控制的一种管理方式，其主要思想就是实施供应厂商一体化。在这种方式下，供应链的上游企业不再是被动地按照下游订单发货和补货，而是根据自己对众多下游经销商需求的整体把握，主动安排一种更合理的发货方式，既满足下游经销商的需求，同时又使自己的库存管理和补充订货策略更合理，从而使供应链上供需双方成本降低，实现双赢。

供应商管理库存能够实现信息共享，零售商帮供应商更有效地做出计划。供应商从零售商处获得销售点数据并使用该数据来协调其生产、库存活动以及零售商的实际销售活动。在供应商管理库存模式下，供应商完全管理和拥有库存，直到零售商将其售出为止，但是零售商对库存有看管义务，并对库存物品的损伤或损坏负责。

2. 供应商管理库存遵循的原则

供应商管理库存的主要思想是供应商在用户的允许下根据用户的生产经营和库存信息，对用户的库存进行管理与控制，确定库存水平和补给策略。关于供应商管理库存的定义有多种不同的论述，但其关键的管理策略主要有以下几个原则：

（1）合作精神（合作性原则）。供应商管理库存是建立在零售商—供应商伙伴关系基础上的供应链管理库存方法，在实施该策略时，供应商和用户（零售商）都要有较好的合作精神，相互信任，信息共享、才能保持良好的合作关系。

（2）使双方成本最小（互惠原则）。供应商管理库存不是关于成本如何分配或谁来支付的问题，而是通过降低供应链的库存成本，加快资金和物资周转，使供需双方共享利益，实现双赢。

（3）框架协议（目标一致性原则）。双方都明确各自的权利和责任，观念上达成一致的目标。如库存放在哪里，什么时候交付，是否要管理费，要花费多少等问题都要明确体现在框架协议中。

（4）连续改进原则。此原则目的是实现供需双方利益共享和消除浪费。

3. 供应商管理库存的优点

与传统的"库存是由库存拥有者管理"的模式相比，供应商管理库存具有以下优点：

（1）缩减成本。供应商通过网络共享用户信息，削弱了牛鞭效应，缓和了需求的不确定性，削减了用户的库存管理成本，供应商也可根据用户信息编制补货计划，减少了非增值活动和浪费。

（2）提高服务水平。在供应商管理库存中，多用户补货订单、递送间的协调大大改善了服务水平。可以优先完成重要的递送业务，更有利于产品的更新。

4. 供应商管理库存的实施

实施供应商管理库存，首先要确定合作框架的协议性条款内容。供应商与销售商通过协商建立标准的订单处理模式，包括订单的业务流程以及控制库存的相关参数、库存信息的传输模式、所有权及转移时间、信用条件、订货责任等。

其次，供应商管理库存的具体实施包括以下几个步骤：

（1）供应商与销售商共同建立客户信息系统，且该系统为双方都提供接口，使供应商也能掌握需求变化的信息。

（2）供应商必须建立起完善的销售网络管理系统，以保证产品的需求信息和物流过程的畅通，为此，必须解决产品分类、编码问题的标准以及商品储存与运输过程中的识别问题。

（3）供应商管理库存的实施需要相应的技术支持，其中主要包括EDI/Internet、ID代码、条码、条码应用标识符、连续补给程序等。

7.4.3 联合库存管理

1. 联合库存管理的含义

联合库存管理（Jointly Managed Inventory，JMI），就是供应链上的各类企业（供应商、制造商、分销商）通过对消费需求的认识和预测的协调一致，共同进行库存的管理和控制，利益共享、风险同担。

2. 联合库存管理的基本思想

联合库存管理是供应商与客户同时参与、共同制定库存计划，利益共享、风险分担的供应链库存管理策略。它旨在解决供应链系统中，由于各节点企业的相互独立库存运作模式导致的需求放大现象，是提高供应链同步化程度的一种有效方法。

联合库存管理和供应链管理用户库存不同，强调供应链各节点企业共同参与、制订库存计划，各节点企业在共同的协议框架下都从相互之间的协调性考虑，保持供应链各节点之间对需求的预期保持一致，从而消除了需求变异放大现象和库存管理"各自为政"的局面。

联合库存管理系统把供应链系统进一步集成为上游和下游两个协调管理中心，从而部分消除了由于供应链环节之间的不确定性和需求信息扭曲现象导致的供应链的库存波动。通过协调管理中心，供需双方共享需求信息，使供应链的运作更加稳定。

3. 联合库存管理的协调机制

为了发挥联合库存管理的作用，供需双方应从合作的精神出发，建立供需协调管理的机制，明确各自的目标和责任，建立合作沟通的渠道，为供应链的联合库存管理提供有效的机制。没有一个协调的管理机制，供需双方就不可能进行有效的联合库存管理。联合库存管理中的供需协调管理机制如图 7.11 所示。

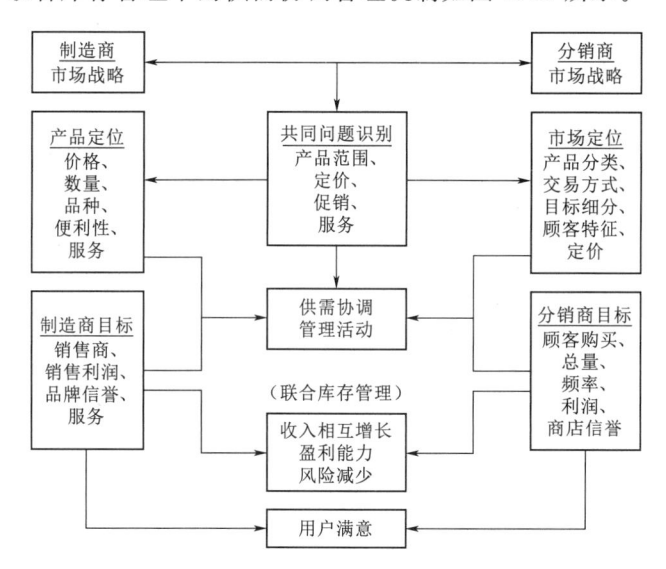

图 7.11 联合库存管理中的供需协调管理机制

4. 联合库存管理的实施步骤

（1）分析物品供应商的现状，如利用现存的关键表现指数（Key Performance Indicator，KPI）对供应商评级。

（2）选取级别最高的若干个物品供应商，建立联合库存管理模式、供需双方应本着互惠互利的原则，树立共同的合作目标。采用 SWOT 法（优势、弱势、机会、威胁），通过协商形成共同的目标。

（3）建立联合库存的协调控制方法：通过供需双方的固定部门采用 EDI 技术可以建立一个共用的工作平台，将双方的库存信息，最大、最小库存，安全库存，需求的预测等实现实时共享，升级优化。

（4）在供需双方的组员管理系统（如 MRPII/DRP）之间建立系统间的共享，增强供需双方的协调机制。

（5）定期召开供需双方见面会，就联合库存的协调问题、数据处理和共享问题、双方工作流程的沟通等进行快速响应，从而提升供应链各个节点企业的运行效率，降低库存成本、赢得竞争优势。

5. 联合库存管理的优势

联合库存管理和传统的库存管理模式相比，具有以下几个方面的优势：

(1) 为实现供应链的同步化运作提供了条件和保证。

(2) 减少了供应链中的需求扭曲现象，降低了库存的不确定性，提高了供应链的稳定性。

(3) 库存作为供需双方的信息交流和协调的纽带，可以暴露供应链管理中的缺陷，为改进供应链管理水平提供了依据。

(4) 为实现零库存管理、准时采购以及精细化供应链管理创造了条件。

(5) 进一步体现了供应链管理的资源共享和风险分担的原则。

7.4.4 合作计划、预测与补给

前述关于供应链伙伴的合作模式即供应商管理库存（VMI）和联合库存管理（JMI）都存在局限性，VMI 和 JMI 都没有调动下级节点企业的积极性，过度地以客户为中心，供应链没有实现真正的集成，使得库存水平较高，订单落实速度慢。所以，当发现供应出现问题（如产品短缺）时，留给供应商进行解决的时间非常有限。针对 JMI 和 VMI 的不足，20 世纪 90 年代末又有学者提出一种新的供应链库存管理方法即协同计划、预测与补给（Collaborative Planning, Forecasting and Replenishment, CPFR）。CPFR 建立在 JMI 和 VMI 的最佳分级实践基础上，博采众长、融会贯通，是体现供应商与零售商之间协调与合作关系的新型模型。

1. CPFR 的含义

CPFR 既是一种哲理，又是一系列的活动过程，它应用一系列的处理和技术模型，提供覆盖整个供应链的合作过程，通过共同管理业务过程和共享信息来改善零售商和供应商的伙伴关系，提高预测的准确度，最终达到提高供应链效率、减少库存和提高消费者满意程度的目的。

CPFR 最大的优势是能及时准确地预测由各项促销措施或异常变化带来的销售高峰和波动，从而使销售商和供应商都能做好充分的准备，赢得主动。同时，CPFR 采取了一种"双赢"的原则，始终从全局的观点出发，制定统一的管理目标以及方案实施办法，以库存管理为核心，兼顾供应链上其他方面的管理。

2. CPFR 的特征

虽然 CPFR 是建立在供应商管理库存和联合库存管理的最佳分级实践的基础上，但它摒弃了两者中的主要的缺点，即没有一个适合所有贸易伙伴的业务过程、未实现供应链的集成等，通过供应链企业共同建立的一个适合所有贸易伙伴的业务过程来实现供应链集成，将协同行为渗透到预测、作业层次等。具体地讲，CPFR 有以下四个方面的特征。

(1) 协同。美国战略理论研究专家依戈尔·安索夫首次提出了协同的概念。所谓协同效应指在复杂大系统内各子系统的协同行为产生出的超越各要素自身的单独作用，从而形成整个系统的统一和联合作用。在 CPFR 中，供应链上下游企业就是各个子系统，协同效应可以使整个供应链系统发挥的功效大于各个子系统功效简单相加。供应链上下游企业只有确立起共同的目标，才能使双方的绩效都得到提升，取得综合性的效益。CPFR 这种新型的合作关系要求双方长期承诺公开沟通、信息分享，从而确立其协同性的经营战略，尽管这种战略的实施必须建立在信任和承诺的基础上，但是这是买卖双方取得长远发展和良好绩效的唯一途径。

（2）计划。1995 年沃尔玛公司与 Warner Lambert 公司的 CPFR 为消费品行业推动双赢的供应链管理奠定了基础，此后，当国际行商标准协会 VCIS 定义项目公共标准时，认为需要在已有的结构上增加"P"，即合作规划以及合作财务。此外，为了实现共同的目标，还需要双方制定促销计划、库存政策变化计划、产品导入和终止计划等。

（3）预测。CPFR 中的预测强调买卖双方必须做出最终的协同预测，协同预测可以大大降低整个供应链体系的低效率、死库存，提高产品销量、节约供应链的资源。与此同时，最终实现协同促销计划是实现预测精度提高的关键。CPFR 所推动的协同预测还有一个特点，就是它不仅关注供应链双方共同做出最终预测，同时也强调双方都应参与预测反馈信息的处理和预测模型的制定和修正，特别是如何处理预测数据的波动等问题。只有把数据集成、预测和处理的所有方面都考虑清楚，才有可能真正实现共同的目标，使协同预测落在实处。

（4）补货。根据指导原则，协同运输计划也被认为是补货的主要因素，此外，例外状况的出现也需要转化为存货的百分比、预测精度、安全库存水准、订单实现的比例、前置时间以及订单批准的比例，所有这些都需要在双方公认的计分卡基础上定期协同审核。潜在的分歧，比如基本供应量、过度承诺等，双方应加以解决。

CPFR 针对合作伙伴的战略和投资能力不同、市场信息来源不同的特点建成一个方案组。零售商和制造商从不同的角度收集不同层次的数据，通过反复交换数据和业务情报改善制订需求计划的能力，最后得到基于 POS 的消费者需求的单一共享预测。这个单一共享需求计划可以作为零售商和制造商的与产品有关的所有内部计划活动的基础，换句话说，它能使价值链集成得以实现。以单一共享需求计划为基础能够发现和利用许多商业机会，优化供应链库存和改善客户服务，最终为供应链伙伴带来丰厚的收益（表 7.8）。

表 7.8　　　　　　　　　　　　实施 CPFR 的利益

零　售　商	生　产　商	供　应　商
增加销售、较高的订单满足率、较快的订单响应时间、降低产品库存、产品过时及变质的可能性	增加销售、较高的服务水平、较快的循环周期、减少产能需求	引导物料流向（减少存货点的数量）、提高预测准确度、降低系统费用

3. CPFR 的实现

CPFR 的实现步骤、目的及输出结果见表 7.9。

表7.9　　　　　　　　　CPFR 的实现步骤、目的及输出结果

序号	步骤	目的	输出结果
1	达成前端合作协议	建立制造商、分销商或配送商合作关系的指导文件协议规则	制定符合 CPFR 标准并约定合作关系的蓝本，蓝本约定合作交换的信息和分担风险的承诺
2	建立合作业务计划	合作方法：交换公司策略和业务计划信息，以建立合作业务计划，从而有效降低例外情况的发生概率	制定业务计划书并在业务计划书上明确规定策略、具体实施方法
3	建立销售预测	POS 数据、临时信息和计划事件方面的信息采集并建立销售预测	共同建立销售预测
4	确定销售计划例外项目	由制造商和配送商共同确定销售计划约束的例外情况	例外项目列表
5	合作解决计划例外项目	通过共享的数据、E-mail、电话交谈、会议等共同解决例外项目	调整修改过的销售计划
6	创建订单预测	POS 数据、临时数据、库存策略结合起来制定订单预测，以支持共享的销售预测和合作业务计划，以及以时间数为基础的实际数量和库存目标	以时间数为基础的精细订单预测和安全库存
7	确定订单预测的例外情况	由供应商和配送商共同确定订单预测约束例外	例外项目列表
8	合作解决订单预测的例外情况	通过共享的数据、E-mail、电话交谈、会议等解决例外情况	修改过的订单预测
9	订单生成	由订单预测转化为确定的订单	订单及订单确认回执

7.5　主题任务：采用 ABC 分类法对商品进行分类

浙江商通物流公司的配送中心一年的库存货物统计数据如下表所示。请采用 ABC 分类法对表 7.10 中的商品进行分类。

表7.10　　　　　　　　　库存货物明细

序号	货物名称	品种数/个	平均库存量/kg	平均资金占用额/万元
1	H	12	220	33
2	I	25	1200	23
3	J	3	5000	60
4	K	30	400	16
5	L	6	6500	68
6	M	46	500	10
7	N	8	2600	92
8	O	78	10000	12
合计		208	26420	314

复 习 思 考 题

1. 简述 ABC 分类管理法的特点。
2. 定量订货法和定期订货法有何不同？分别应用于什么情况？
3. 企业可以采用哪些方法做好库存需求预测？
4. 请列举两项现代库存管理方法，并分析其特点。

第 8 章 智慧仓储绩效评价

学习目标与要求

1. 知识目标
(1) 了解智慧仓储绩效管理的含义、目标和原则。
(2) 理解智慧仓储绩效管理的内容和范围。
(3) 理解智慧仓储绩效管理体系的架构。
2. 能力目标
具备对智慧仓储绩效评价的能力。
3. 素质目标
(1) 具备自主分析的能力,培养学生的降本增效意识。
(2) 培养学生科学创新的思维、严谨踏实的工作态度。

导入案例

凯乐士智慧仓储高效运营绩效管理

凯乐士科技有限公司(以下简称凯乐士),拥有自己的硬核技术——自主创新研发用于自动化立体仓库的智能存取设备四向穿梭车,其高稳定性和高可靠性的品质得到了客户的广泛认可,本例主要介绍该技术的优势和应用情况,对于智慧仓储的运营绩效管理有一定的借鉴作用。扩展视频参见二维码。

(资料来源:现代物流网,2019 年 11 月)

案例讨论:

绩效管理是企业管理的重要依据,企业需要在智慧仓储管理中引入绩效管理方案。但由于智慧仓储管理内容复杂,且绩效管理本身存在多因、多维、动态等特点,仓储绩效管理也成为企业绩效管理的难点。

调研任务:

智慧仓储企业应如何做好绩效管理?请通过网络或现场调查的方式进行调研。

8-1 智慧仓储高效运营绩效管理案例

8.1 智慧仓储绩效管理概述

学习目标：

通过学习，能够知悉智慧仓储绩效管理的含义及意义；能够了解智慧仓储绩效管理的特点；具备分析智慧仓储绩效管理步骤的能力；培养科学、创新的思维能力。

任务驱动：

传统、粗放式的经营模式已经不适用于现代企业。仓储企业经营的效果如何，怎样才能提高仓储企业的效率和效益，都需要通过仓储绩效的考核，明确仓储成本的构成，将考核目标分解落实，提高仓储经营绩效。实施绩效管理往往是一家企业起死回生、转败为胜的灵丹妙药。绩效管理应该从哪些方面入手，构建什么样的指标体系？又有哪些进行绩效评价的方法？请各组同学分工协作，进行探讨交流。

知识解析：

8.1.1 智慧仓储绩效管理

8.1.1.1 智慧仓储绩效管理的含义

智慧仓储绩效管理指在智慧物流背景下各级管理者和员工为了达到组织目标共同参与的绩效计划制定、绩效辅导沟通、绩效考核评价、绩效结果应用、绩效目标提升的持续循环过程。智慧仓储绩效管理的目的不仅包括持续提升个人、部门和组织的绩效，还包括智慧设备的使用情况。智慧仓储绩效管理是解决仓库无形资产如何有效地创造价值的问题，针对的是知识、技能和人的管理。

8.1.1.2 智慧仓储绩效管理的意义

仓库可以利用生产绩效考核指标考核仓库各个环节的执行计划情况，纠正运作过程中出现的偏差。采用科学合理的智慧仓储绩效管理方法，对于智慧仓储管理来说意义重大。

1. 有利于提高仓储管理水平

经济核算中的每个指标均反映了现代仓储管理的一个侧面，而一个有效的、完整的指标体系能反映管理水平的全貌，通过对比分析能找出工作中存在的问题，提高管理水平。随着物流业的发展，仓储行业的竞争也日益激烈，要使所经营的现代仓储企业始终立于不败之地，就必须优化管理，增强自身竞争力，加强经济核算。

2. 有利于落实岗位责任制

经济核算的各项指标是实行现代仓储管理的岗位责任制，就必须实行按劳取酬，建立并完善经济核算制度。

3. 有利于仓库设施设备现代化改造

经济核算会促进现代仓储企业优化劳动组织，改变人浮于事、机构臃肿的状况，从而提高劳动效率，降低人工劳动的成本。经济核算还能促进企业改进技术装备和作业方法，找出仓储作业中的薄弱环节。对消耗高、效率低、质量差的设备进行革新、改造，并有计划、有步骤地采用先进技术，提高仓储机械化、自动化水平，逐步实现现代化。

4. 有利于提高仓储经济效益

现代仓储是自负盈亏、独立核算的企业，经济效益的好坏已成为直接关系且能否生存的大事。因此，加强经济核算，找出管理中存在的问题，降低成本，提高效益，应成为现代仓储企业的首要任务之一。

仓储还可以充分利用生产绩效考核指标进行市场开发和客户关系维护。给货主企业提供相对应的质量评价指标和参考数据，具体表现如下：

（1）有利于说服客户，扩大市场占有率。货主企业在仓储市场中寻找供应商的时候，在等价的基础上，服务水平通常是重要因素。这时如果仓库能够提供令客户信服的服务指标体系和数据，则在竞争中占据有利地位。

（2）有利于稳定客户管理。在我国目前的物流市场中，以供应链方式确定下来的供应关系并不是太多，供需双方的合作通常以1年为限，到期客户将对物流供应商进行评价，以确定今后是否继续合作。这时如果客户评价指标反映良好，则仓库将继续拥有这一合作伙伴。

8.1.1.3 智慧仓储绩效管理的特点

智慧仓储是现代智慧物流的核心技术之一，由高层货架、巷道式堆垛起重机或多向穿梭车、多种出入库周边设备、电气控制系统、仓库管理系统组成，能实现货物自动存取和管理，提高仓储空间利用率、工作效率和管理水平。仓库管理系统能大大降低物资管理成本，实现仓库物资的最优管理，实现仓库的信息自动化、精细化管理，指导和规范仓库人员日常作业，完善仓库管理，整合仓库资源，并为企业带来以下价值：

（1）实现数字化管理，出入库、物料库存量等仓库日常管理业务可做到实时查询与监控。

（2）提升仓库货位利用效率，减少对操作人员经验的依赖，转变为以信息系统来规范作业流程，以信息系统提供操作指令。

（3）实现对现场操作人员的绩效考核，降低作业人员劳动强度，降低仓储的库存，改善仓储的作业效率。

（4）减少仓储内的执行设备，改善订单准确率，提高订单履行率，提高仓库作业的灵活性。

8.1.2 智慧仓储绩效管理的步骤

智慧仓储绩效管理的步骤包括绩效诊断评估、绩效目标确定、绩效管理方案、绩效测评分析、绩效辅导改善、绩效考核实施。

1. 绩效诊断评估（管理诊断，绩效调研）

任何管理系统的设计都有一个由初始状态到中间状态，再到理想状态的循序渐进的过程。如果管理者期望管理系统一步到位，则不仅不能将企业引向理想状态，而且还有可能会将企业引向毁灭。因此，咨询的首要工作是深入、系统地诊断企业管理现状，摸清企业管理水平，才能为企业设计出科学、合理的绩效考核系统。

2. 绩效目标确定（经营计划，工作计划）

所有企业管理系统都是为实现企业战略目标服务的。智慧仓储的绩效管理也不例外，因此，明确企业目标指向，将有助于使员工体验目标实现的成就感。此外，管理者要意识到，没有目标、没有计划，也就谈不上绩效。

3. 绩效管理方案（设计与调整）

这是一个重要的步骤，必须根据每个岗位的特点提炼出关键业绩指标（KPI 指标），编制规范的考核基准书作为考核的契约。设计绩效考核的流程，对考核的程序进行明确规定，同时要对考核结果的应用做出合理安排，主要体现与绩效奖金的挂钩，同时应用于工作改进、教育训练与职业规划。

4. 绩效测评分析（培训，模拟实施）

这是考核的事务性工作，重点是辅导绩效考核的组织管理部门学会如何进行考核的核算工作。培训绩效管理组织成员熟悉绩效管理工具，这是绩效考核的宣贯、试运行阶段。开展全员培训工作，使每个员工深刻理解绩效考核的意义及操作办法，这是绩效考核的完善阶段，可以根据企业的实际情况和考核的实施情况对考核的相关方案做出一定的调整，以确保考核的实效性与科学性。利用模拟实施阶段的测评核算出绩效成果，并对结果进行分析，挖掘绩效问题并组织相应的绩效面谈，以不断提升绩效。

5. 绩效辅导改善（低绩效问题改善）

通过上一阶段测评分析，企业各层面的问题得以显现，如目标问题、组织体系问题、工作流程问题、部门或岗位设置分工问题、员工业务能力问题。根据各方面的问题，咨询专业辅导顾问，并使之进入部门辅导改善。

6. 绩效考核实施（组织实施运行）

企业绩效管理组织部门实施绩效管理与考核，并依据绩效管理方案进行周期性分析评估，持续改进和完善绩效管理。

8.2 智慧仓储绩效管理的内容

学习目标：

通过学习，能够知悉智慧仓储绩效管理的范畴以及智慧仓储绩效管理的对象，熟知智慧仓储绩效管理的原则以及目标；能够对智慧仓储绩效管理的数据准确获取，培养自主学习、科学思维的能力。

任务驱动：

智慧仓储绩效管理是企业运营中非常重要的一环，它直接关系到企业的生产、销售和利润。为了保证仓库经营绩效考核真正发挥作用，指标体系的科学制定和严格实施及管理非常重要。请同学们找相关绩效评价案例，进行小组内的分工合作，为企业提供相应的解决方案。

知识解析：

8.2.1 智慧仓储绩效管理的范畴

智慧仓储绩效管理的内容主要是基于功能或对象来体现的，智慧仓储绩效管理的对象包括库位管理、分拣管理、过程管理、库存管理等。

1. 库位管理

利用掌上电脑（PDA 设备）和条码技术对库位管理的上下架进行扫描，可以对仓位进行快速绑定及释放，实现随时随地的商品库位调整，基于看板能快速实时地显示仓位调整情况。结合智慧仓储设备导出库位管理的相关数据，包括入库数据、在库数据、出库数据及装卸搬运设备的准备、人员的安排、物品的检验情况等。

2. 分拣管理

通常仓库面积大，人员走动距离比较长，仓库管理系统通过科学的分拣管理，能提高人员效率和分拣准确度，减少后续维护压力。智慧仓储对分拣环节进行绩效管理的主要内容如下：

(1) 能提示库位信息，分拣无须寻找商品。
(2) 系统自动排列优先的拣货路径，减少人员走动距离。
(3) 系统进行自动预警，智能提示补货信息，拣货无须等待。
(4) 系统上架信息提示，确保入库信息准确。
(5) 多种盘点方式，支持循环盘点、抽检盘点、日常巡查等。
(6) 边分边拣，智能体系分拣信息，让作业人员不走"冤枉路"，提升效率。

3. 过程管理

仓库管理系统是面向全过程的控制管理。作业人员通过 PDA 条码扫描器实现分拣操作，可实现全程作业记录（拣货、装箱、发货、收货、上架、补货、盘点等），完成分拣清单后，系统会立即生成多维度的员工绩效报表数据（作业数量、重量、体积等信息，并进行排列），科学、轻松地实现绩效登记和考核。同时，仓库现场看板可以进行信息展示，提高人员积极性，让员工自觉工作。

4. 库存管理

智慧仓储对库存控制进行绩效管理是为了实现物料 SKU 管理、批次管理、唯一管理、箱码管理等，满足企业物料品种批次多、出入库频率高、对保质期和追溯要求高的仓储管理需求。同时，它还可实现库存准确控制，通过设置库存上下区间值、保质期预警天数等，及时掌握货品数量和状态，从而进行合理的采购和销售，达到零库存目标。

8.2.2 智慧仓储绩效管理的原则

智慧仓储绩效管理的内容十分繁杂，在制定智慧仓储绩效管理方案时，企业必须掌握核心原则，避免绩效管理失效。

1. 基本原则

着眼于仓储管理本身，智慧仓储绩效管理原则应秉持科学、可行、协调、可比、稳定的原则来制定，具体而言，主要包含以下5个方面的内容。

(1) 突出重点，并对关键绩效指标进行重点分析。

(2) 采用能反映智慧仓储管理业务流程的绩效指标体系。

(3) 指标要能反映智慧仓储管理的整体运营情况，而非单个仓库或单个环节。

(4) 关注智慧仓储管理实时运营情况，尽可能采用实时分析与评价的方法。

(5) 采用能反映智慧仓储管理及其他部门、合作商之间关系的评价指标。

2. 激励原则

为了进一步发挥智慧仓储绩效管理的效用，企业还需引入激励机制，依据奖惩结合的原则，强化智慧仓储绩效管理效果。

(1) 奖励形式。只有当奖励能够激起员工的欲望时，奖励才具有激励作用。因此，企业要充分考虑企业员工的特性，设计合适的奖励形式，以免企业付出了奖励成本却实现不了相应的激励效果。一般而言，奖励形式应当分为物质奖励和精神奖励两种，常见的奖励形式包括现金、奖品、流动红旗、奖杯、培训机会等。此外，企业还可邀请获奖单位发表获奖心得，进行媒体宣传，以增强激励效果。

(2) 处罚机制。应建立奖惩机制，以提高相关人员参与的积极性。处罚要注意有效性的问题。处罚只是针对责任人，而非整个责任区。适当处罚的目的是让员工引以为戒，吸取教训，不断提高自己的业务水平。

8.2.3 智慧仓储绩效管理的目标

智慧仓储绩效管理的目标是对管理范畴的扩充，亦属于管理的内容，包括人力管理、物料管理、设备管理、土地管理、财务管理等，具体如下：

(1) 高架存储，节约土地。智慧仓储装备管理系统利用高层货架存储货物，最大限度地利用空间，可大幅降低土地成本。与普通仓库相比，一般智能立体仓库可以节省60%以上的土地面积。

(2) 无人作业，节省人工。智慧仓储装备管理系统实现无人化作业，不仅能大幅节省人力资源，减少人力成本，还能更好地适应特殊的环境需求，使智慧仓储装备管理系统具有更为广阔的应用前景。

(3) 机器管理，避免损失。智慧仓储装备管理系统采用计算机进行仓储管理，可以对入库货物的数据进行记录并监控，能够做到"先进先出""自动盘点"，避免货物自然老化、变质，也能减少货物破损或丢失造成的损失。

(4) 账实同步，节约资金。智慧仓储装备管理系统可以做到账实同步，并可与企业内部网融合。企业只需建立合理的库存，即可保证生产全过程顺畅，从而大大提高公司的现金流，减少不必要的库存，同时避免了人为因素造成的错账、漏账、呆账、账实不一致等问题。虽然智慧仓储装备管理系统初始投入较大，但一次投入长期受益，总体来说能够实现资金的节约。

（5）自动控制，提高效率。智慧仓储装备管理系统中物品出入库都是由计算机自动化控制的，可迅速、准确地将物品输送到指定位置，减少了车辆待装待卸时间，可大大提高仓库的存储周转效率，降低存储成本。

（6）系统管理，提升形象。智慧仓储装备管理系统的建立，不仅能提高企业的系统管理水平，还能提升企业的整体形象及其在客户心目中的地位，为企业赢得更大的市场，进而创造更大的财富。

8.2.4 智慧仓储绩效管理的数据获取

智慧仓储绩效管理的内容不仅涉及库位管理、分拣管理、过程管理和库存管理4项，还包括这4项管理涉及的相关数据的获取，包括自动化存储系统、自动化输送系统、自动化作业系统、自动化计算机系统等。

智能化物流仓库管理系统，采用计算机控制和管理技术使自动化立体仓库的功能得以最大限度地发挥，可为企业提供存储、自动化输送、自动化生产、成品配送等服务。该系统数据来自自动化输送系统、自动化立体仓库、AGV分拣机器人、自动分拣系统、电子标签系统、密集存储系统等。

智慧仓储可将信息安全、准确、高效地上传到系统，方便绩效管理的数据获取。仓管员凭借对设备的智能精确控制和管理精细化，可快速获取智慧仓储各个模块的数据。智慧仓储系统通过自身的数据处理能力，加工处理更多有意义的信息，增加智慧仓储决策参考的依据。

案例 8.1　凯乐士智慧仓储运营绩效数据的获取

凯乐士自主研发的智能穿梭车系统具有高效、高可靠性等特点，该智慧仓储系统运营数据不仅方便存取，还可传至云端，可以更好地完成系统数据的传递、审核等作业。

（资料来源：中国物流与采购网，2022年4月）

8.3　智慧仓储绩效管理的评价与方法

学习目标：

1. 知识目标：能够了解智慧仓储绩效管理的评价指标，熟知智慧仓储绩效管理的方法。

2. 能力目标：具备运用评价指标对智慧仓储绩效进行评价的能力。

3. 素质目标：培养学生独立思考的能力；树立严谨认真的工作态度；将所学知识运用于工作岗位。

任务驱动：

为了保证仓库经营绩效考核真正发挥作用，指标体系的科学制定和严格实施及管理非常重要。请同学们找一篇案例分析出该仓储企业所需的评价指标并且进行小组讨论,分析出该企业的三级指标。

知识解析:

8.3.1 智慧仓储绩效管理的评价指标

8.3.1.1 评价指标

智慧仓储绩效管理从不同的角度可分为不同的评价指标,如从硬件设施、软件环境、实现功能划分,评价指标如图 8.1 所示。

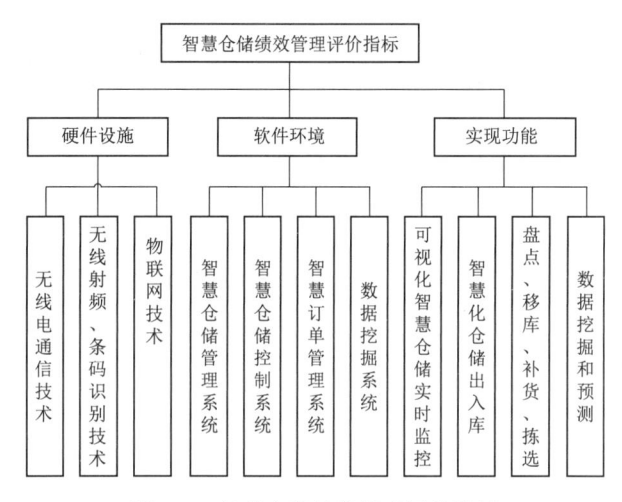

图 8.1 智慧仓储绩效管理评价指标

利用层次分析方法进行一级指标、二级指标、三级指标的划分,呈现智慧仓储绩效管理评价指标。另外,从一般仓储空间利用率、盘盈盘亏率、仓管费用率、账物一致率和账货一致率来考虑智慧仓储绩效管理的评价标准,见表 8.1。

表 8.1　　　　　　　　　绩 效 指 标

绩 效 指 标	计 算 公 式	受评部门
仓储空间利用率	$\dfrac{\text{仓储实际利用空间}}{\text{最高可利用仓储空间}}$	仓储部门
盘盈盘亏率	$\dfrac{\text{仓储盘亏金额}}{\text{物料年使用金额}}$	仓储部门
仓管费用率	$\dfrac{\text{年仓储费用}}{\text{物料年使用金额}}$ 或 $\dfrac{\text{年仓储费用}}{\text{物流营业额或年生产额}}$	仓储部门
账物一致率	$\dfrac{\text{账物一致次数}}{\text{进料次数}}$	仓储部门
账货一致率	$\dfrac{\text{账物一致次数}}{\text{交货次数}}$	仓储部门

8.3.1.2 仓储作业绩效分析

仓储作业绩效分析包括储位利用率、库存周转率、库存计划绩效、呆废料率的分析，计算方式如下：

1. 储位利用率

$$整体储位利用率 = \frac{已用仓位数}{可利用仓位数} 或 \frac{存货总容积}{储位总容积} \tag{8.1}$$

$$个别储位利用率 = \frac{该储位存货容积}{该储位最大容积} \tag{8.2}$$

2. 库存周转率

$$库存周转率 = \frac{年销售金额}{平均库存金额} 或年销售的物料成本$$

$$平均库存金额 = \frac{期初库存金额 + 期末库存金额}{2} \tag{8.3}$$

3. 库存计划绩效

$$库存计划绩效 = 1 - \frac{实际库存金额}{标准库存金额} \times 100\% \tag{8.4}$$

4. 呆废料率

$$呆废料率 = \frac{呆废料实际处理金额}{(期初呆废料金额 + 期末呆废料金额)/2} \tag{8.5}$$

8.3.1.3 资源利用方面的指标

1. 仓库面积利用率

仓库面积利用率是衡量和考核仓库利用程度的指标。仓库面积利用率越大，表明仓库面积的有效使用情况越好。计算公式为

$$仓库面积利用率 = \frac{报告期商品实际堆放面积}{报告期仓库总面积} \times 100\% \tag{8.6}$$

式中　报告期商品实际堆放面积——报告期仓库中商品存储堆放所实际占据的有效面积之和；

　　　报告期仓库总面积——从仓库围墙线算起，整个围墙所占有的面积。

注：报告期是统计中计算指数、发展速度等动态指标时，与基期年对比以取得相对指标的计算时期年份。

这个值随着物资的接收量、保管量、收发量、物资的性质、保管的设备、物资的放置方法等而不同。仓库面积利用率越大，表明仓库面积的有效使用情况越好。根据以往的统计资料，仓库面积利用率的理想值见表8.2。

表8.2　仓库面积利用率的理想值

仓库库存管理状态	理想值/%
仓库库存管理水平高	70
仓库库存管理水平中	60
仓库库存管理水平低	50

2. 仓库容积利用率

仓库容积利用率是衡量和考核仓

库利用程度的另一项指标。仓库容积利用率越大，表明仓库的利用效率越高。计算公式为

$$仓库容积利用率 = \frac{报告期平均每日实际使用的容积}{报告期仓库的有效容积} \times 100\% \qquad (8.7)$$

$$报告期平均每日实际使用的容积 = \frac{报告期存储商品体积之和}{报告期日历天数} \qquad (8.8)$$

报告期存储商品体积之和等于报告期仓库中每天存储的商品的体积之和。

计算时，通道所占容积包括在仓库总容积中。仓库容积利用率越大，表明仓库的利用效率越高。仓库容积利用率理想值见表8.3。其中，理想值为25%~30%时，表示仓库的库存管理水平中等偏低，理想值为40%~50%时，表示仓库的库存管理水平中等偏高。

仓库面积利用率和仓库容积利用率是反映仓库管理工作水平的主要经济指标。考核这两个指标，可以了解货物存储面积与仓库实际面积的对比关系及仓库面积的利用是否合理，也可以挖掘潜力，为提高仓库容积的有效利用率提供依据。

表8.3 仓库容积利用率理想值

仓库库存管理状态	理想值/%
仓库库存管理水平高	50~60
仓库库存管理水平中	30~40
仓库库存管理水平低	20~25

3. 每平方米存储量

每平方米存储量是指仓库每平方米使用面积每日存储商品的数量。这是一个综合评价仓库利用程度和经营管理水平的重要指标，计量单位为 t/m²。计算公式为

$$每平方米存储量 = \frac{日平均存储量}{仓库使用面积} \qquad (8.9)$$

$$日平均存储量 = \frac{报告期商品存储总量}{报告期日历天数} \qquad (8.10)$$

式中　报告期商品存储总量——报告期每天的库存商品数量之和；

　　　仓库使用面积——库房建筑面积减去外墙、内柱、间隔墙及固定设施等所占的面积。

货场（货棚）使用面积是指货场中可以用来存储商品所实有的面积之和，即货场地坪的总面积扣除排水明沟、灯塔、水塔等剩余的面积之和。计量单位为 m²。

4. 设备利用率

设备利用率是考核运输、装卸搬运、加工、分拣等设备利用程度的指标。设备利用率越大，说明设备的利用程度越高。计算公式为

$$设备利用率 = \frac{全部设备的实际工作时数}{同期设备日历工作时数} \times 100\% \qquad (8.11)$$

仓储设备是企业的重要资源，设备利用率高表明仓储企业进出业务量大，是经营良好的表现，为了更好地反映设备的利用情况，还可以用以下指标加以详细计算：

（1）设备工作日利用率。设备工作日利用率是指计划期内装卸、搬运等设备实际工作天数与计划工作天数的比值，反映各类设备在计划期内的工作日利用情况，

其计算公式为

$$设备工作日利用率 = \frac{设备每日实际工作时间}{设备每日计划工作时间} \times 100\% \quad (8.12)$$

（2）设备工时利用率。设备工时利用率是指装卸、运输等设备实际日工作时间与计划日工作时间的比值，反映设备工作日实际利用程度，其计算公式为

$$设备工时利用率 = \frac{设备每日实际工作时间}{设备每日计划工作时间} \times 100\% \quad (8.13)$$

（3）劳动生产率。劳动生产率是指劳动投入与收益的比值，通常以平均每人完成的工作量或创造的利润额来表示。全员劳动生产率计算公式为

$$全员劳动生产率 = \frac{利润总额}{同期平均全员人数} \times 100\% \quad (8.14)$$

8.3.1.4 服务水平方面的指标

1. 客户满意度

客户满意度是衡量企业竞争力的重要指标，客户满意与否不仅影响企业经营业绩，而且影响企业的形象。考核这项指标不仅反映出企业服务水平的高低，同时衡量出企业竞争力的大小，其计算公式为

$$客户满意度 = \frac{满足客户需求数量}{客户要求数量} \times 100\% \quad (8.15)$$

2. 缺货率

缺货率是对仓储商品可得性的衡量。将全部商品所发生的缺货次数汇总起来与客户订货次数进行比较，就可以反映一个企业实现其服务承诺的状态，其计算公式为

$$缺货率 = \frac{缺货次数}{客户订货次数} \times 100\% \quad (8.16)$$

3. 准时交货率

准时交货率是满足客户需求的考核指标，其计算公式为

$$准时交货率 = \frac{准时交货次数}{总交货次数} \times 100\% \quad (8.17)$$

4. 货损货差赔偿费率

货损货差赔偿费率反映仓库在整个收发保管作业过程中作业质量的综合指标，其计算公式为

$$货损货差赔偿费率 = \frac{货损货差赔偿总额}{同期业务收入总额} \times 100\% \quad (8.18)$$

8.3.1.5 能力与质量方面的指标

1. 货物吞吐量

货物吞吐量指计划期内进出库货物的总量，一般其单位为 t 表示。计划期限通常以年吞吐量计算。计算公式为

$$计划期内货物吞吐量 = 计划期内货物总进库量 + 计划期内货物总出库量$$
$$+ 计划期内直拨量 \quad (8.19)$$

2. 商品存储总量

商品存储总量指在一定时期内（通常为月度或年度）入库商品的总量。它是考核和评价仓库经营管理成果的基本指标之一，计量单位为 t。计算公式为

$$商品存储总量 = 实重商品吨数 + 轻泡商品吨数 \tag{8.20}$$

式中，实重商品指重量达 1000kg 而体积不足 $2m^3$ 的商品。计算商品存储总量时，实重商品吨数按其实际重量吨数计算。轻泡商品指体积达 $2m^3$ 而重量不足 1000kg 的商品。计算商品存储总量时，轻泡商品吨数按其体积数的一半，计入商品存储总量。

3. 账货相符率

账货相符率指仓储账册上的货物存储量与实际仓库中的保存货物数量之间的相符，通常采用账货相符笔数和库存货物总笔数的比值来表示，在对仓储货物盘点时，逐笔与账面数字核对。账货相符率指标反映仓库的管理水平，是避免企业财产损失的主要考核指标，其计算公式为

$$账货相符率 = \frac{账货相符笔数}{库存货物总笔数} \times 100\% \tag{8.21}$$

4. 进发货准确率

进发货准确率是仓储管理的重要指标，进发货的准确与否关系到仓储服务质量的高低。因此，应严格考核进发货准确率指标，将进发货准确率控制在 99.5% 之上，其计算公式为

$$进发货准确率 = \frac{期内货物吞吐量 - 进发货差错总量}{期内货物吞吐量} \times 100\% \tag{8.22}$$

5. 商品缺损率

商品缺损主要由两种原因造成：一是保管损失，即因保管养护不善造成的损失；二是自然损耗，即因商品易挥发、失重或者破损造成的损失。商品缺损率反映商品保管与养护的实际状况，考核这项指标是为了促使商品保管与养护水平的提高，从而使商品缺损率降到最低，其计算公式为

$$商品缺损率 = \frac{期内商品缺损量}{期内库存商品总量} \times 100\% \tag{8.23}$$

8.3.1.6 库存效率方面的指标

1. 用周转天数表示的库存周转率

$$库存周转率 = \frac{360}{货物年周转次数} \times 100\% \tag{8.24}$$

货物年周转次数越少，则周转天数越多，货物周转越慢，库存周转率就越低，反之则库存周转率就越高。

2. 商品周转率

商品周转率是用一定期间的销售额除以该期间的平均库存额得到的，表示商品的周转情形，该指标能提供适宜而正确的库存管理所需要的基本资料。由于使用周转率的目的不同，商品周转率的计算公式有差异，可按照表 8.4 选择计算公式。

表8.4　　　　　　　　　　　商品周转率的计算公式

成本方法	商品周转率 $= \dfrac{销售成本}{平均库存额（按成本）} \times 100\%$
数量方法	商品周转率 $= \dfrac{销售数量}{平均库存数量} \times 100\%$
销售金额方法	商品周转率 $= \dfrac{销售金额}{平均库存额} \times 100\%$
利益与成本法	商品周转率 $= \dfrac{总销售额}{手头平均库存额（按成本）} \times 100\%$

3. 商品存储效益指标

(1) 平均仓储收入。平均仓储收入是指在一定时期内仓储保管一吨商品的平均收入，该指标常以月度为时间计算单位。平均仓储收入的计算单位为元/t。计算公式为

$$平均仓储收入 = \frac{商品仓储营业收入}{平均存储量} \tag{8.25}$$

该指标是现代仓库主要的经济核算指标之一，综合反映了仓库的生产经营成果、劳动生产率、保管费用的节约情况、管理水平等。

(2) 平均仓储成本。平均仓储成本指一定时期内平均仓储1t商品所需支出成本额，常以月度或年度为计算时期。该指标的计量单位为元/t。计算公式为

$$平均仓储成本 = \frac{商品仓储成本}{平均存储量} \tag{8.26}$$

(3) 仓储收入成本率。仓储收入成本率是指一定时期内商品仓储收入中成本支出所占的比率。计算公式为

$$仓储收入成本率 = \frac{商品仓储成本费用}{商品仓储收入} \times 100\% \tag{8.27}$$

(4) 每吨保管商品利润。每吨保管商品利润是指在报告期内存储保管每吨商品平均所获得的利润。计算单位为元/t。计算公式为

$$每吨保管商品利润 = \frac{报告期利润总额}{报告期商品存储总量} \tag{8.28}$$

其中，报告期商品存储总量一般是指报告期间出库的商品总量，而非入库的商品总量。

(5) 资金利润率。资金利润率是指仓储企业在一定时期实现的利润总额占全部资金的比率。它常用来反映仓储企业的资金利用效果。计算公式为

$$资金利润率 = \frac{利润总额}{固定资金 + 流动资金} \times 100\% \tag{8.29}$$

(6) 收入利润率。收入利润率是指仓储企业在一定时期内实现的利润总额占仓储收入的比率。计算公式为

$$收入利润率 = \frac{利润总额}{仓储收入} \times 100\% \tag{8.30}$$

(7) 人均实现利润。人均实现利润是指报告期仓储企业平均每人实现的利润，

它是利润总额与仓库中全员人数之比。计量单位为元/人。计算公式为

$$人均实现利润 = \frac{报告期利润总额}{报告期全员人数} \tag{8.31}$$

8.3.1.7 考核指标

现代智慧仓储企业的各项考核指标是从不同角度反映某一方面的情况。仅凭其一项指标很难反映事物的总体情况,也不容易发现问题,更难找到产生问题的原因。因此,要全面、准确地认识智慧仓储企业的现状和规律,把握其发展的趋势,必须对各个指标进行系统而周密的分析。通过各项指标的分析,能够全面了解智慧仓储企业各项业务工作的完成情况和取得的绩效,发现存在的问题及薄弱环节,可以全面了解智慧仓储企业设施设备的利用程度和潜力,可以掌握客户对智慧仓储企业的满意程度及服务水平,可以认识智慧仓储企业的运营能力、运营质量及运营效率。现代智慧仓储企业的智慧仓储绩效管理的具体评估方法有对比分析法、价值分析法、行为法、结果法等。

1. 对比分析法

(1) 对比分析法的含义。对比分析法又称比较分析法,是把客观事物加以比较,以达到认识事物的本质和规律并做出正确的评价。

对比分析法通常是把两个相互联系的指标数据进行比较,从数量上展示和说明研究对象规模的大小、水平的高低、速度的快慢,以及各种关系是否协调。在对比分析中,选择合适的对比标准是十分关键的步骤。选择合适,才能做出客观的评价;选择不合适,评价可能得出错误的结论。

(2) 智慧仓储绩效考核指标的分析。

1) 库存周转率的评价方法和同行业比较评价法。在与同行业相互比较时有必要将计算公式的内容统一起来,调整到同一基础进行计算才有真正的比较价值。

a. 参考以往绩效评价的方法。参考自己公司以往的绩效,用周转率大的绩效值进行比较分析。另外,周转率和周转时间的标准值因商品的分类不同而各不相同,所以除过去的绩效外,最好不要参照其他相关因素来决定。

b. 期间比较评价法。根据统计资料计算的周转率仅能用来当作一个概略的标准,应将重点放在本公司内各期间的比较来评价良莠,这才是正确的方法。另外,计算周转率时最好按月随着库存的动态变化而换算为月间周转率,作为相对期间来比较更为客观。

统计资料显示,各种中小型企业的库存周转率见表 8.5。

表 8.5　　　　　各种中小型企业的库存周转率

行业名称	统计的企业数/个	平均员工数/人	原材料周转率/年	在制品周转率/年	制成品周转率/年	销售类别总利润率/%
制造业	3277	71	74.2	78.5	61.0	23.0
食品工业	453	54	58.3	90.6	62.1	27.6
纤维工业	446	77	47.0	59.6	45.9	19.6

续表

行业名称	统计的企业数/个	平均员工数/人	原材料周转率/年	在制品周转率/年	制成品周转率/年	销售类别总利润率/%
木材工业	141	56	25.8	98.3	54.9	18.4
家具工业	89	53	32.3	120.1	73.8	21.2
造纸业	150	68	72.4	115.7	66.1	22.6
印刷业	213	42	117.2	—	—	29.8
化学工业	89	70	45.3	112.3	41.8	27.3
皮革业	14	146	46.3	58.1	54.9	19.0
橡胶业	45	136	68.1	106.6	61.3	19.5
窑业	149	77	102.0	125.8	58.6	27.8
非铁金属业	89	120	39.6	59.9	59.5	15.9
锻造工业	120	64	94.5	67.0	67.0	19.3
金属制品业	323	66	58.4	77.3	55.2	22.3
机械制造业	375	70	79.4	60.6	60.5	26.3
电气仪表业	182	90	59.2	78.3	76.9	20.8
运输机械业	161	94	67.9	75.9	98.9	18.9

2) 库存周转率分析。周转率高时，经济效益好。此时销售额增加并且远远超过存货资产，企业获得较好的利润，或者企业决策合理而缩短了周转期。库存周转率虽高，经济效益却不佳。当销售额超过标准库存的拥有量，会产生缺货现象，若缺货情形远远超过允许缺货率而丧失销售机会，将带来损失，因此经济效益不高；当库存调整过度（即减少库存量），而超过销售额降低的估计，也会产生缺货，进而减少效益；还有可能是结算时将其粉饰，而在账上把不良库存都卖掉了，以此来提高销售数额而压低库存。

周转率虽低，但经济效益好。这种情况主要是：对不久的将来，确实能够预测大幅涨价的商品，有了估计库存，库存量增大或者对有缺货风险的商品，有计划地增加适当的库存；或者对将来销售额的增加已有正确的估计，而在周密计划之下持有储藏较多的存货。

周转率低，经济效益也低。这具体表现为销售额明明减少而未作库存调整，或者库存中不良品、长期保管品、品质低下品或过时品等不断增加。

总之，周转率是灵活的，当我们通过周转率观察经营状态时，应该先参照上述原则，然后结合实际情况做出正确的判断。

2. 价值分析法

要提高智慧仓储的经营效益，无非是采用开源节流的方法，降低成本便是为了节流。在降低成本开支的分析方法中，价值分析是一种比较实用的方法。所谓价值分析，就是通过综合分析系统的功能与成本的相互关系寻求系统整体最优化途径的一项技术分析方法。采用价值分析的方法主要是通过对功能和成本的分析，力图以最低的寿命周期成本可靠地实现系统的必要功能。

（1）价值分析的基本思想。在各种经济活动中，无论制订计划还是生产制造，无论销售商品还是设备的选用，都期望以最低的价格实现最大的价值，即为了实现最佳效益要进行各种讨论和分析，这个过程称为价值分析。价值分析大体按下列顺序进行：

1）使用此物品是否必要。
2）研究所使用的这些物品，其价值与效用是否相当。
3）为满足这种用途，是否还有其他方法或者代用品。
4）物品所有的性能是否都是必要的。
5）质量要求是否过高。
6）形状、尺寸是否浪费。
7）重量是否浪费。
8）能否使用标准件和通用件。
9）物品的成本相对于用途是否必要或是否适宜。
10）能否采用更适宜、更经济的方法进行生产。

（2）价值分析在智慧仓储管理中的应用。智慧仓储管理的内容有库存管理方针、库存品种的确定、库存品的分类、库存数量计算、库存量的控制及库存时间、库存方法、库存设备、库存费用、库存运营等，这些都是价值分析所要研究的对象，因为每一项都与价值有直接关系。例如，库存品种的确定是智慧仓储经营的一项重要决策，如果所选物品在仓储经营中效用很低，甚至在仓库中存在对企业的运营毫无影响的物品，说明库存的价值不能得到体现。

又如，库存量的控制。通常库存量过多不行，过少也不行，我们追求的是合理的库存量。但对某些物品而言，有的物品允许缺货，而有的物品绝对不允许缺货。因此，如果不能明确地将两类物品加以区别，往往在价值方面就要遭受损失。

采用不同的管理方法，可以获得不同的价值。如果保管不当，物品的价值必然下降，在考虑库存方法时，如果不把保证物品的良好质量作为重点之一，就会出现质量下降、效率降低等现象，这将导致价值减少。相反，如果保管方法好，物品的质量不降低，就等同于价值相对增高。

3. 行为法

智慧仓储绩效管理的行为法是一种试图以员工为有效完成工作所必须表现出来的行为进行界定的绩效管理方法。这种方法的主要内容是：首先利用各种技术来对这些行为加以界定，然后要求管理者对员工在多大程度上显示出了这些行为做出评价。

（1）关键事件法。关键事件法是客观评价体系中最简单的一种形式。在应用这种评价方法时，负责评价的主管人员把员工在完成工作任务时所表现出来的特别有效的行为和特别无效的行为记录下来，形成一份书面报告。评价者在对员工的优点、缺点和潜在能力进行评论的基础上提出改进工作绩效的意见。

（2）行为锚定等级评价法。行为锚定等级评价法是一种将同一职务工作可能发生的各种典型行为进行评分度量，建立一个锚定评分表，以此为依据，对员工工作的实际行为进行测评。

行为锚定等级评价法实质上是把关键事件法与评级量表法结合起来,兼具两者之长。

(3) 关键业绩指标法。关键业绩指标法是指运用关键业绩指标进行绩效考评,这是现代企业受到普遍重视的办法。这一办法的关键是建立合理的关键业绩指标。

关键业绩指标法之所以可行,是因为它符合一个重要的管理原理,即"二八原理"。建立关键业绩指标体系时,应当遵循以下几项原则:

1) 目标导向原则。关键业绩指标必须依据工作目标确定,包括企业目标、部门目标、职务目标。把个人和部门的目标同公司的整体战略联系起来,以全局的观点思考问题。

2) 注重工作质量原则。工作质量是企业竞争力的核心要素,而往往又难以衡量,因此,对工作质量设立指标进行控制特别重要。

3) 可操作性原则。关键指标再好,如果难以操作,也没有实际价值。必须从技术上保证指标的可操作性,对每一个指标都给予明确的定义,建立完善的信息收集渠道。

4) 强调输入和输出过程的控制。在设立关键业绩指标时,要优先考虑流程的输入和输出状况,将两者之间的过程视为一个整体,进行端点控制。

5) 指标一般应当比较稳定,即如果业绩流程基本不变,则关键指标的项目也不应有较大的变动。

6) 关键指标应当简单明了,容易被执行者理解和接受。

运用关键业绩指标法进行绩效管理,大致包含如下程序:

1) 绩效管理部门将企业的整体目标及各个部门的目标传达给相关员工。

2) 各部门将自己的工作目标分解为更详细的子项目。

3) 对关键业绩指标进行规范定义。

4) 根据企业绩效考评制度有关规定,由各相应权限部门进行考评操作,得出考评结果。

5) 将考评结果所得的数据应用于管理工作的有关方面,改进组织效率。

(4) 行为观察评价法。行为观察评价法是行为锚定等级评价法的一种变体。与行为锚定等级评价法一样,行为观察评价法也是从关键事件中发展而来的一种绩效评价方法。

行为观察评价法与行为锚定等级评价法在两个基本方面有所不同。首先,行为观察评价法并不剔除那些不能代表有效绩效和无效绩效的大量非关键行为。其次,行为观察评价法并不是要评价哪一种行为最好地反映了员工的绩效,而是要求管理者对员工的评价期内表现出来的每一种行为的频率进行评价。

(5) 对行为法的评价。行为法可以是一种非常有效的绩效评价方法。第一,它可以将公司的战略与执行这种战略所必需的某些特定的行为类型联系在一起。第二,它能够向员工提供关于公司对于他们的绩效期望的特定指导及信息反馈。第三,大多数行为法的技术都依赖深度的工作分析,因此被界定出来及被衡量的行为都是很有效的。第四,由于使用这一系统的人也参与该系统的开发和设计,因此其可接受性通常也很高。

4. 结果法

（1）目标管理法。目标管理法是员工与上司协商制定个人目标（如生产成本、销售收入、质量标准、利润等），然后以这些目标作为员工评估的基础。

为了使目标管理法取得成功，企业应该将目标管理计划看作仓储管理体系的一个组成部分，而不单单是经理人员工作的附加部分。经理人员必须将制定目标的权力下放给员工，给员工自行决断的自由。以下几点提示可能会有所帮助：

1）经理人员和员工必须愿意一起制定目标。
2）目标应该是长期和短期并存，且可量化和可测量。
3）预期的结果必须在经理人员的控制之中。
4）目标必须在每一个层次（高级管理人员、经理人员和员工）上保持一致。
5）经理人员和员工必须留出特定的时间来对目标进行回顾和评估。

（2）生产率衡量与评价系统法。生产率衡量与评价系统法的主要目标是激励员工向着更高的生产率水平前进。它是一种对生产率进行衡量及向全体员工提供反馈信息的手段。生产率衡量与评价系统方法主要包括几个步骤：第一，企业中的人共同确定企业希望达到什么样的产出，以及执行或达成何种系列活动或目标。第二，大家一起来界定代表产出的指标有哪些。第三，大家共同来确定所有绩效指标的考核评分标准。第四，建立一套反馈系统，来向员工和工作群体提供关于他们在每一个指标上所得到的特定绩效水平的信息。第五，总体的生产率分数可以在对每一指标上的有效得分进行加总计算的基础上获得。

（3）对结果法的评价。结果法的优点：一是由于它所依赖的是客观的、可以量化的绩效指标，因而能够将主观性降到最低限度，这样，它对于管理者和员工双方来说都是极容易被接受的；二是它将一位员工的绩效结果与企业的战略和目标联系在一起。结果法的一大缺点：即使是客观绩效衡量，有时也会存在缺失，即由于员工绩效的多因性，员工的最终工作结果不仅取决于员工个人的努力和能力因素，也取决于宏观的经济环境和微观的工作环境等多种其他因素，因此，以结果为导向的绩效考评很可能缺乏有效性。

8.4 智慧仓储绩效管理的策略

学习目标：

通过本部分的学习，能够知悉加强进出库管理的方法；具备帮助企业提高货物验收效率的方法。具备自主分析的能力，将所学知识运用到实际的工作中。

任务驱动：

在企业生产经营过程中，各个环节都会涉及绩效管理，绩效管理作为保证企业生产经营的重要保障。请找相关案例，进行小组内分工合作，完成本组的案例思考题，课上共同探讨交流。

知识解析：

8.4.1 加强进出库管理

（1）制定智慧仓储管理办法，适当拟定智慧仓储作业时间规定。
（2）分类、整理、保管作业体系化。
（3）注意料账记录的完整性。
（4）选择物料搬运方式（如善用各式搬运车以减少人工操作等）。
（5）改善点收工作（如重量换算、定容器的运用等）。
（6）确保物料进出必要表单的原则。
（7）运用发料制。

8.4.2 提高货物验收效率

（1）事先制定不同类别物料的标准包装及载运方式，便于点收。
（2）建立标准验收程序并知会厂商严格遵守，包括暂收区的指定、搬运设备的借用、栈板的堆放方式及卸货手续等。
（3）物料尽可能直接送至使用地点。
（4）建立厂商的品质等级。
（5）运用计算机管理以简化验收文书作业。
（6）其他（如验收时间的规定、退料迅速办理等）。

8.4.3 提高补给效率

（1）运用ABC重点管理，将C项物料交由现场人员管制。
（2）推行发料制并考虑省略点交手续。
（3）加强发领补料时间的管理。
（4）妥善规划现场物料暂存区并指定送料地点。
（5）考虑定容。
（6）运用颜色灯等事前发出欠料信号，提示发料作业。
（7）研究与改善发料量，以减少发料次数及现场存量。
（8）运用机械设备自动发料（如运用无人搬运车送料等）。

8.5 主题任务：智慧仓储绩效评价指标的构建

智慧仓储绩效管理涉及的面比较广，一般情况下包括自动化输送系统、自动化立体仓库、AGV分拣机器人、自动分拣系统等方面的绩效评价。本案例对智慧仓储绩效管理进行了介绍。

建立和健全一套行之有效的考核指标体系，对于加强智慧仓储绩效管理，提高经济效益有着十分重要的意义。智慧仓储指标考核对内可以加强管理，降低智慧仓储成本；对外可以进行市场开发，接受客户评价。所以，智慧仓储指标体系主要包括以下几个方面：仓储作业绩效分析、资源利用指标、服务水平指标、能力与质量指标、库存效率指标、商品存储效益指标。对于指标考核可以采取下面的分析方法：对比分析法、价值分析法、行为法和结果法。另外，在绩效考核的过程中，企业要引进标杆管理的思想。

根据所学知识和上述材料，以小组为单位进行资料、方法调研，选择某智慧仓为研究对象，运用AHP等方法，完成智慧仓储绩效评价指标的构建。

复 习 思 考 题

1. 简述智慧仓储绩效管理的意义。
2. 结合实际，论述智慧仓储绩效管理的流程。
3. 智慧仓储绩效管理的主要功能有哪些？
4. 智慧仓储绩效管理的指标有哪些？
5. 常用的智慧仓储绩效管理的评估方法有哪些？
6. 如何提升智慧仓储的绩效管理？
7. 智慧仓储绩效管理的重点是什么？

第 9 章　智慧仓储中仓库安全管理

学习目标与要求

1. 知识目标
(1) 了解智慧仓储中仓库安全管理的概念。
(2) 理解智慧仓储中仓库安全管理的基本任务和目标。
(3) 了解智慧仓储中仓库安全管理与传统仓库安全管理的区别。
2. 能力目标
(1) 能够掌握智慧仓库信息系统安全管理的内容。
(2) 能够掌握智慧仓库智能设备安全管理的内容。
3. 素质目标
(1) 培养学生精益求精、细致认真的职业素养。
(2) 培养学生科学创新的思维、严谨踏实的工作态度。

导入案例

京东无人仓的安全管理

京东在上海的无人仓,从商品入库、存储,到包装、分拣,真正实现全流程、全系统的智能化,整个流程中到处都是机器人的身影。进入大门,严苛到"令人发指"的安检,除了常规的扫描设备,行李箱要办理寄存,连双脚都要脱掉鞋子扫描。安保系统可谓滴水不漏。

仓库是企业物资供应体系的一个重要组成部分,是企业各种物资周转储备的场所,同时担负着物资管理的多项业务职能。保管好库存物资,做到数量准确、质量良好、确保安全、收发迅速。面向生产的供应是公司不可缺少的一环,而安全对于仓库来说尤其重要。仓库安全管理就是要及时发现并排除各种危险隐患,有效防止灾害事故的发生,保护仓库中人、财、物的安全。"无人仓"是智慧物流仓储中非常重要的一环,如何保证智慧仓储最大限度的安全是打造智慧物流系统不可或缺的一部分。

在仓库安全管理中，企业应根据自身特点及常见事故做好预防措施，完善仓库安全管理信息系统，不断改善，促进安全作业。

9.1 仓库安全管理概念

学习目标：

仓库安全管理旨在保障员工人身安全、保证安全作业，减少因各种安全事故带来的人身和经济损失。智慧仓储中仓库安全管理也是一样，虽然加了"智慧"两字，但最终目的与任何其他仓储安全管理完全一致，也是为了保障人身、作业、设备和系统各方面的安全。

任务驱动：

智慧仓储中仓库安全管理必须着眼于仓库作业的每一个细节，识别安全风险、做好安全防护，确保流程中的每个环节都符合企业安全规范、标准。请各组同学分工协作，调研当前国内外企业仓库安全管理的现状及发展趋势，完成综述，课上共同探讨交流。

知识解析：

9.1.1 智慧仓储中仓库安全管理的概念

仓库安全管理是指针对物品在仓储环节对仓库建筑要求、照明要求、物品摆放要求、消防要求、收发要求、事故应急救援要求等采取的综合性管理措施。

智慧仓储中仓库安全管理是指针对物品在仓储环节对智慧仓库建筑要求、照明要求、物品摆放要求、消防要求、收发要求、事故应急救援要求等采取的综合性管理措施。

智慧仓库安全实际上就是在传统仓库安全的基础上增加对配备的智能设备的安全性能进行维护和保养。但这并不意味着只是增加对设备相关安全进行管理，智能设备的增加会使仓库信息系统、平台等方面全面升级，因此也会带动仓库整体的安全要求大幅增加。如何使智慧仓库能够安全、平稳地进行日常操作是现代智慧仓库必须研究的问题，而对智慧仓库整体进行的安全控制就是安全管理最重要的核心工作。

9.1.2 智慧仓储中仓库安全管理的基本任务和目标

9.1.2.1 人的方面

智慧仓储中仓库安全管理目标的实现，需要由上而下地层层推动，以及日常的监督与指导。因此，在人的方面，智慧仓储中仓库安全管理着重考察管理人员对下级、作业、安全教育及钻研、创新的指导。

1. 对下级的指导

（1）对下级的要求是否了解。

（2）对安全教育的必要性是否努力去发现。

（3）是否有教育计划。

（4）是否根据教育计划进行了指导，如新职员教育、特别教育等。

（5）对象为特殊货物或特殊操作时是否进行了重点教育。

（6）有无教材或规范手册。

（7）对执行结果有无评价。

（8）有无补充指导。

（9）对合作公司和包工单位是否有联合指导。

（10）教育过程材料是否留存归档。

2. 对作业的指导

（1）是否按计划巡视了现场，例如：员工是否穿戴整洁，有统一的工作服，是否清楚本企业仓库内的安全标准。

（2）对新员工是否关心。

（3）在工作岗位上是否有好的人际关系。

（4）指示、命令是否适当。

（5）用词、语气是否符合要求。

（6）是否关心下级的健康状况。

3. 对安全教育的指导

（1）有目的的安全教育活动效果如何，如宣传画、早会、岗位会议、安全作业表彰等。

（2）是否有计划地持续实行安全教育。

（3）是否动员员工积极参加预防活动、危险预报活动和安全作业会议。

4. 对钻研、创新的指导

（1）工作时是否愿意抱着发现问题的态度。

（2）是否努力培养改进小组。

（3）合理化建议制度的执行效果如何。

（4）工作场所会议和安全作业会议是否经常召开。

9.1.2.2 物的方面

物的方面主要关注仓库中的货物、作业环境及卫生3个方面的安全管理。

1. 货物安全管理

（1）为使货物出入库方便，货物是否面向通道保存。

（2）库内是否保持干爽，内外清洁，货物堆放整齐。

（3）仓库外是否有火种，易燃物品接近。

（4）仓库内电源距物品是否大于1m。

2. 作业环境安全管理

（1）仓储的布局是否合理。

（2）放置方法是否合理，如高度、数量、位置等。

（3）是否配备安全装置，如灭火器等。

（4）是否有好的保管方法，特别是对危险品、有害物品、有毒货物的保管。

（5）地面有无油、水、凸凹不平的现象。

（6）亮度是否足够。

（7）温度是否合适。

（8）有害气体、水蒸气、粉尘是否在允许浓度范围内。

（9）防止噪声的措施有无做好。

（10）安全通道和场所是否有保证。

（11）安全标识是否科学。

（12）是否努力改善环境状况。

3．卫生安全管理

（1）是否制订定期自主卫生检查计划。

（2）是否定期进行自主卫生检查。

（3）作业开始前是否进行了卫生检查。

（4）是否根据检查标准进行检查，是否有检查表，检查日期、检查者、检查对象、检查部位、检查方法是否准确。

（5）是否规定了检查负责人。

（6）是否改进了不良部位。

（7）是否保存检查记录。

9.1.2.3 作业方面

作业方面的管理核心就是改进，通过对作业流程、作业人员及异常情况的关注，不断排除作业环节的安全风险。

1．作业流程方面的改进

（1）是否抱着发现问题的态度管理作业。

（2）在作业方法上是否与下级商量。

（3）对不恰当的作业是否进行改进。

（4）研究改进方案时是否把安全放在优先地位。

2．适当安排作业人员的工作

（1）是否有无资质者在进行相关作业。

（2）是否有中高年龄层的员工正在从事高空作业的情况。

（3）是否有让经常发生事故者从事危险作业的情况。

（4）是否有让没有经验的人从事危险作业的情况。

（5）是否有让身体情况异常者工作的情况。

3．发生异常情况时的措施

（1）是否努力尽早发现异常情况。

（2）是否规定异常时的处理措施标准。

（3）是否掌握常规异常问题及其处理方法。

（4）是否掌握非常情况下库内机器设备的停止方法。

（5）是否掌握非常情况下的躲避标准。

（6）是否掌握发生紧急情况时的处理方法（急救措施）。

（7）是否有事故的原因分析方法。

（8）是否保存了异常事故全过程的记录。

9.1.2.4 网络系统方面

仓储网络系统主要包括两部分：仓储运作信息系统和仓库安全防御系统。

1. 仓储运作信息系统

（1）系统是否能够支持智能设备、装置和人员的配合工作。

（2）是否经常为信息系统进行调试。

（3）使之能更好地调整库内作业流程规划。

（4）是否有专业的员工进行操作、维护和检修。

（5）是否开设系统讲座对全体员工进行培训。

（6）系统中是否有相关安全设置，以便应对库内人员因操作失误或智能设备故障产生的突发状况，如事故突发暂停按钮等。

（7）足够配备安全监控系统，以便随时监控库内作业异常情况产生。

2. 仓库安全防御系统

（1）仓库是否配备专门的安全防御系统，用以实现防御外企入侵，如开发适合本仓库的防火墙、IDS（网络入侵检测系统）、IPS（入侵防御系统）。

（2）是否时常为信息系统进行调试使之最大化本仓库安全，如仓库数据安全等。

（3）仓库安全防御系统是否能很好地兼容仓储运作信息系统。

（4）是否有专业的员工进行操作、维护和检修，并且在异常发生时有能力尽快拦截、处理。

9.1.2.5 智能设备方面

智能设备主要是各设备运行前的准备、运行时和运行后的维护与保养三方面的安全管理。

1. 智能设备运行前的准备

（1）检查设备、机械、装置本体是否安全。

（2）防护用具是否有好的性能。

（3）设备是否有安全装置。

（4）设备、装置是否有预防、预测或预知性维护，如定期维护传送带、AGV小车等。

（5）机械电气装置管理如何，如动力传导装置保护如何，叉车装备是否完整等。

（6）工作人员是否熟悉设备操作流程。

2. 智能设备运行时

（1）是否按照程序设定流程进行。

(2) 是否全程有监控。
(3) 如遇到设备故障能否马上查出问题所在。
3. 智能设备运行后的维护与保养
(1) 设备是否有定期或不定期的检查和保养。
(2) 对有问题、出故障的设备是否能够及时修理。
(3) 设备任务完成、每日工作结束时是否对设备、装置进行检查。
(4) 是否对新的智能设备设置专门的安全培训，让员工充分了解使用注意事项。

9.2 传统仓库安全管理的内容

学习目标：

通过本部分的学习，能够了解传统安全管理的内容，具备及时发现和消除仓库中的不安全因素的能力，杜绝各类事故的发生。

任务驱动：

仓储管理工作中居于首位的是仓库安全管理。仓库安全管理工作是物品存储与仓储管理工作的前提和基础。如果仓库管理不善，就可能发生火灾等危险事故。各小组同学组内讨论传统仓库安全管理的相关内容，完成相关习题。

知识解析：

9.2.1 摆脱安全管理的误区

一说到安全，很多人在认识上有一个误区，认为企业安全管理"只有投入，没有产出"，是一桩赔本的买卖。这是对安全管理实质的一个极大误解，很多企业安全责任感淡漠。只顾眼前利益，因被眼前利益所蒙蔽忽视安全效益，把安全和生产、质量、成本等放在一起比较，把它作为一种单纯的投入。安全看似对企业的效益没有任何作用，甚至还有负面的影响，但其实无论对企业还是个人，安全是最根本的基础和前提。

需要指出的是，以消除缺陷和现场浪费为抓手的仓库安全管理，带来的收益不仅是人的安全意识的提高，以及隐患的排除和事故的减少，同时也能带来相应的经济效益。

9.2.2 仓库安全管理的关键

仓库安全管理直接关系到货物的安全、作业人员的人身安全及作业设备和仓库设施的安全。因此，仓库安全管理是企业经济效益管理中不可或缺的重要组成部分。具体而言，仓库安全管理主要包括以下4个方面。

1. 安全管理制度化

仓库安全管理是仓库日常管理的重要项目。企业必须制定科学、合理的作业安全制度和操作规程，并明确安全责任制度，从而通过严格监督，确保仓库安全管理的落实情况。

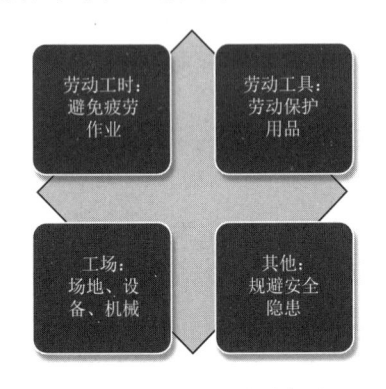

2. 加强劳动安全保护

劳动安全保护着重于作业人员的人身安全，企业应当采取各种直接或间接措施对员工人身进行保护。《中华人民共和国劳动法》（以下简称《劳动法》）是劳动安全保护的底线，企业首先要遵守《劳动法》的相关规定。此外，《中华人民共和国民法典》中合同篇等也有相关规定，企业需遵守各项国家规定，保证员工的安全。

加强劳动安全保护主要可以从劳动工时、劳动工具、工场和其他4个角度出发，如图9.1所示。

（1）控制工作人员的工作时间，避免员工疲劳作业，如每周工作不可超过40h，依法安排加班，保证安排足够的休息时间等。

（2）提供合适和足够的劳动保护用品，如劳保鞋、安全帽、安全手套、工作服等。

（3）确保工作场地适合仓储作业，保证通风、照明、防滑等，并采用安全系数较高的仓储设备、机械和工具。

（4）规避其他安全隐患，如在不安全环境作业或冒险的仓储作业等，尤其需要规避工作人员带伤带病作业情况的出现。

图9.1 加强劳动安全保护

3. 加强安全培训和资质管理

仓库安全管理是一项长期性的工作，必须融入每位作业人员的工作习惯当中。因此，企业必须定期或不定期组织安全培训，进行安全作业宣传和教育，并通过严格的检查强化安全培训效果。对某些特种作业，作业人员必须通过专门的培训取得相关资质，才能最大程度保证作业安全。

4. 安全监控电子化

信息技术的不断发展使传统仓库安全管理能应用更多的信息手段，尤其是仓库安全监控技术的应用，能够增加安全管理的科技含量。通过监控电子化对安全作业进行严格监督和检查，如发现违规或无视安全规范的行为，则可以给予严厉的惩罚，从而强化员工的安全责任心。

9.2.3 仓库安全管理的主要内容

9.2.3.1 消防安全管理

消防安全管理涉及很多内容，如消防培训、火灾报警、火灾扑救、防火检查等。每项工作都应该按照相关流程进行。

1. 消防培训

仓库集中存储着大量的物品,从仓库不安全的因素及危害程度来看,火灾造成的损失最大。因此,仓库消防管理是仓库安全管理的重中之重。仓库消防管理必须认真贯彻"预防为主,防消结合"的消防方针,学习和执行《中华人民共和国消防法》和公安部制定的《仓库防火安全管理规则》,做好全体员工的培训工作。消防培训要点见表9.1。

表 9.1 消防培训要点

要 点	具 体 说 明
制订培训计划	计划是行动的基础与前提,因此必须有针对性地做好消防培训计划
选定授课人	明确授课人,由人力资源部指派,多为消防管理负责人或当地消防管理部门的仓管人员
确定地点与时间	选择授课地点,确定授课时间
明确培训内容	明确授课内容:防火知识、灭火常识、火场的自救与救人、灭火的基本方法与原则
培训考核	培训结束后,应对参加人员进行考核
记录存档	必须做好相关培训记录并存档,用以作为员工日后绩效考核的重要依据

2. 火灾报警

消防工作实践证明,报警晚是酿成火灾的重要原因之一。仓库应配备可靠的报警系统,一旦仓库中某处发生火情,报警装置能及时报警,仓库保卫部门就能迅速报告消防队和通知全体仓库员工,以便及时组织扑救,避免火势的蔓延。不论火势大小,只要发现失火就应立即报警。报警时应根据火势选择既快又好的方式。首先,向身边人员发出火警信号,同时迅速将火情报告公安部门。然后再通知其他人员和有关部门。报警越早,损失越小。报警后应有人到路口接应消防车到达火灾现场,并说明火势蔓延情况。

3. 火灾扑救

通常可采用的各类灭火方法见表9.2。

表 9.2 各类灭火方法

灭火方法	具 体 说 明
冷却灭火法	将灭火剂直接喷射到燃烧物上,以增加散热量,降低燃烧物的温度于燃点以下,使燃烧停止;或者将灭火剂喷洒在火源附近的物体上,使其不受火焰辐射热的威胁,避免形成新的火点。冷却灭火法是灭火的一种主要方法,常用水和二氧化碳作为灭火剂冷却降温灭火。灭火剂在灭火过程中不参与燃烧过程中的化学反应。这种方法属于物理灭火方法
拆移灭火法	又称"隔离灭火法",将火源处或其周围的可燃物质隔离或移开,燃烧会因缺少可燃物而停止,具体方法有: (1) 把火源附近的可燃、易燃、易爆和助燃物品搬走。 (2) 关闭可燃气体、液体管道的阀门,以减少和阻止可燃物质进入燃烧区。 (3) 设法阻拦流散的易燃、可燃液体。 (4) 拆除与火源相毗连的易燃建筑物,形成防止火势蔓延的空间地带

续表

灭火方法	具 体 说 明
窒息灭火法	窒息灭火法是阻止空气流入燃烧区或用不燃物质冲淡空气，使燃烧物得不到足够的氧气而熄灭的灭火方法。具体方法有： (1) 用沙土、水泥、湿麻袋、湿棉被等不燃或难燃物质覆盖燃烧物。 (2) 喷洒雾状水、干粉、泡沫等灭火剂覆盖燃烧物。 (3) 用水蒸气或氮气、二氧化碳等惰性气体灌注发生火灾的容器、设备。 (4) 密闭起火建筑、设备和孔洞。 (5) 把不燃的气体或液体（如二氧化碳、氮气、四氯化碳等）喷洒到燃烧物区域内或燃烧物上
抑制灭火法	又称化学中断法，即使灭火剂参与燃烧反应过程中，使燃烧过程中产生的游离基消失，而形成稳定分子或低活性游离基，使燃烧反应停止。如使用1211（二氟一氯一溴甲烷）、1202（二氟二溴甲烷）、1301（三氟一溴甲烷）等灭火剂进行抑制灭火时，一定要将灭火剂准确地喷射在燃烧区内，使灭火药剂参与燃烧反应

4．防火检查

(1) 各项消防安全制度和消防安全操作规程的执行和落实情况。

(2) 防火巡查、火灾隐患整改措施落实情况。

(3) 安全员消防知识掌握情况。

(4) 室内仓储场所是否设置办公室、员工宿舍。

(5) 物品入库前是否经专人检查。

(6) 存储物品是否分类、分组和分堆（垛）存放，防火间距是否满足要求，存放是否影响消防安全的物品等。

(7) 火源、电源管理情况，用火、用电有无违章。

(8) 消防通道、安全出口、消防车通道是否畅通，是否有明显的安全标志。

(9) 消防水源情况，灭火器材配置及完好情况，消防设施有无损坏、停用、埋压、遮挡、圈占等影响使用情况。

(10) 其他需要检查的内容。

9.2.3.2 库区环境安全管理

仓库除了要注意消防安全，还要注意几类常见的库区环境安全管理事项，具体见表9.3。

表9.3　　　　　　　　　库区环境安全管理事项

管理事项	具 体 说 明
防潮措施	仓库应通风良好，防潮防霉，每日上班后，仓管员应打开窗户通风1～2h，并做好"仓库通风记录"；仓库所有物品应按保存要求分别放置于货架或密闭容器中，避免受潮
防汛/防台风措施	积极防范，有备无患；全员参与，防范损害；不断改善仓库条件
防雨湿措施	仓库有足够的防雨建筑；仓库具有良好的排水能力；做好货垛衬垫；及时苫盖货物

续表

管理事项	具 体 说 明
防虫措施	仓库进出口处上方安装灭蚊灯，防止飞虫进入；一旦发现有昆虫，应立即用灭蝇拍消灭；对在保质期内的物品应加强检查并进行必要的防虫、灭虫措施；每日上班后，仓管员应开启灭蚊灯，诱杀蚊蝇，下班关闭
防震措施	结合当地地质结构，判断发生地震的可能性，在投资上予以考虑；在情报信息上，要密切关注毗邻地区及地震部门的预测和预报资料；在组织抢救上，做好充分的人力、物力、财力和精神上的准备

仓库存储管理应做到：

（1）仓储场所存储物品的火灾危险性应按《建筑设计防火规划》（GB 50016—2014）的规定分为甲、乙、丙、丁、戊 5 类。

（2）仓储场所内不应搭建临时性的建筑物或构筑物。因装卸作业等确需搭建的，应经消防安全责任人或消防安全管理人审批同意，并明确防火责任人，落实临时防火措施，作业结束后应立即拆除。

（3）物品入库前应有专人负责检查，确认无火种等隐患后，方准入库。

（4）库房存储物品应分类、分堆、限额存放。每个堆垛的面积不应大于 150m^2。库房内主通道的宽度不应小于 2m。

（5）库房内堆放物品应满足以下要求：

1）堆垛上部与楼板、平屋顶之间的距离不小于 0.3m（人字屋架从横梁算起）。

2）物品与照明灯之间的距离不小于 0.5m。

3）物品与墙之间的距离不小于 0.5m。

4）物品堆垛与柱之间的距离不小于 0.3m。

5）物品堆垛与堆垛之间的距离不小于 1m。

（6）库房内需要设置货架堆放物品时，货架应采用非燃烧材料制作。货架不应遮挡消火栓、自动喷淋系统及排烟口。

9.2.3.3　仓库作业安全管理

仓库作业安全管理是指在物品进出仓库装卸、搬运、存储和保管过程中，为了防止和消除伤亡事故，保障员工安全和减轻繁重的体力劳动而采取的管理措施。它直接关系到员工的人身安全和生产安全，也关系到仓库的劳动生产率能否提高等重要问题。

仓库的机械化、自动化程度日益提高，为避免在使用设备过程中发生事故，员工在工作中需采取一系列安全技术措施，并遵循安全操作规程。

9.2.3.4　仓库人员安全管理

由于企业仓储作业的主要内容是装卸搬运货物及接触不同特性的货物，因此必须注意做好仓管人员的人身安全管理工作。一般可以从以下几方面着手：

（1）树立安全作业的意识。为使仓库能安全地进行作业，树立安全作业意识是非常重要的。为此，仓管员应该做好表 9.4 所列的工作。

表 9.4　　　　　　　　　　　树立安全作业的意识

工 作 要 点	具 体 说 明
强化安全意识	仓管员应主动接受安全作业方面的培训，从思想上重视安全作业。同时，通过提高仓储设备的技术水平，减少人工直接装卸、搬运，更多地采用机械设备和自动控制装置，来提高作业安全性，如现代自动化立体仓库的使用使作业的安全性大大提高
提高操作技能	作业技术水平的提高，可以有效降低事故的发生。因此，仓管员要接受企业提供的岗位培训和定期技能考核。这样既能提高企业的生产效率，又能提高自身劳动的安全性
认真执行安全规程	仓库作业的安全操作规程是经过实践检验能有效减少事故发生的规范化的作业操作方法因此，仓管员应严格执行操作规程，并对不按照安全操作规程的行为严肃处理

(2) 进行安全教育培训。为了使仓库作业过程在符合安全要求的物质条件和工作秩序下进行，防止伤亡事故、设备事故和各种灾害的发生，企业需要对仓管员开展安全培训。仓库员工安全培训的主要内容如下：

1) 自觉遵守安全生产规章制度和劳动纪律。
2) 遵守有关设备维修保养制度的规定。
3) 爱护和正确使用机器设备、工具，正确佩戴防护用品。
4) 关心安全生产情况，向有关领导或部门提出合理建议。
5) 发现事故隐患和不安全因素要及时向组长汇报。
6) 发生工伤事故，要及时抢救伤员、保护现场。

(3) 加强个人安全防护。个人安全防护用品是指防止一种或多种有害因素对自身的直接危害所穿用或者佩戴的器具的总称。仓库工作人员正确使用个人安全防护用品，可避免操作过程中对身体造成直接危害。例如，佩戴安全帽可防御物体对头部造成冲击、刺穿、挤压等伤害；佩戴绝缘手套可使作业人员的手部与带电物体绝缘，免受电流伤害；穿着劳保鞋可保护作业人员的脚部安全等。

9.3　智慧仓库体系构成相关的安全管理

学习目标：

智慧仓储中仓库安全管理与传统仓库安全管理在总体上是类似的，都直接关系到货物的安全、作业人员的人身安全及作业设备和仓库设施的安全。因此，智慧仓储中仓库安全管理同样是企业经济效益管理中不可或缺的重要组成部分。同学们在学习过程中要特别注意作业设备和仓库设施方面。

知识解析：

在传统仓库安全管理所有内容的基础上，智慧仓库的安全管理还要新增两部分内容：智慧仓库信息系统安全管理和智慧仓库内设备与技术的安全管理。智慧仓储体系最大的特点之一就是多功能集成，除了传统的库存管理，还要实现对流通中货物的检验、识别、计量、保管、加工和集散等功能，而这些功能得以顺利实现，都依赖于智慧仓库信息系统的强大。

从宏观来看，现代社会已逐渐进入大数据时代，社会中的人利用计算机犯罪很难留下犯罪证据，这也大大刺激了计算机高技术犯罪案件的发生。计算机犯罪率的迅速增加，使计算机系统特别是网络系统面临着很大的威胁，并成为严重的社会问题之一。因此，如何使智慧仓库信息系统能够时刻防御外来风险显得十分重要。

而从微观看，对智慧仓库内部管理而言，能够顺利进行日常作业是最基本的要求。所以，如何利用高科技在确保库内安全的前提下实现系统化、设备化的作业流程是智慧仓库最先需要解决的问题，其中就包括网络系统的安全和机械设备使用的安全。这里说的"网络系统安全"指的是系统能否实现对库内所有运作流程进行合理的组织安排，使库内作业有条不紊地持续下去，避免机械设备自主运行故障而导致的机毁货亡，进而真正实现安全无人化仓库管理。

9.3.1 智慧仓库信息系统的安全管理

智慧仓库信息系统安全管理包括两大部分：对外防御外来风险和对内组织库内安全运作。

9.3.1.1 基本功能

1. 对外防御系统

(1) 硬件控制功能，如是否允许使用某些硬件设备。

(2) 软件控制功能，如是否允许运行计算机里已经安装的应用程序。

(3) 网络控制功能，如是否允许上网。

(4) 日志记录功能。

(5) 实时监控功能，如在库区内各个角落安装监控设备，随时派工作人员进行监管。

(6) 软件防火墙功能。

(7) 人员安全识别功能。

2. 对内组织运作系统

(1) 作业管控功能，可以对各个环节做出明确的指示，降低对人员的操作要求，提升作业效率。

(2) 工作分配管控功能，可根据任务的先来后到顺序对任务进行排列，安排运作流程。

(3) 数据管控功能，如通过对信息进行分析，帮助仓库的管理者了解已知的可预计的出库、入库的货量等。

9.3.1.2 智慧仓库信息系统安全管理的具体内容

1. 对外防御系统

(1) 硬件控制。允许/禁止使用 USB 移动存储设备（如 U 盘、移动硬盘、MP3、MP4、数码相机、DV、手机等）、光盘驱动器（如 CD、DVD、刻录机、雕刻机等）、打印机（如 LPT、USB、红外线、IEEE 1394、共享、虚拟打印机等）备份计算机信息文件；允许/禁止使用计算机声卡。

(2) 软件控制。允许/禁止运行计算机里已经安装的应用程序，有效控制聊天（QQ、MSN等）、玩游戏、看电影、听音乐、下载文件、炒股，以及运行一切与工作无关的应用程序。

(3) 网络控制。允许/禁止上网，或只允许/禁止访问指定网站，设置信任站点；允许/禁止通过Outlook、Hotmail等收发电子邮件，允许/禁止通过网站收发邮件，只允许/禁止指定邮件地址收发电子邮件；允许/禁止基于HTTP或FTP的上传下载；允许/禁止通过QQ等聊天工具传输文件；允许/禁止收看网上视频等。

(4) 日志记录。准确记录聊天工具（如QQ、MSN等）的聊天内容、网站访问日志、基于HTTP的文件上传下载日志、FTP连接访问日志、基于FTP的文件上传下载日志、邮件收发日志（包括邮件正文及附件）、应用程序运行日志、应用程序网络连接日志、消息会话日志、被控端连接日志等。

(5) 实时监控。实时跟踪被控端计算机桌面动态、控制端与被控端之间相互消息会话（类似于QQ聊天工具）、锁定被控端计算机、随时发布警告通知、异地跟踪被控端计算机桌面、对被控端计算机进行远程关机、注销、重启操作、被控端进程管理、被控端软硬件资源、被控端网络流量及会话分析等。

(6) 防火墙。对可疑端口或IP进行封堵，禁止可疑程序连接网络，限制访问非法网站，有效防范网络攻击及净化网络环境。

(7) 人员安全识别。通过人脸、指纹或瞳孔等方式对进出仓库人员身份进行识别，禁止外来未登记人员进入或进入时报警等。

2. 对内组织运作系统

库内组织运作系统的正常运转离不开WMS和WCS的配合。一个高效的智慧仓库运作需要一个量身定制的智能仓库管理和控制系统。一个与仓库配套的信息系统从组织纲要到具体细节把控都能做到面面俱到，才能使人员和机械设备配合得好。

(1) 作业管控。智慧仓库信息管理系统可以通过精准的设定，在收货聚集、上架建议、拣货策略、出货规范、库存盘点等环节都做出明确的指示，降低对人员的操作要求，最大限度地协调机械设备自行运作，从而提升作业效率。

(2) 工作分配管控。智慧仓库管理系统可根据任务的顺序对任务进行排列，并支持根据任务的重要和紧急程度进行设置和排序，从而保证任务有序进行，增强任务安排的灵活性，提高任务时效性。同时，在分配任务时，系统还需要能按照给定的规则和算法给出最优方案。

(3) 数据管控。通过系统的查询功能，可以将各分仓、作业区域、库位、停车场、作业人员、货物、设备等信息展现在用户眼前。通过对这些信息进行分析，能够帮助仓库的管理者了解已知的可预计的出库、入库的货量，并结合现有的货量进行实时分析。在爆仓情况发生前，提早做出预警，避免不必要的损失。通过仓库信息管理系统的应用，实现了仓储的信息化、精细化管理。

9.3.2 智慧仓库智能设备的安全管理

除了对智慧仓库信息系统进行安全管理外，对库内所有设备与技术的安全也需要进行彻底的管理。智慧仓库，顾名思义，库内的机械设备多而人少，有些智慧仓库已经实现无人化运作。所以，对智慧仓库而言，机械设备的重要性不言而喻。如何保证各种设备运行前、运行时和运行后的各种安全是整个仓库正常运作的关键所在。

1. 电子标签系统设备

电子标签是一种非接触式的自动识别技术，它通过射频信号来识别目标对象并获取相关数据，识别工作无须人工干预，作为条码的无线版本，RFID 技术具有条码所不具备的防水、防磁、耐高温、使用寿命长、读取距离大、标签上数据可以加密、存储数据容量更大、存储信息更改自如等优点。电子标签系统中常用设备有标签、读取器和天线（图 9.2）。

图 9.2 电子标签系统组成

使用电子标签系统设备需要注意以下几点：

（1）选择与打印机（编码器）匹配的标签类型。选择的标签种类必须与打印机（编码器）及应用环境匹配，这是 RFID 超高频电子标签成功应用的关键。数据传输的速率、存储器、天线的设计、标签的写入功能等方面都需要进行评估，确保标签能够工作正常。有些标签供应商也可能会有不同的规格说明，或者增加一些与应用有关或者无关的专利功能，这时就应该要求供应商推荐最适合自己应用的超高频电子标签。

（2）在大批量订购 RFID 电子标签前进行小批量测试。在订购电子标签前，必须从打印机（编码器）制造商那里取得有关对应答器（即 RFID 标签）设置位置的要求。在试样测试或者小批量测试阶段，这些标签必须能够完全满足应用需要，然后再决定是否大批量订购。

（3）RFID 标签的存储温度应该适当，其存储温度应该在 $-60 \sim 203\,℉$（$-51 \sim 95\,℃$），环境条件应该稳定。不可让标签暴露在静电环境中，否则会影响标签性能。在低湿度环境应用 RFID 超高频电子标签时，最好使用防静电布或者防静电垫子以消除静电影响。

（4）培训员工使标签打印取得成功。标签打印机（编码器）有许多针对使用环境的参数设置，有各自的特点和特殊的 RFID 技术要求，必须事先对员工进行充分培训，才能避免 RFID 标签打印可能出现的差错。

（5）对标签打印机（编码器）进行校正，保证打印正确。标签开始打印前先调整打印机（编码器），保证标签卷带在打印机（编码器）内有正确的引导间隙和节距（两个标签之间的距离）。对每一批新的标签卷带，开始打印前必须调整一次。如果是某种标签的专用打印机，各项参数、间隙已经设定完成，就可以免去这项校正操作。有的标签打印机（编码器）具有自动校正功能，校正操作就会简单一些。

（6）避免使用金属箔片基质的标签，因为金属箔片会反射无线电波信号，对 RFID 会产生干扰。带有金属薄片或者含金属墨水的标签会严重影响准确打印（编码），也会严重影响读取距离。

（7）注意标签表面的水汽。水汽或者其他液体可以成为 RFID 性能发挥的障碍，因为液体可以吸收无线电信号，从而限制读取距离或者使标签的读写操作困难。标签的黏合剂也是一种液体，某些黏合剂或者标签材料会吸收水分，也会影响标签性能的发挥。

（8）适当隔离 RFID 设备。无线电设备如果距离太近就会互相干扰，标签打印机应该与同一波段的其他产品如天线、读取器、无线网或者其他标签打印机保持足够的距离。

（9）采用打印机管理软件，发现经常出现的故障。理想的状态是打印机能够一次完成标签打印任务，但也会常常出现首次打印不成功的情况。如果经常出现这种情况，说明打印机可能存在缺陷。应该在整个 RFID 架构内安装管理软件，一旦出现小的故障就会发出警告，这样可以避免产生严重后果。

（10）把超高频电子标签设置在货盘货箱的最佳读取位置。在完全自动化的流程中，要使货箱标签能够持续准确读出，标签的位置是关键。与标签的位置有关的因素有多个，其中最主要的是读取器的位置。通过相对现有读取器的标签最佳位置测试，可以决定标签应该设置在货箱的什么位置才能保证最高的读取率。

2. 自动化运输系统设备

自动化运输系统主要是由输送线完成其物品的输送任务。在环绕库房、生产车间和包装车间的场地，设置有由许多带式输送机、辊子输送机等组成的一条条输送链，经首尾连接形成连续的输送线。在物品的入口处和出口处设有路径叉口装置、升降机和地面输送线。这样在库房、生产车间和包装车间范围内形成了一个既可顺畅到达各个生产位置同时又是封闭的循环输送线系统。所有生产过程中使用的有关材料、零件、部件和成品，都须装在贴有条码的托盘箱里才能进入输送线系统。在生产管理系统发出的生产指令的作用下，装有物品的托盘箱从指定的入口进入输送线系统。输送线主要包括带式输送线、辊子输送机和托盘输送线等，用于纸箱和周转箱的输送。

（1）带式输送线又称带式输送机，运用输送带的连续或间歇运动来输送各种轻重不同的物品，既可输送各种散料，也可输送各种纸箱、包装袋等单件重量不大的件货，用途广泛，如图 9.3 所示。

带式输送机使用的注意事项如下：

1）带式输送机的载重范围。若物品超过载重范围会造成整条线体不能正常

9.3 智慧仓库体系构成相关的安全管理

运作。

2)防静电系数。输送带一般都是防静电的,防静电系数会随着使用时间的延长而降低,企业需要在定制前明确要在多久的时间里确保防静电系数在一定范围内。

3)滚筒工位。整条输送带中间部分的工位滚筒数量根据线体的长短、载重量等因素确定,工位量不够,同样会影响输送机的正常运作。

图 9.3 带式输送机

4)启动和停机时,输送机一般应在空载的前提下启动。在顺次安装数台带式输送机时,应采用可以闭锁的启动装置,以便通过集控室按一定顺序启动和停机。除此之外,为防止突发事故,每台输送机还应设置就地启动或停机的按钮,可以单独停止任意一台。为了防止输送带因为某种原因而被纵向撕裂,当输送机长度超过30m时,沿着输送机全长,应距离一定间隔(如 25~30m)安装一个停机按钮。

5)为了保证带式输送机运转可靠,应及时发现和排除可能发生的故障。为此,操作员必须随时观察运输机的工作情况,如发现异常应及时处理。机械工人应按期巡视和检查任何需要留意的情况或部件,这是很重要的。例如,一个托辊并不显得十分重要,但输送磨损物品的高速输送带可能很快把它的外壳磨穿,形成一个"刀刃",这个"刀刃"就可能严重地损坏一条价格昂贵的输送带。受过训练或有经验的工人能及时发现即将发生的事故,并防患于未然。带式输送机的输送带在整个输送机价格里占相当大的比重。为了减少更换和维修输送带的用度,必须对操作员和维修人员进行输送带的运行和维修培训。

图 9.4 辊子输送机

(2)辊子输送机是能够输送单件重量很大的物品,或承受较大的冲击载荷的机械(图 9.4)。它适用于各类箱、包、托盘等件货的输送,散料、小件物品或不规则的物品需放在托盘上或周转箱内输送。它主要由传动滚筒、机架、支架、驱动部等部分组成。它具有输送量大、速度快、运转轻快,能够实现多品种共线分流输送的特点,还可按客户要求特殊设计,以满足各类客户的需求。

辊子输送机使用的注意事项如下:

1)固定式辊子输送机应按规定的安装方法安装在固定的基础上。移动式辊子输送机正式运行前应将辊子用三角木楔住或用制动器刹住。以免工作中发生走动,有多台输送机平行作业时,机与机之间,机与墙之间应有1m的通道。

2）辊子输送机使用前须检查各运转部分、胶带搭扣和承载装置是否正常，防护设备是否齐全。胶带的胀紧度须在启动前调整到合适的程度。

3）辊子输送机应空载启动，等运转正常后方可入料，禁止先入料后开车。

4）有数台输送机串联运行时，应从卸料端开始，顺序启动。全部正常运转后，方可入料。

5）输送机上禁止行人或乘人。

6）停车前必须先停止入料，等存料卸尽方可停车。

(3) 托盘输送线又称托盘输送机，是由各种自动输送机组成的托盘自动化输送系统。托盘输送机有辊道式、链式、滚轮式、板式、升降台等多种形式，在自动化仓库系统中，为了满足系统对托盘货物的能力要求，一般选用运输效率较高的辊道式、链式输送机组成托盘自动化输送系统。根据自动输送的需求，可以用单一类型的输送机组合成具有特定功能的托盘自动化输送系统，也可以根据需要，由几类输送机混合组成具有特定功能的托盘自动化输送系统。托盘输送机如图 9.5 所示。

选择和确定托盘输送机的布置形式，应从以下几个方面考虑：

1）须满足工艺要求，即应符合工艺提出的运输路线、输送量和需要在其上面完成的工艺作业等要求。

2）在满足工艺要求的前提下，应力求最简单的布置形式。布置形式越简单，输送机线路的转折越少，其运行阻力就越小，从而可降低制造成本，提高其使用的经济性。

图 9.5 托盘输送机

3）布置时，应充分考虑输送机与各有关专业工种的关系，如安设在地坑中的托盘输送机，容易和土建、水道、通风及除尘等设备发生矛盾，故应综合研究各个方面的情况，求得整体布置的合理性和经济性。

4）托盘输送机在进行倾斜输送时，不得超越允许的、规定的倾角范围。

3. 自动化立体仓库的安全管理

自动化立体仓库是由立体货架、有轨巷道堆垛起重机、出入库托盘输送机系统、尺寸检测条码阅读系统、通信系统、自动控制系统、计算机监控系统、计算机管理系统，以及其他如电线电缆桥架配电柜、托盘、调节平台、钢结构平台等辅助设备组成的复杂的自动化系统。运用一流的集成化物流理念，采用先进的控制、总线、通信和信息技术，通过以上设备的协调动作进行出入库作业。

自动化立体仓库使用的注意事项如下：

(1) 安全问题。自动化立体仓库是自动化的设备，在使用过程中人为干预的工作很少，对于一些贵重物品的仓库管理就需要注重安全问题，对产品的保护需要升级。同时，还需要注意的是自动化立体仓库中的机械设备在运行中对人有没有安全隐患。

（2）安装性能问题。自动化立体仓库的安装是一个大的工程，需要在安装前确定地面的性质，在整个场地先规划好再进行安装和操作。

（3）进行专业的技能操作，仓管员按说明书培训操作，严禁违规操作。

（4）对自动化立体仓库进行定期维护和保养，减少故障的发生。

4. 智能分拣系统设备

智能分拣系统（Automatic Sorting System，ASS）是先进配送中心所必需的设施之一，具有很高的分拣效率，通常每小时可分拣商品 6000～12000 箱。可以说，智能分拣机是提高物流配送效率的一项关键因素，如图 9.6 所示。

图 9.6　智能分拣机

智能分拣设备使用的注意事项如下：

（1）机械运行时，禁止吸烟。定期检查设备制动装置，加强班前安全教育培训和生产过程监管。

（2）禁止人员用湿毛巾清洗带电设备，禁止非设备管理员擅自检修设备，设备管理员检修设备必须停机，现场要指定监护人员，定期检查、保养和维护电气线路。

（3）人员不准站在小车轨道上，禁止人员在小车通道上行走，指定二层下方中间通道为人行通道，并进行宣传教育培训，加强作业期间安全监管，对违规人员纳入安全考核。

（4）进行班前安全提示，张贴禁止性安全警示标识，加强现场过程监管。

（5）禁止人员从分拣线下方空隙穿行，从一层通道上二层时，小心碰头，对员工进行危险源防范知识培训，加强现场监管，对违规人员纳入三级考核。

（6）作业前穿作业服，换上橡胶底鞋，工作时加强自我安全防范意识，走斜坡或不平坦处要格外小心，禁止在巡线时快走和跑步。加强现场安全监管和考核。

（7）开箱时，人员必须佩戴劳动保护手套，禁止开箱时使用蛮力或动作幅度太大。作业后，关闭刀刃，将刀具定置存放。

5. 机器人分拣系统设备

机器人分拣系统设备又称分拣机器人，是一种具备传感器、物镜和电子光学系统的机器人，可以快速进行货物分拣，如图 9.7 所示。

分拣机器人使用的注意事项如下：

（1）机器人启动前，务必确保机器人作业区域内没有人。生产时如有必要进入作业区，务必征得监护人员的同意，拔掉护栏安全栓，打开安全门，进入安全门打开的区域，严禁穿越压力机进入安全门未打开的区域。若要处理压力机内模具问题，务必停止该压力机前后两台机器人，保证人身安全。

图 9.7 分拣机器人

(2) 每天使用机器人之前，务必将机器人导轨擦拭一遍，防止过度磨损。严禁用脚踩机器人导轨。观察润滑油脂是否够用，工作时留意机器人工作导轨及齿轮导轨的润滑情况。

(3) 更换吸盘时，要留意观察机器人 R1 轴前端定位销是否松动、暗伤、开裂，机器人气管接头是否松动漏气，吸盘上紧固螺钉是否松动，橡胶吸盘是否拧紧。

(4) 生产前要观察机器人运动区域内是否有其他物体（踏板、支架等）与其干涉；生产中要注意观察机器人的运动轨迹及运动声响是否有异常，如有异常现象，务必做记录。

(5) 起吊模具时要注意对传感器接线盒的保护，防止将接头撞坏，影响正常生产。

(6) 强化 7S 管理，提升现场的管理水平，保证机器人、机器人控制柜、安全护栏及周边环境清洁美观。

(7) 做好对分拣机器人的周期性维护。

除以上各系统智能设备的安全使用外，在各系统每次使用前都应对所有相关设备进行安全检查，包括硬件设备和软件系统的完好程度。在使用后也需要对所有设备进行检查，确保设备下次能够正常使用，并确认电源、电闸全部关闭。每隔一段时间都应对各类别设备进行分批次的维护与检修，间隔时间可以是固定的，也可以是不固定的，达到随时对设备都心中有数的程度。相关领导也应随时对设备安全状况进行抽查，这种行为会在一定程度上让员工对安全问题更加注意，让他们知道安全问题的重要性。

9.4 人工智能技术支撑下的安全管理

学习目标：

通过本节学习掌握智能安防、机房环境监控、智能仓库检测系统、信息系统安全管理等内容，培养学生实际应用能力。

任务驱动：

将人工智能应用到智慧仓储安全管理领域可以帮助仓库管理员提高工作效率，相较于传统的安全技术，不论速度上、效率上还是可操作性上都显著提高。请各组同学分工协作，调研当前企业所采取的人工智能安全管理模式，了解在人工智能技术支撑下的安全管理,并进行讨论。

知识解析:

9.4.1 智能安防

安防系统是实施安全防范控制的重要技术手段,在当前安防需求提高的形势下,其在安全技术防范领域的运用也越来越广泛。以前所使用的安防系统主要依赖人的视觉判断,缺乏对视频内容的智能分析。智能安防系统可以简单理解为图像的传输和存储、数据的存储和处理准确而选择性操作的技术系统。一个完整的智能安防系统主要包括监控、门禁、报警等功能。智能安防与传统安防的最大区别在于智能化,我国安防产业发展很快,也比较普及,但是传统安防对人的依赖性比较强,非常耗费人力,而智能安防能够通过机器实现智能判断,从而尽可能实现人想做的事。

9.4.1.1 视频监控系统

视频监控系统(Video Monitoring System,VMS)是采用图像处理、模式识别和计算机视觉技术,通过在监控系统中增加智能视频分析模块,借助计算机强大的数据处理能力过滤掉视频画面无用的或干扰信息,自动识别不同物体,分析抽取视频源中关键有用信息,快速准确地定位事故现场,判断监控画面中的异常情况,并以最快和最佳的方式发出警报或触发其他动作,从而有效进行事前预警、事中处理和事后及时取证的全自动、全天候、实时监控的智能系统。视频监控系统作用如下:

(1)强大的机芯功能可以更精确地报警。多倍光学变焦、数字变焦、自动光圈、自动聚焦、自动白平衡等功能,可以轻松查看任意位置画面。强大的图像处理功能和高级智能的算法,使安全人员可以更加精确地定义安全威胁的特征,有效地发现异常报警事件或潜在的威胁,大大降低误报和漏报现象的发生。

(2)全天候可靠监控。通过智能分析模块或软件对所监控的画面进行不间断分析,实现对异常事件和疑似威胁的主动式编码、报警和保存,彻底改变了以往完全由监控人员对监控画面进行监视和分析的方式。

(3)支持远程监控和对讲功能。可以随时随地进行远程监控,可以通过手机、计算机、平板观看监控场景,随时随地了解监控场景动态。

(4)快速响应。拥有比普通网络视频监控系统更强的智能特性,能够识别可疑活动。例如,当有人在公共场所遗留了可疑物体,或者有人在敏感区域停留时间过长时,能立即提示安全工作人员关注相关监控画面,这样使安全部门有足够的时间为潜在的威胁做好准备工作。

(5)智能存储方便查询。能够比普通视频监控系统更加节省存储空间,可只存储出现可疑情况或报警时的监控图像和场景信息,能减少大量无用数据的传输和存储,并能够对存储的监控信息提供基于内容的快速查询。

此外,视频监控系统也可以和报警系统结合成视频监控报警系统常规应用于建筑物内的主要公共场所和重要部位进行实时监控、录像和报警时的图像复核。视频监控报警系统的前端是各种摄像机、视频检测报警器和相关附属设备；系统的终端设备是显示/记录/控制设备，通常采用独立的视频监控中心控制台或监控报警中心控制台。安全防范用的视频监控报警系统应与防盗报警系统、出入口控制系统联动，由中央控制室进行集中管理和监控。独立运行的视频监控报警系统，画面显示能任意编程、自动或手动切换，画面上必须具备摄像机的编号、地址、时间、日期等信息显示，并能自动将现场画面切换到指定的监视器上显示，对重要的监控画面应能长时间录像。

9.4.1.2 智能门禁系统

智能门禁系统（Intelligent Access Control System，IACS）是新型现代化安全管理系统，集微机自动识别技术和现代安全管理措施于一体，涉及电子、机械、光学、计算机技术、通信技术、生物技术等诸多新技术。它是解决重要部门出入口实现安全防范管理的有效措施，适用于银行、宾馆、机房、军械库、机要室、办公间、智能化小区、工厂等。在该系统的基础上增加相应的辅助设备可以进行电梯控制、车辆进出控制，物业消防监控、保安巡检管理、餐饮收费管理等，真正实现区域内一卡智能管理。

最近几年随着感应卡技术、生物识别技术的发展，门禁系统得到了飞跃式的发展，进入了成熟期，出现了感应卡式门禁系统、指纹门禁系统、虹膜门禁系统、面部识别门禁系统、乱序键盘门禁系统等各种技术的系统，它们在安全性、方便性、易管理性等方面都各有特长，应用领域也越来越广。

1. 门禁系统的基本功能

（1）对通道进出权限的管理。对每个通道设置哪些人可以进出，哪些人不能进出。

1）进出通道的方式：对可以进出该通道的人进行进出方式的授权，进出方式通常有密码、指纹（生物识别）、读卡3种。

2）进出通道的时段：设置可以进出该通道的人在什么时间范围内可以进出。

（2）实时监控功能。系统管理人员可以通过微机实时查看每个门区人员的进出情况（同时有照片显示）、每个门区的状态（包括门门的开关、各种非正常状态报警等），也可以在紧急状态下打开或关闭所有的门区。

（3）出入记录查询功能。系统可存储所有的进出记录、状态记录，可按不同的查询条件查询，配备相应考勤软件可实现考勤、门禁一卡通。

（4）异常报警功能。在异常情况下可以实现微机报警或报警器报警，如非法侵入、门超时未关等。

2. 门禁系统的特殊功能

（1）反潜回功能。持卡人必须依照预先设定好的路线进出，否则下一通道刷卡无效。本功能是防止持卡人尾随别人进入。

（2）防尾随功能。持卡人必须关上刚进入的门才能打开下一个门。本功能与反潜回实现的功能一样，只是方式不同。

(3) 消防报警与监控联动功能。在出现火警时门禁系统可以自动打开所有电子锁,让里面的人随时逃生。报警与监控联动通常是指监控系统自动将有人刷卡时(有效/无效)的情况录下来,同时也将门禁系统出现警报时的情况录下来。

(4) 网络设置管理监控功能。大多数门禁系统只能用一台微机管理,而技术先进的系统则可以在网络上任何一个授权的位置对整个系统进行设置监控查询管理,也可以通过互联网进行异地设置管理监控查询。

(5) 逻辑开门功能。简单地说,逻辑开门功能就是同一个门需要几个人同时刷卡(或其他方式)才能打开电控门锁。

3. 停车场管理系统

停车场管理系统(Parking Management System,PMS)是通过计算机、网络设备、车道管理设备搭建的一套对停车场车辆出入、场内车流引导、收取停车费进行管理的网络系统。它是专业车场管理公司必备的工具。停车场设备—出入口控制机如图 9.8 所示,停车场出入口全图如图 9.9 所示。

图 9.8 停车场设备—出入口控制机

停车场管理系统通过采集记录车辆进出信息和场内位置,实现车辆出入和场内车辆的动态和静态的综合管理。前期系统一般以射频感应卡为载体,使用光学数字镜头车牌识别方式代替传统射频卡计费,通过感应卡记录车辆进出信息,通过管理软件完成收费策略,实现收费账务管理、车牌识别、道闸设备控制等功能。停车场管理系统配置包括停车场控制机、自动吐卡机、远程遥控、远距离读卡器、感应卡(有源卡和无源卡)、自动道闸、车辆感应器、地感线圈、通信适配器、摄像机、传输设备、停车场系统管理软件等。

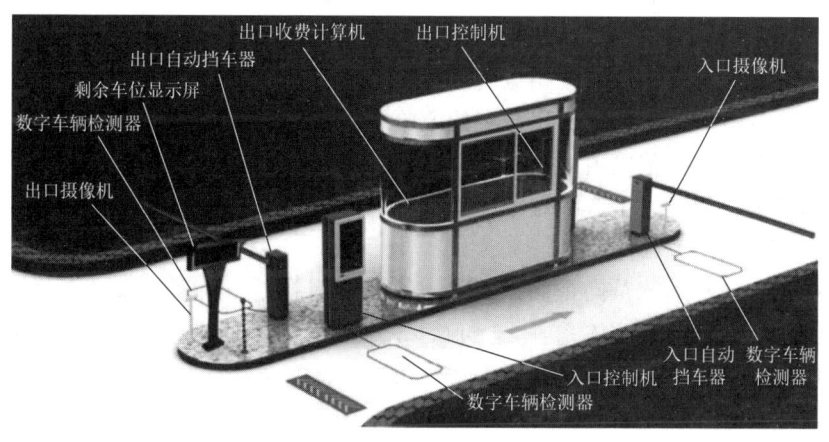

图 9.9 停车场出入口全图

4. 人脸识别系统

人脸识别系统（Face Recognition System，FRS）作为一种新兴的安防智能化产品，其技术始于20世纪60年代，直到20世纪90年代才进入了真正的机器自动识别阶段。目前，在安防监控领域，人脸识别主要是基于对可见光图像的人脸识别。

人脸识别系统的作用如下：

（1）实时抓拍。基于前端高清摄像机或人脸抓拍相机，通过系统或抓拍相机在实时视频中检测人脸，跟踪人脸运动轨迹，截取到最清晰的一帧进行存储。抓拍的人脸照片、经过的时间和相机位置信息等被记录在路人数据库中。抓拍并存储的人脸信息可作为检索数据库使用。支持按树形目标选择抓拍通道，并同时查看一张或多张实时人脸图片抓拍。支持下载背景图片及小图片。

（2）实时预警（人脸卡口）支持抓拍图片与黑名单数据库的实时比对。支持预警接收的设置，在预警设置中，可选择预警接收的布局任务和布局范围。

（3）历史警示支持按布局任务、布局范围、布局对象、相似度、时间、报警确认形式进行单一条件或组合条件的查询。支持设置查询结果按时间或相似度排序。

（4）人脸查询。支持对动态抓拍数据库、静态名单库的人脸查询。查询照片支持原图查看、详细信息查看、前后视频预览。人脸图像及相关结构化信息可导出成Excel文件。

（5）以脸搜脸（1∶N比对）。用户可以选择某张人像图片，在抓拍数据库或静态名单库中寻找相似度高的人像图片。系统根据相似度高低来排序。待比对的图片可以本地上传，也可以是抓拍图片或者静态图片。当上传图片过于模糊时，支持用户手动标注加强识别的功能，通过网站界面手动标注特征点或框选范围，帮助系统识别准确的人脸位置，提高比对准确率，改善模糊照片的比对效果。

（6）人脸查重（N∶N比对）。系统支持针对单个人员数据库或两个人员数据库之间的重复人员查询，并返回查重结果。在查重任务进行过程中，可查看任务状态、相关信息等，并对已完成的查重任务进行查看、删除等操作。

（7）人脸App。支持人脸检索功能，通过拍照上传或本地图片上传的方式，进行人脸比对，比对成功后，按相似度返回相应的人脸检索结果。

（8）人员轨迹分析。可利用已有的人脸图片或者系统检索出的人脸图片，搜索出一定时间段及监控范围内的相似人脸图片，选择目标人员人脸图片，分析目标人员"从哪里来、到哪里去、沿途经过哪里"。

5. 入侵报警系统

智能安防报警系统是同企业、家庭的各种传感器、功能键、探测器及执行器共同构成企业、家庭的安防体系，是企业、家庭安防体系的"大脑"。报警功能包括防火、防盗、煤气泄漏报警及紧急求助等功能，报警系统采用先进智能型控制网络技术，由微机管理控制，实现对匪情、盗窃、火灾、煤气、紧急求助等意外事故的自动报警。

入侵报警系统（Intrusion Alarm System，IAS）分为周界防卫、建筑物区域内防卫、单位企业空旷区域内防卫、单位企业内实物设备器材防卫等。系统的前端设备为各种类别的报警传感器或探测器；系统的终端是显示/控制通信设备，它可应用独立的报警控制器，也可采用报警中心控制台控制。不论采用什么方式控制，均必须对设防区域的非法入侵进行实时、可靠和正确无误的复核和报警。漏报警是绝对不允许发生的，误报警应该降低到可以接受的限度。考虑到值勤人员容易受到作案者的武力威胁与抢劫，系统应设置紧急报警按钮并留有与110报警中心联网的接口。

6. 无线对讲系统

无线对讲系统（Wireless Intercom System，WIS）具有机动灵活、操作简便、语音传递快捷、使用经济的特点，是实现生产调度自动化和管理现代化的基础手段。无线对讲系统是一种独立的、放射式的双频双向自动重复方式通信系统，解决了由使用通信范围或建筑结构等因素引|起的通信信号无法覆盖的问题。因此，可以使用它来与安全、工程、运营及服务人员沟通，以便在管理场所内非固定的位置执行任务。

无线对讲系统包括：手提对讲机、信号中转设备、信号放大设备、低损耗通信电缆、高增益通信天线、其他信号传输设备。

7. 保安巡更系统

生活小区、酒店、卖场等物业管理的重要工作的一环，便是保安的巡更。巡更非常重要，是增加业主、住户、商户安全感的重要手段，也是提升物业管理服务的主要方面。所以如果安排好保安的巡更，可提升物业管理的服务质量。规模小的小区、写字楼通常保安不多，很多保安一般只配置对讲机，没有其他过多的设备，一般的模式是保安按路线到达某个检查点，在这个检查点上有一个登记表，保安就在上面记录、签上字，管理员通常过一段时间收集登记表信息，并打印出新的登记表换上，这样的日志信息表无法做到准确及时，管理员也无法及时地了解各个巡更点的巡更情况。保安信息化管理系统一般会以"平台＋终端""数据＋语音"的规划思路，提供保安管理、紧急报警、远程通信、人员定位等信息化的管理支撑。基于中国移动 TD、GSM、LBS、GPS、MSM 等通信技术，通过"管理平台"与"保安信息机"，将物业保安等用工单位有机结合起来，组建实时保安应急报警、管理、监控及联网的保安系统管理体系。

有信息化管理系统作为支撑，保安巡更系统就可以和其他系统相连接，将数据实时传送到智能安防总系统中，实现数据同步化。

8. 智能广播系统（主要针对消防系统）

智能广播系统是扩声音响系统的一个分支，而扩声音响系统又称专业音响系统，是涉及电声、建声和乐声三种学科的边缘科学。所以，智能广播系统最终效果涉及合理、正确的电声系统设计和调试，良好的声音传播环境（建声条件）和精确的现场调音三者最佳的结合，三者相辅相成，缺一不可。

智能广播系统作为一个系统问题，在系统设计中必须综合考虑上述问题。在选择性能良好的电声设备基础上，通过周密的系统设计，仔细的系统调试和良好的建声条件上，达到声音悦耳、自然的音响效果。智能广播系统可以非常方便地切换各种音源、各个播放区，可在不同的播放区域播放不同的音源。

智能广播系统按用途可分为以下几类：

（1）室外广播系统。室外广播系统主要用于体育场、车站、校园、艺术广场、音乐喷泉等。它的特点是服务区域面积大，空间宽广；背景噪声大；声音传播以直达声为主；要求的声压级高，如果周围有高楼大厦等反射物体，扬声器布局又不尽合理，声波经多次反射而形成超过 50ms 的延迟，会引起双重声或多重声，严重时会出现回声等问题，影响声音的清晰度和声像定位。室外系统的音响效果还受气候条件、风向和环境干扰等影响。

（2）室内广播系统。室内广播系统是应用最广泛的系统，包括各类影剧院、体育场等。它的专业性很强，既能非语言扩声，又能供各类文艺演出使用，对音质的要求很高，系统设计不仅要考虑电声技术问题，还要涉及建筑声学问题。房间的形状等因素对音质有较大影响。

（3）公共广播系统。智能广播系统为宾馆、商厦、港口、机场、地铁、学校提供背景音乐和广播节目。近年来，公共广播系统还兼做紧急广播，可与消防报警系统联动。

（4）会议系统。随着国内外交流的增多，电视会议和数字化会议系统（DCN）发展很快。会议系统广泛用于会议中心、宾馆、集团和政府机关。会议系统包括会议讨论系统、表决系统、同声传译系统和电视会议系统。它要求音视频（图像）系统同步，全部采用计算机控制和存储会议资料。

不管哪一种广播音响系统，都可以基本分为四个部分：节目源设备、信号的放大和处理设备、传输线路和扬声器系统。在安防中的广播系统主要是消防广播系统，又称应急广播系统，是火灾逃生疏散和灭火指挥的重要设备，在整个消防控制管理系统中起着极其重要的作用。在火灾发生时，应急广播信号通过音源设备发出，经过功率放大后，由广播切换模块切换到广播指定区域的音箱实现应急广播。一般的广播系统主要由主机端设备［如音源设备、广播功率放大器、火灾报警控制器（联动型）等］和现场设备（输出模块、音箱）构成。

消防广播系统特点如下：

（1）实用性。消防广播系统设计力求简洁明了，操作简单易学，管理方便易行，满足客户的实际需要，突出保证常用功能的可靠性。少用或几乎不用复杂易错难学的功能，也降低了单位投资。系统功能齐全强大。

（2）经济性。充分利用原有设备，加入必要的配置即可升级。使用高品质的组合系统节省投资，具有较大的价格优势。

（3）可靠性。硬件上增加了抗干扰能力和容错能力。采用多通道技术，不会因为一个终端发生故障导致整个系统瘫痪。很多功能都有应急措施，使得单位在使用中万无一失。

（4）扩充性、开放性。系统留有扩展接口，保证系统扩展时直接接入相应设备就可完成系统扩展。在系统升级改造中，负责原有设备兼容，支持企业、家庭的发展和系统更新。

此外，还有综合门禁、人脸识别等多功能的出入口控制报警系统。它是采用现，代电子信息技术，在建筑物的出入口对人（或物）的进出实施放行、拒绝、记录和报警等操作的一种自动化系统。这种操作系统通常由出入口目标识别系统、出入口信息管理系统、出入口控制执行机构等3个部分组成。系统的前端设备为各类出入口目标识别装置和门锁开启闭合执行机构；传输方式采用专线或网络传输；系统的终端设备是显示/控制/通信设备，常规采用独立的门禁控制器，也可通过计算机网络对各门禁控制器实施集中监控。出入口控制报警系统通常要与防盗报警系统、闭路视频监控报警系统和消防系统联动，才能有效地实现安全防范。出入口目标识别系统可分为对人的识别和对物的识别。以对人的识别为例，它可分为生物特征系统和编码标识别系统两类。

9.4.2 机房环境监控系统

机房环境监控系统是一个综合利用计算机网络技术、数据库技术、通信技术、自动控制技术、新型传感技术的计算机网络，提供了一种以计算机技术为基础、基于集中管理监控模式的自动化、智能化和高效率的技术手段，系统监控对象主要是机房动力系统和环境设备等（如配电系统、UPS电源、空调设备、机房温湿度、漏水检测、烟雾报警、视频监控、门禁监控、防雷系统、消防系统等）。

9.4.2.1 系统监控对象

（1）配电系统。主要对配电系统的相电压、相电流、线电压、线电流、有功功率、无功功率、频率、功率因数等参数和配电开关的状态进行监视。当一些重要参数超过危险界限后进行报警。

（2）UPS电源（包含直流电源）。通过由UPS厂家提供的通信协议及智能通信接口对UPS内部整流器、逆变器、电池、旁路、负载等各部件的运行状态进行实时监视，一旦有部件发生故障，机房动力环境监控系统将自动报警。系统中对UPS的监控一律采用只监视不控制的模式。

（3）空调设备。通过实时监控，能够全面诊断空调运行状况，监控空调各部件（如压缩机、风机、加热器、加湿器、去湿器、滤网等）的运行状态与参数，并能够通过机房动力环境监控系统管理功能远程修改空调设置参数（温度、湿度、温度上下限、湿度上下限等），以及对精密空调的重启。空调机组即便有微小的故障，也可以通过机房动力环境监控系统检测出来，及时采取措施，防止空调机组进一步损坏。

（4）机房温湿度。在机房的各个重要位置需要装设温湿度检测模块，记录温湿度曲线供管理人员查询。一旦温湿度超出范围，即刻启动报警，提醒管理人员及时调整空调的工作设置值或调整机房内的设备分布情况。

（5）漏水检测。漏水检测系统分定位系统和不定位系统两种。所谓定位系统，是指可以准确报告具体漏水地点的测漏系统。不定位系统则相反，只能报告发现漏水，但不能指明位置。系统由传感器和控制器组成。控制器监视传感器的状态，发现水情立即将信息上传给监控计算机。测漏传感器有线检测和面检测两类，机房内主要采用线检测。线检测使用测漏绳将水患部位围绕起来，漏水发生后，一旦水接触到检测线就会发出报警。

（6）烟雾报警。烟雾探测器内置微计算机控制，故障自检，能防止漏报误报，输出脉冲电平信号、继电器开关信号。当烟尘进入电离室时会破坏烟雾探测器的电场平衡关系，报警电路检测到浓度超过设定的阈值发出报警。

（7）视频监控。机房环境监控系统集成了视频监控，图像采用MPEG4视频压缩方式，集多画面预览、录像回放、视频远传、触发报警、云台控制、设备联动于一体，视频系统还可与其他的输入信号进行联动，视频一旦报警，可同时与其他设备（如双监探头、门磁）联动进行录像。

（8）门禁监控。门禁系统由控制器、感应式读卡器、电控锁和开门按钮等组成，若是联网门禁系统，则需外加通信转换器。读卡方式属于非接触读卡方式，系统对出入人员进行有效监控管理。

（9）防雷系统。通过开关量采集模块来实现对防雷模块工作情况的实时监测，通常只有开和关两种监测状态。

（10）消防系统。对消防系统的监控主要是消防报警信号、气体喷洒信号的采集，不对消防系统进行控制。

9.4.2.2 机房环境监控系统的主要功能

1. 实时监控功能

传统的机房管理采用的是每天定时巡视的制度，如早晚各检查一次，并且将设备的一些核心运行参数进行人工笔录后存档。这样取得的数据只限于特定时段，工作单调而且耗费人力。机房环境监控系统实时监控功能可解决此问题。

系统具有通过遥信、遥测、遥控和遥调，所谓"四遥"功能，对整个系统进行集中监控管理，实现少人值守和无人值守的目标。系统可实时收集各设备的运行参数、工作状态及告警信息。系统能对智能型和非智能型的设备进行监控，准确实现遥信、遥测、遥控及遥调"四遥"功能，即既能真实地监测被监控现场对象设备的各种工作状态、运行参数，又能根据需要远程地对监控现场对象进行方便的控制操作，还能远程地对具有可配置运行参数的现场对象的参数进行修改。系统设置各级控制操作权限。如果需要并得到相应授权，系统管理人员可以对系统监控对象、人员权限等进行配置；系统值班操作人员可以对有关设备进行遥控或遥调，以便处理相关事件或调整设备工作状态，确保机房设备等在最佳状态下运行。

2. 告警功能

（1）无论监控系统控制台处于何种界面，均应及时自动提示告警，显示并打印告警信息。所有告警一律采用可视、可闻声光告警信号。

（2）不同等级的告警信号应采用不同的显示颜色和告警声响。紧急告警标识为红色标识闪烁，重要告警为粉红色标识闪烁，一般告警为黄色标识闪烁。

（3）发生告警时，应由维护人员进行告警确认。如果在规定时间内（根据通信线路情况确定）未确认，可根据设定条件自动通过电话或手机等通知相关人员。告警在确认后，声光告警应停止，在发生新告警时，应能再次触发声光告警功能。

（4）系统具有多地点、多事件的并发告警功能，无丢失告警信息，告警准确率为100%。

（5）系统能对不需要做出反应的告警进行屏蔽、过滤。

（6）系统能根据需要对各种历史告警的信息进行查询、统计和打印。各种告警信息不能在任何地方进行更改。

（7）系统除对被监控对象具有告警功能外，还能进行自诊断（例如，系统掉电、通信线路中断等），能直观地显示故障内容，从而具有稳定的自保护能力。

（8）系统具有根据用户的要求，能方便快捷地进行告警查询和处理功能。

（9）系统告警可以根据不同的需求进行配置，如告警级别、告警屏蔽、告警门限值等。

（10）系统具有电子化闭环派单功能，实现派单、接单、维护、复单、销单的故障全处理过程。

3. 配置管理功能

（1）当系统初建、设备变更或增减时，系统管理维护人员能使用配置功能进行系统配置，确保配置参数与设备实情的一致性。

（2）当系统值班人员或系统管理维护人员有人事变动时，可使用配置功能对相关人员进行相应的授权。

（3）在系统运行时，系统管理维护人员也可使用系统配置功能，配置监控系统的运行参数，确保监控系统高效、准确运行。

（4）系统管理维护人员也可使用系统配置功能，对设备参数的显示方式、位置、大小、颜色等进行配置，以达到美化界面的效果。

（5）配置管理操作简单、方便，扩容性好，可进行在线配置，不会中断系统正常运行。

（6）监控系统具有远程监控管理功能，可在中心或远程进行现场参数的配置及修改。

（7）系统按片区、按专业进行配置，按片区、按专业进行显示。

4. 安全管理功能

（1）系统提供多级口令和多级授权，以保证系统的安全性；系统对所有的操作进行记录，以备查询；系统对值班人员的交接班进行管理。

（2）监控系统有设备操作记录，设备操作记录包括操作人员工号、被操作设备名称、操作内容、操作时间等。

（3）监控系统有操作人员登录及退出时间记录。

（4）监控系统有容错能力，不能因为用户误操作等使系统出错、退出或死机。

（5）监控系统具有对本身硬件故障、各监控级间的通信故障、软件运行故障进行自诊断的功能，并给出告警提示。

（6）系统具有来电自启动功能。

（7）系统具有系统数据备份和恢复功能。

5. 报表管理功能

（1）系统能提供所有设备运行历史数据、统计资料、交接班日志、派修工单及曲线图的查询、报表、统计、分类、打印等功能，供电源运行维护人员分析研究之用。

（2）系统具有用户自定义报表功能。

（3）系统可对被监控设备相关的信息进行管理，包括设备的各种技术指标、价格、出厂日期、运行情况、维护维修情况、设备的安装接线图表等，可以收集、显示并记录管辖区内各机房监视点的状态及运作数据资料，为管理人员提供全方位的信息查询服务。在信息化建设中，机房运行处于信息交换管理的核心位置。机房内所有设备必须时时刻刻正常运转，否则一旦某台设备出现故障，对数据传输、存储及系统运行构成威胁，就会影响全局系统的运行。如果不能及时处理，更有可能损坏硬件设备，耽误业务系统运转，造成的经济损失是不可估量的。从现阶段数据中心的实际使用情况来看，机房环境监控系统的管理优势已经得到体现，帮助用户解决了机房内很多环境保障问题。通过监控平台，用户可以管理机房内大部分系统，大大节约了人力和物力。机房弱电集成监控项目的建设，对机房的环境结构、设备内容、服务需求和管理模式等4个基本要素及其内在联系进行了优化组合，从而提供了一个稳定可靠、投资合理、高效方便、舒适安全的机房环境。机房环境监控系统正在为今天智慧仓储的正常运转提供可靠和一流的技术保障手段。

9.4.3 智能仓库监测系统

随着经济文化水平的显著提高，人们对生活质量及工作环境的要求也越来越高。与此同时，为了管理大量的物品，仓库也大量出现，仓库的管理问题随之提上了日程。仓库大量增加，其管理难度也越来越大，如何优化仓库的日常管理也就成为一个大众化的课题。传统的仓库管理一般依赖于非自动化的、以纸张文件为基础的系统来记录、追踪进出的货物，完全由人工实施仓库内部的管理，因此仓库管理的效率极其低下。在这个背景下，利用基于ZigBee无线射频技术的仓库智能管理系统应运而生。该系统能够增强库房作业的准确性和快捷性，减少整个仓库物资出入库中管理不到位造成的非法出入库、误置、偷窃和库存、出货错误等损失，并最大限度地减少存储成本，保障仓库物资的安全。

智能仓库监测系统功能如下：

1. 数据采集及分析

将温湿度传感器布置在仓库和存储产品内部的适宜位置，可以实时测量仓库各处的温度和湿度并及时传送到云平台，将测量数据实时显示，历史数据在平台存储，以保证管理人员能够全面了解仓库的情况。

异常情况多种报警：一旦某点温度、湿度及其他因素超过预定设置，系统将迅速通过电话、短信、邮件等方式向管理人员报警，详细显示仓库具体的异常温湿度等变化，以有效预防因素变化引起的仓库产品质量安全等各种事件发生。

2. 智能工控作用

一旦环境内的湿度数值超限，系统会第一时间给M88工控模块发送联动开启除湿设备的命令,实现自动化控制;一旦环境内的温度数值超限,系统会第一时间给 M88 工控模块发送联动开启空调命令制冷或制热,实现自动化控制。

3. 保障环境的安全

仓库环境监测系统通过在仓库内安装烟雾报警和入口处安装红外探测仪,将防火报警和防盗装置结合起来,实现监测环境温湿度检测室内易燃气体、非法闯入报警等系统功能,这样形成一个全方位的仓库环境安全监测系统,可以有效地保障生产安全。

仓库实时监测管理系统把环境监测、安防、视频监控三者相结合,进行有效联动,形成网络智能化监测系统,具有实时性好、可靠性高、操作简便的特点,有效解决了仓库的安全隐患(防火、防水、防潮、防盗、防入侵),还为存储提供了有力的数据支持,既降低了安全隐患,还有利于仓库存储物的保存。

9.4.4 信息系统安全管理问题

信息系统是基于计算机系统和通信系统的十分复杂的现代信息资源网络系统。其中,计算机系统是信息系统的核心,由软件和硬件组成,用以完成对信息的自动处理过程;通信系统由工作站、计算机网络和通信网络构成,可以通过线路与计算机之间或通过线路与终端设备之间进行数据传输。计算机系统和通信系统的结合,使具有动态、随机和瞬时发生等特性的信息传输和处理跨越了地理位置的障碍,实现了全球互联互通。

随着信息技术的发展,信息系统在运行操作、管理控制、经营管理计划、战略决策等社会经济活动各个层面的应用范围不断扩大,发挥着越来越大的作用。信息系统中处理和存储的,既有日常业务处理信息、技术经济信息,也有涉及企业或政府的计划、决策信息,其中相当部分是属于极为重要并有保密要求的。社会信息化的趋势导致了社会的各个方面对信息系统的依赖性越来越强。信息系统的任何破坏或故障都将对用户乃至整个社会产生巨大的影响,信息系统安全的脆弱性表现得越来越明显,信息系统的安全日显重要。频繁发生的系统安全隐患有:

(1) 数据输入隐患。数据通过输入设备进入系统的过程中,输入数据容易被篡改或掺假。

(2) 数据处理隐患。数据处理的硬件容易被破坏或盗窃,并且容易受电磁干扰或因电磁辐射而造成信息泄露。

(3) 通信线路隐患。通信线路上的信息容易被截获,线路容易被破坏或盗窃。

(4) 软件系统隐患。操作系统、数据库系统和程序容易被修改或破坏。

(5) 输出系统隐患。输出信息的设备容易造成信息泄露或被窃取。

信息系统的实体安全是指为保证信息系统的各种设备及环境设施的安全而采取的措施,主要包括场地环境、设备设施、供电、空气调节与净化、电磁屏蔽、信息存储介质等安全。信息系统的技术安全即在信息系统内部采用技术手段,防止对系统资源非法使用和对信息资源的非法存取操作。信息资源的安全性分为动态和静态两类。动态安全性是指对数据信息进行存取操作过程中的控制措施;静态安全性是指对信息的传输、存储过程中的加密措施。

目前,我国针对信息系统安全出台了《中华人民共和国网络安全法》等多项相关法律法规。此外,很多企业针对自身情况研发了信息安全系统,维护公司数据平台。这些都是信息系统安全管理的有力保障。

智慧仓库管理工作中居于首位的是安全管理。安全管理工作是物品存储与仓储管理工作的前提和基础。如果仓库管理不善,就可能发生火灾等危险事故。对企业来说,这不仅会给库房、货物等带来巨大的经济损失,也给国家和人民的生命财产造成无法计算的损害。

加强安全管理,提高安全技术水平,及时发现和消除仓库中不安全的因素,对于杜绝各类事故的发生具有十分重要的意义。

本章主要介绍了智慧仓储中仓库安全管理的概念、基本任务和目标、智慧仓储中仓库安全管理的主要内容,以及人工智能技术支撑下的智慧仓储安全管理的技术应用。其中,智慧仓储中仓库安全管理内容又分为智慧仓库信息系统的安全管理和智慧仓库智能设备的安全管理。重点介绍了电子标签系统设备、自动化运输系统设备、自动存取系统设备、智能分拣系统设备和机器人分拣系统设备的安全管理。最后介绍了智能安防、机房环境监控、智能仓库检测系统、信息系统安全管理等内容。如何将这些内容真正应用到实际工作中是非常重要的课题。

9.5 主题任务:智慧仓安全管理情况调研与案例分析

1. 智慧仓安全管理情况调研

(1) 通过调查了解,介绍我国现有智慧仓储中仓库安全管理的实际情况。

(2) 通过资料查找等方式,了解全球知名智慧仓储中仓库安全管理现状,对比我国相关信息,对它们的特征和异同进行阐述。

(3) 了解智慧仓中的安全管理实施情况,体会安全管理对智慧仓库的重要意义。

调研报告要求:

1) 以某一智慧仓库为调查对象,调查了解该仓库安全管理的基本情况。

2) 内容应包含该仓库安全管理的现状、存在的问题并提出改良建议。

2. 案例分析

2018年12月5日,亚马逊自动化仓库发生机器人事故,造成24名员工直接受伤被送医院,1名员工进重症监护室,50多名员工受影响。原因是亚马逊机器人在意外戳破了一罐驱熊喷雾。虽然目前事故现场已经处理妥善,仓库运营又重新开始,但欧美工会组织又针对自动化展开了批评。

事情发生在美国新泽西州,亚马逊在郊区建立了一个庞大的仓库,占地12万 m^2 ,其中有3000名人类员工,但更主要的劳动力是各式各样的机器人。比如,有运输的机器人(图9.10),也有伸抓拿取的机械臂(图9.11)。这些机器人极大提升了亚马逊仓库的自动化和效率，但也被欧美工会组织视为"威胁"，因为自动化仓库不仅会抢占人类工作，而且人类的工作环境也会因自动化而变差。

图 9.10 运输的机器人

图 9.11 伸抓拿取的机械臂

就在该新泽西仓库运营中，亚马逊机器人就意外戳破了一罐防熊喷雾，有毒气液马上弥散开来，人类员工猝不及防。其实这罐防熊喷雾只有 255g，高浓度气液主要成分是辣椒素，但还是让人类员工呼吸困难，咽喉产生灼热感。在戳破喷雾后，机器人"浑然不觉"，但附近的人类员工立马就受伤了。最终，6 辆救护车赶到仓库，50 多名员工受伤，24 名员工被进一步送往医院，1 人还进了重症监护室（ICU）。事故发生后，亚马逊官方也做了说明：

首先，称事故已经得到了控制，现场清理完毕，送医院的员工也只是为了"以防万一"；其次，仓库未受进一步影响，又如常工作了；最后，再次强调安全始终是第一位的。但这依然引发了欧美工会组织批评。

美国零售、批发和百货公司联盟的工会主席 Stuart Appelbaum 说：亚马逊的自动机器人将人类置于威胁生命的危险之中。这是公司把利润置于员工健康和安全之上的又一个负面的例子，我们不能容忍。这个世界上最富有的公司置辛勤工作的人的生命于危险之中，不能让其继续逍遥法外。

亚马逊在英国的数据也被翻了出来，资料显示，从 2015 年到 2017 年，救护车被呼叫到亚马逊仓库 600 次。

但亚马逊并不认为其仓库工作条件恶劣,也暂时未对机器人"失手"背后的原因给出解释。或许也是习惯了欧美工会组织和舆论对于自动化的批评,而且按照贝佐斯的个性,这点批评压根不算什么,更何况自动化是贝佐斯坚定的发展进程。一点意外,不会让贝佐斯改变些什么。

根据案例回答问题:

(1) 你认为亚马逊自动化仓库事故频发的原因有哪些?真如欧美工会组织认为的是自动机器人将人类置于威胁生命的危险之中吗?为什么?

(2) 结合所学知识,请为亚马逊自动化仓库安全管理的改进提供合理的建议。

复 习 思 考 题

1. 什么是智慧仓储中仓库安全管理?它的意义何在?
2. 与传统仓库安全管理相比,智慧仓储中仓库安全管理有哪些新的注意事项?
3. 智慧仓储中仓库安全管理的基本任务有哪几个方面?请说出几个具体的内容。
4. 仓库安全管理的误区有哪些?
5. 智慧仓储中仓库安全管理包括哪几方面?
6. 智慧仓库信息系统安全管理包括哪几方面?请解释说明。
7. 请举例说明应如何对智慧仓库内设备与技术进行安全管理。

参 考 文 献

[1] 操露. 智慧仓储实务——规划、建设与运营 [M]. 北京：高等教育出版社，2022.
[2] 伯黎醒. 智慧仓储精细化管理 [M]. 北京：电子工业出版社，2021.
[3] 王志刚. 仓储系统规划与设计 [M]. 北京：机械工业出版社，2019.
[4] 李明. 仓储管理与技术 [M]. 北京：电子工业出版社，2019.
[5] 张勇. 仓储物流管理 [M]. 北京：人民邮电出版社，2019.
[6] 刘伟. 仓储系统优化与设计 [M]. 北京：清华大学出版社，2019.
[7] 胡雯. 智慧仓储让物流仓储智能化——物流仓储的智慧性研究 [J]. 中国储运，2021（3）：112-113.
[8] 韩东亚，余玉刚. 智慧物流 [M]. 北京：中国财富出版社，2018.
[9] 张蓉. 新零售时代生鲜农产品"智慧+冷链"物流发展路径探究 [J]. 商业经济研究，2022（9）：112-115.
[10] 段来英. 物流仓储系统自动化新技术 [J]. 机械设计，2021，38（9）：158.
[11] 霍艳芳，王涵，齐二石. 打造智慧物流与供应链，助力智能制造——《智慧物流与智慧供应链》导读 [J]. 中国机械工程，2020，31（23）：2891-2897.
[12] 牛秀明. 仓储物流智慧化时代的到来 [J]. 物流技术，2014（10）：17-20.
[13] 梁启荣，李勇，傅培华，等. 智慧仓储系统评测标准研究 [J]. 物流技术，2014，33（5）：176-178，184.
[14] 祝凌瑶，周丽. 现代仓储中心存储布局的优化研究 [J]. 工程数学学报，2022，39（6）：862-874.
[15] 张泽治，宿杰. 基于"5G+智慧物流装备"的智能仓储管理系统设计 [J]. 青岛大学学报，2023，36（2）：58-63.
[16] 杨海红. 大数据在粮食物流仓储信息化中的研究与应用 [J]. 食品研究与开发，2022，43（1）：229-230.
[17] 张凡，叶常绿. 大智移云下A公司智能物流体系的构建 [J]. 财务与会计，2020（14）：30-33.
[18] 陈委. 物流公司区域配送中心仓储配送管理现状及改进方案研究 [J]. 物流工程与管理，2016，38（10）：33-35.
[19] 阮喜珍，刘晶璟. 智慧仓储配送运营 [M]. 北京：华中科技大学出版社，2023.